普通高校"十三五"规划教材·物流学系列

物流战略管理

傅莉萍 ◎ 编著

清华大学出版社

北 京

内容简介

本书吸收了物流战略管理领域近年来的新成果，密切结合我国物流业的发展与物流职业教育的实际，在创作思想、编著内容、文章结构等方面均有所创新。本书共 9 章，主要内容有：物流战略管理概述、物流战略目标设定、供应链战略管理、物流采购战略管理、物流仓储战略、配送与运输战略管理、第三方物流战略、物流服务营销战略管理及物流战略控制与评价。

本书内容理论与实践相结合，既可作为高等院校物流管理、工商管理、物流工程、企业管理、系统工程等有关专业本科学生和研究生的学习教材，又可作为物流从业者的工作参考用书。

本书封面贴有清华大学出版社防伪标签，无标签者不得销售。
版权所有，侵权必究。举报：010-62782989，beiqinquan@tup.tsinghua.edu.cn。

图书在版编目（CIP）数据

物流战略管理/傅莉萍编著. —北京：清华大学出版社，2018（2024.12重印）
（普通高校"十三五"规划教材. 物流学系列）
ISBN 978-7-302-50623-2

Ⅰ.①物… Ⅱ.①傅… Ⅲ.①物流管理－高等学校－教材 Ⅳ.①F252

中国版本图书馆CIP数据核字(2018)第154752号

责任编辑：陆浥晨
封面设计：汉风唐韵
责任校对：宋玉莲
责任印制：宋　林

出版发行：清华大学出版社
网　　址：https://www.tup.com.cn, https://www.wqxuetang.com
地　　址：北京清华大学学研大厦A座　　邮　编：100084
社 总 机：010-83470000　　　　　　　　邮　购：010-62786544
投稿与读者服务：010-62776969, c-service@tup.tsinghua.edu.cn
质量反馈：010-62772015, zhiliang@tup.tsinghua.edu.cn
课件下载：https://www.tup.com.con, 010-83470236

印 装 者：涿州市般润文化传播有限公司
经　　销：全国新华书店
开　　本：185mm×260mm　　印　张：15.25　　字　数：367千字
版　　次：2018年8月第1版　　　　　　　　印　次：2024年12月第9次印刷
定　　价：49.00元

产品编号：077114-01

前言

战略管理是智慧与计谋的结晶。战略管理理论自20世纪80年代引入我国后,在我国的企业发展中发挥了重要作用,一种共识逐渐形成:任何行业或者企业要想取得长远发展,都需要战略管理理论的指导。

近十几年来,持续的环境变化已成为物流企业在战略上不断求新、求变,追求竞争优势的压力和动力。首先,物流需求不断朝高级化方向发展,高水准的物流服务逐渐普及,并成为物流经营的一种标准;其次,全球经济一体化与复杂多变的经营环境使物流企业之间的竞争日益激烈。在这一背景下,企业该如何根据自身的经营特点适时、有效地实施物流战略,已成为企业谋求长远发展的重大课题。

物流业在全国范围内蓬勃发展,形成了对物流人才的巨大需求。由于我国物流业起步较晚,物流教育相对滞后,因此迫切需要在借鉴国外物流教育经验的基础上,建立符合我国现实需求的合理的知识架构,以培养适合我国物流业发展需要的合格人才。

如何加强物流教材体系的建设、完善应用型本科物流管理专业教学内容体系,已成为各高校物流专业教学普遍关心的问题。推进课程改革、加强教材建设、开发一批精品教材和精品课程已成为新时期物流本科教育教学改革的一项重要内容。在此背景下,要求教材既能寓基本原理于其中,又能紧跟时代前沿;既紧密结合物流战略管理实践的现实,又有助于培养物流战略管理思维。这些特点综合在一起,使当前的物流战略管理教材内容越来越丰富,篇幅越来越大。以至于对许多初学者来说,不仅望而生畏,还茫然而难领其魅力。然而,要想撰写一本既能体现物流战略管理原理、思维和实践,又不过于庞杂的物流战略管理教材谈何容易。作者斗胆在这方面做一尝试,编写了本书。结合多年的物流战略管理课程教学实践,作者力求以就业为导向,在兼顾理论和实践的同时,避免"全"而"深"的面面俱到。书中,基础理论以应用为目的,以必要、够用为度,尽量体现新知识、新技术、新方法,以利于学生综合素质的形成和科学思维方式与创新能力的培养,使学生能够边学习、边吸收、边掌握;在结构安排上设置了"学习目标""关键术语""广角镜""本章小结""思考与练习""应用范例"等板块,使学习更有针对性和趣味性,让学生更好地将理论知识运用于实践,以增强其应用能力。本书力求在为读者打开一扇物流战略管理之窗,尽显其风采的同时,尽可能追求较强的可读性和易引导性,做到好读易教。

本书力求将现代物流战略管理的知识体系进行整合与优化,从物流战略管理工作的实际出发,立足企业实际运作模式,基于物流战略管理业务流程,对学习内容进行了重新编排,以培养学生操作能力为主线,以工作过程为导向进行内容设计,达到知识点全面而精准的效果，从理论—方法—操作等维度，系统地对知识体系进行讲解。将物流战略管理业务过程与工作过程相结合，使物流战略管理的内容更具有完整性，教学组织更贴近实际工作过程。本书主要内容包括：物流战略管理概述、物流战略目标设定、供应链战略管理、物流采购战略管理、物流仓储战略、配送与运输战略、第三方物流战略、物流服务营销战略管理及物流战略控制与评价。在介绍模块知识点时增加难点例释，增强了本书的可读性。实践教学体现在物流战略管理各环节，每章后面设计了解决实际问题的案例分析，并且注重技术工具的讲解，培养学生的实践动手能力。本书对各章的教学要点和技能要点设计了丰富习题，便于初学者把握学习的精髓；提供了大量不同类型习题供学习者练习和训练，适应高等院校物流管理及相关专业教学需要，便于教师教学和对学生所学知识的巩固与物流实操能力的培养。

本书的具体特色如下。

（1）强化了实践性与应用性。本书不仅在各章前后分别安排了引导案例、案例分析，还在理论讲解过程中穿插了大量阅读或分析案例供学习者研读；正文中提供大量的例题供学习者练习和巩固；每章后附有填空题、判断题、选择题、简答题，以及结合实际考查学生观察与思考能力的案例分析题，以便学生课后复习。

（2）增加了趣味性。为便于学生对知识的掌握及扩展，本书不仅在每章前后附有学习目标、关键术语，还通过小贴士、提醒您、难点例释等形式引入了大量背景资料、常用知识，以丰富学生的知识范围；在讲解过程中，以知识拓展的方式来加深或扩展知识，以便于学生对所学知识的掌握与应用。

（3）确保了准确性、系统性和统一性。本书取材翔实，概念定义确切，推理逻辑严密，数据可靠准确；体系清晰，结构严谨，层次分明，条理清楚，规范统一；全书统一名词、术语前后统一，数字、符号、图、表、公式书写统一，文字与图、表、公式配合统一。

为了便于教师安排教学进度，本书给出了专业必修课与相关专业选修课的课时建议，见下表。

章 节	必修课		选修课	
	理论课时	实验课时	理论课时	实验课时
第1章 物流战略管理概述	2	2	2	
第2章 物流战略目标设定	4	2	4	2
第3章 供应链战略管理	4	2	4	2
第4章 物流采购战略管理	4	2	4	2
第5章 物流仓储战略	4	2	4	2
第6章 配送与运输战略管理	4	3	4	2
第7章 第三方物流战略	4	2	4	2
第8章 物流服务营销战略管理	4	2	4	
第9章 物流战略控制与评价	4	2	4	2
合 计	34	20	34	14
	54		48	

本书共分 9 章，吸收了国内外物流战略管理理论和技术的新成果，可作为普通高等院校物流管理、工商管理、物流工程、企业管理、系统工程以及相关专业的教材，也可作为企业管理人员及从事物流管理工作专业人员的参考用书。

全书由广东培正学院傅莉萍主编和统稿，廖敏、江展鹏、赵永斌、张红坚、冷汗青、陈玮英、丘惠翠参编。本书在编写过程中参阅了国内外许多同行的学术研究成果，参考和引用了所列参考文献中的某些内容，作者尽可能详尽地在参考文献中列出，谨向这些文献的编著者、专家、学者致以诚挚感谢！对可能由于工作疏忽或转载原因没有列出的，在此也表示万分歉意。

本书编写过程中，由于时间紧迫，编写力量有限，加之物流科学技术日新月异，本书难免有不足、缺点和问题，恳请同行、读者给予批评和指正。以便再版时改正，hzne999888@163.com，欢迎与我们联系交流。

编　者

目 录

第1章 物流战略管理概述 ... 1
- 1.1 物流战略管理内涵 ... 2
- 1.2 物流战略制定 ... 9
- 1.3 物流战略选择 ... 14
- 1.4 物流战略实施与控制 ... 18
- 本章小结 ... 23
- 思考与练习 ... 23

第2章 物流战略目标设定 ... 27
- 2.1 战略性思维 ... 28
- 2.2 物流战略愿景、使命和定位 ... 30
- 2.3 物流战略目标体系 ... 34
- 2.4 物流战略目标设定与实现 ... 36
- 本章小结 ... 40
- 思考与练习 ... 40

第3章 供应链战略管理 ... 43
- 3.1 供应链战略概述 ... 44
- 3.2 供应链竞争战略定位 ... 48
- 3.3 供应链战略环境分析 ... 54
- 3.4 供应链战略规划、实施与控制 ... 58
- 本章小结 ... 64
- 思考与练习 ... 64

第4章 物流采购战略管理 ... 67
- 4.1 企业采购战略 ... 68
- 4.2 采购流程设计 ... 73
- 4.3 采购战略任务与作用 ... 77
- 4.4 采购战略管理 ... 79
- 本章小结 ... 91
- 思考与练习 ... 91

第5章 物流仓储战略 ... 94
- 5.1 仓储战略概述 ... 95
- 5.2 仓储分析策略 ... 99

5.3　仓储系统规划与设计 ·· 106
　　5.4　库存控制策略 ·· 119
　　本章小结 ·· 125
　　思考与练习 ·· 126
第 6 章　配送与运输战略管理 ·· 129
　　6.1　配送与运输战略概述 ·· 130
　　6.2　配送运输车辆调度 ·· 137
　　6.3　配送车辆积载规划 ·· 147
　　6.4　配送车辆优化设计 ·· 151
　　本章小结 ·· 161
　　思考与练习 ·· 161
第 7 章　第三方物流战略 ·· 164
　　7.1　物流资源市场分析 ·· 165
　　7.2　第三方物流战略规划 ·· 175
　　7.3　第三方物流战略设计 ·· 179
　　7.4　第三方物流战略选择方式 ·· 183
　　本章小结 ·· 187
　　思考与练习 ·· 188
第 8 章　物流服务营销战略管理 ·· 191
　　8.1　物流服务概述 ·· 192
　　8.2　物流服务营销战略 ·· 197
　　8.3　物流服务营销战略管理 ·· 201
　　8.4　物流服务绩效评价 ·· 206
　　本章小结 ·· 210
　　思考与练习 ·· 210
第 9 章　物流战略控制与评价 ·· 213
　　9.1　物流战略控制概述 ·· 214
　　9.2　物流战略控制内容、方式及过程 ·· 217
　　9.3　物流风险控制与危机管理 ·· 219
　　9.4　物流战略评价 ·· 227
　　本章小结 ·· 232
　　思考与练习 ·· 232
参考文献 ·· 235

第 1 章

物流战略管理概述

学习目标

通过本章的学习,掌握企业物流战略管理的内涵、特点、目标与构成;熟悉物流战略内容;熟悉企业物流发展的主要战略;了解企业物流战略制定原则、内容及流程。熟悉企业物流战略制定;熟悉物流战略的实施与控制。

关键术语

物流战略 战略管理 物流战略控制

济南汽运总公司成功实施物流战略规划

济南汽运总公司作为山东省经贸委指定的"优化企业物流管理试点单位",近年来遵循物流业的发展规律,不断追踪业界新动态,在基础设施建设、网络建设、信息管理等方面都取得了长足的进步与发展,并以规范的管理、优质的服务赢得了众多大客户的青睐。

在确定发展物流战略之前,济南汽运总公司还在为日益萎缩的货运市场愁眉不展。为了探求新的发展道路,济南汽运总公司较早地接触并引进了物流经营管理理念。在南开大学物流专家组对公司进行了全面的系统调研之后,双方共同研究制定了《济运物流发展战略研究报告》,完全突破了"以货物位移为主"的传统货运经营思路束缚,提出了"以代理为龙头、以网络为基础、以场站为依托、以运力为配套、以多种方式联运为方向,向现代物流企业发展"的指导思想。与此同时,公司加快了物流经营的基础设施建设。

济南汽运总公司通过承运山东松下影像产业有限公司的产品,结识了松下物流公司(松下株式会社的专业物流子公司),并以优质的服务给对方留下了深刻的印象。在与日本松下物流公司的合作过程中,济南汽运总公司坚持将学习融于服务,积极采纳、借鉴外方先进的管理经验,并根据自己的发展战略,积极开拓国际市场、加强网络建设和发展现代科技,在努力为松下物流公司提供优质服务的同时,有力地拓展了服务空间,提高了自身的竞争力。济南汽运总公司还力图进入国际市场,并于1998年组建了山东贸通国际货运代理有限公司,经国家外贸部审验批准取得了国际货运一级代理权,可独立承办进口物资的制单、报关等多种业务。在网络建设方面,济南汽运总公司在山东省内建立了以强大的客运网络体系为依托的快运配送网络，主要以高时效、批量小、高附加值的小件货物为服务对象，在省外则致力于将原有的联运网络、零担货运网络改造为物流服务网络，并参加了中国物流联盟，与24家物流企业建立了稳定的合作关系。

面对飞速发展的信息技术，济南汽运总公司于1999年投资40万元与西安亚桥公司合作，开发了山东省内第一套专业物流管理信息系统，实现了对受托、配送、过程查询、管理、结算等环节的全程控制和自动化管理，目前正着手构筑基于微软主流平台和互联网技术的第三方物流信息系统。2000年9月，汽运总公司在济南市高新技术开发区修建了物流交易大厅，交易中心引进了大屏幕、微机自动查询、自动报价等先进科技设备，成为山东省内最大的货运信息交易中心。

济南汽运总公司经过与松下公司近五年的携手合作，服务能力有了极大的提高：仓储面积由1996年年初的5 000平方米增加到20 000平方米，各种运输车辆达到100余部，并与国内外几十家客户建立了稳定的合作关系。前不久，济南汽运总公司又与日本松下电器有限公司中国分公司正式签约，由济南汽运总公司全面代理其电器产品的整机、配件、样品机等货物品种的物流业务，负责在全国范围内为其提供多功能、一体化的综合性物流服务。这次新的合作，打破了以往以运输、仓储为主的单一服务模式，由济南汽运总公司根据松下公司需求自行设计服务方案，开始了真正意义上的物流运作。

资料来源：高举红. 物流系统规划与设计[M]. 2版. 北京：北京交通大学出版社，2015.

思考

济南汽运总公司确定了怎样的物流战略，为企业的发展起到了什么样的作用？

1.1 物流战略管理内涵

1.1.1 物流战略管理有关概念

1. 物流战略及特征

战略是企业为实现长期经营目标，适应经营环境变化而制定的一种具有指导性的经营规划。企业战略可划分为三个层次：公司级战略、事业部级战略和职能级战略。

物流战略属于职能级战略，它和企业的营销战略、财务战略以及生产运作战略等一样同属职能级战略，它们共同支持着企业的整体战略实现。

企业物流战略（logistics strategy）是企业为实现其经营目标，通过对企业外部环境和内部资源的分析，针对企业物流目标而制定的、较长期的、全局性的重大物流发展决策，是企业指导物流活动更为具体、可操作性更强的行动指南。它作为企业战略的组成部分，必须服从于企业战略的要求，与之相一致。

企业物流战略是企业物流管理决策层的一项重要工作。选择好的物流战略和制定好的企业战略一样，需要很多创造性过程，创新思维往往能带来更有力的竞争优势。

一般而言，企业物流战略具有四大特征。

（1）目的性。现代企业物流发展战略的制定与实施服务于一个明确的目的，那就是引导现代企业在不断变化的竞争环境里谋求生存和发展。

（2）长期性。战略的长期性就是在环境分析和科学预测的基础上展望未来，为现代企业谋求长期发展的目标与对策。

（3）竞争性。现代企业物流发展战略必须面对未来进行全局性设计和谋划，所以应设计现代企业的竞争战略以保持企业竞争优势，从而使战略具有对抗性、战斗性。

（4）系统性。任何战略都有一个系统的模式，既要有一定的战略目标，又要有实现这一目标的途径和方针，还要制定政策和规划，企业物流发展战略构成了一个战略网络体系。

2．战略管理

"战略管理"一词最初是由美国学者安索夫在其 1976 年出版的《从战略规划到战略管理》一书中提出的。他认为，企业的战略管理是指将企业的日常业务决策与长期计划决策相结合而形成的一系列经营管理计划。而斯坦纳在其 1982 年出版的《企业政策与战略》一书中认为，企业战略管理是确定企业使命，根据企业外部环境和内部经营要素确定企业目标，保证目标的正确落实并使企业使命最终得以实现的一个动态过程。

由此，可以将战略管理定义为：物流战略管理（logistics strategy management）是指通过物流战略规划设计、战略实施、战略评价与控制等环节，调节物流资源、组织结构等最终实现物流系统宗旨和战略目标的一系列动态过程的总和。这里有两个问题要加以说明：第一，战略管理不仅涉及战略的制定和规划设计，而且也包含着将制定出的战略付诸实施的管理，因此是全过程的管理；第二，战略管理不是静态的、一次性的管理，它需要根据外部环境的变化、企业内部条件的改变，以及战略执行结果的反馈信息等，不断进行新一轮战略管理的过程，是不间断的管理。

3．物流战略管理层次

物流战略可分为公司物流战略、物流经营战略、物流职能支持战略和物流运营战略。

（1）公司物流战略。公司物流战略是企业最高管理当局的战略规划，涉及企业的所有经营活动。它的主要任务是：制定企业各种经营范围及其组合的规划，以便改进公司实绩；协调各种不同的经营活动；确定投资重点，分配公司各种经营活动的资源等。

（2）物流经营战略。物流经营战略在于指导一个经营单位的管理行动。它着重考虑企业如何在特定的经营中进行竞争；在建立优势过程中，每个关键领域将发挥什么作用；对行业和竞争条件的变化做出的反应；控制经营单位内的资源配置。

（3）物流职能支持战略。物流职能支持战略包括生产、营销、财务、研究与开发、人力资源等战略。职能支持战略的作用是落实经营战略，表明有关的职能领域对整个经营战略的贡献。各个职能战略的协调一致将会增加整个经营战略的力量。

（4）物流运营战略。物流运营战略是部门经理或职能领域实施职能支持战略的行动规划。它是根据企业战略要求，为了有计划地完成具体职能活动而直接负责的职能部门主管制定的。

为了使各种战略有效地发挥作用，必须注意各个层次战略规划的相互衔接和协调，防止相互冲突的规划导致经营混乱，这一任务要在战略形成过程中完成。

1.1.2　物流战略管理目标与构成

1．企业物流战略管理的目标

物流系统战略管理有三个目标：降低成本、减少资本和改进服务。

（1）降低成本。降低成本指战略实施的目标是将与运输和存储相关的可变成本降到最低。通常要评价各备选的行动方案，比如，在不同的仓库位置中进行选择或者在不同的运输方式中进行选择，以形成最佳战略。服务水平一般保持不变，与此同时需要找出成本最低的方案。利润最大化是该战略的首要目标。

（2）减少资本。减少资本指战略实施的目标是使物流系统的投资最小化。该战略的根本出发点是投资回报最大化。例如，为避免进行存储而直接将产品送达客户，放弃自有仓库选择公共仓库，选择适时供给的办法而不采用储备库存的办法，或者是利用第三方供应商提供物流服务。与需要高额投资的战略相比，这些战略可能导致可变成本增加；尽管如此，投资回报率可能会得以提高。

（3）改进服务。物流战略一般认为企业收入取决于所提供的物流服务水平。尽管提高物流服务水平将大幅度提高成本，但收入的增长可能会超过成本的上涨。要使战略有效果，应制定与竞争对手截然不同的服务战略。

例　Paker Hannifin 是生产封铅和 O 形圈的企业，该企业凭借优秀的物流服务赢得了市场。某客户的采购人员曾经向公司的销售人员展示了同一产品的两张发票，一张来自 Paker Hannifm，一张来自其竞争对手。其中竞争对手的价格比 Paker Hannifin 低8%。但是，如果 Paker Hannifin 为客户保有服务中心（某存储点，包括额外的增值服务），那么 Paker Hannifin 就可以高价赢得 100 万美元的生意。Paker Hannifin 满足了客户的要求，建立了服务中心，赢得了合同。客户非常满意，Paker Hannifin 也赚了很多，因为服务中心的运营成本只有销售额的 3.5%。

2．物流战略管理体系的构成

物流战略管理体系的构成如图 1.1 所示。

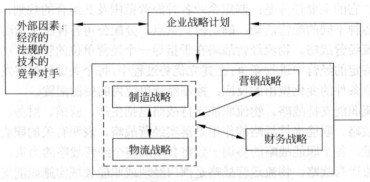

图 1.1　物流战略管理体系的构成

例　某办公设备公司为节约设备维修服务的宝贵时间迈出了大胆的一步。按照以往的做法，服务中心派技术人员到客户的维修地点提供维修服务。这样，受过高级培训且薪水很高的技术人员要在往返途中花费大量时间。该企业重新设计了物流系统，在全国各地设置供租借和替换的机器存货。如果机器出现故障，企业就会将替换用的机器送往客户所在地，有故障的机器则被送往服务中心进行维修。新的系统不仅节约了维修成本，而且还提高了客户服务水平。

美国医院供应公司（American Hospital Supply）开发设计出一套有效的采购系统，该系统在每个客户的办公室设置终端。系统简化并加快了客户的订货过程，保证企业可以赢得更多的订单。

1.1.3 物流战略管理的要素

企业物流战略管理的要素是构成企业战略规划的主要因素，影响着企业战略的分析、选择、实施和控制的全过程，并通过企业物流管理活动表现出来。

1．经营范围

经营范围是指企业从事生产经营活动的领域，经营范围的变换是有局限性的，不可以随意变动。企业的经营范围能够反映出企业经营活动中主要涉及外部环境的大小，也能反映出企业与外部环境发生相互作用的影响。

2．资源配置

资源配置是指企业对人员、资金、物资、信息和技术等的安排水平与模式。人员、资金、物资、信息和技术是企业生产经营活动的基本资源，资源配置的组合不同直接影响企业各项活动的效率。

3．竞争优势

竞争优势是指由企业内部各种因素所决定的，在经营中所形成的，与同行业的竞争对手相比所具有的经营优势。图 1.2 为哈佛大学教授迈克尔·波特的竞争优势模型。

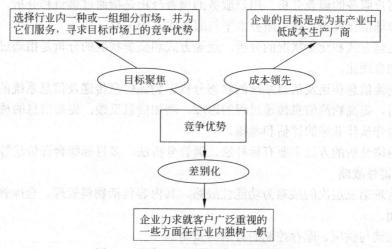

图 1.2　迈克尔·波特的竞争优势模型

4．协同作业

协同作业是指企业的各种资源之间或者职能部门之间相互协调、相互作用，从而产生更大的效果。

1.1.4 物流战略管理框架

根据企业物流战略的内容和目标，专家提出了企业物流战略管理的框架，把企业物流战略划分为四个层次。

1. 全局性战略

物流管理的最终目标是满足用户需求，因此，用户服务应该成为物流管理的最终目标，即属于第一层次的全局性战略目标。良好的用户服务可以提高企业的信誉，使企业获得第一手市场信息和用户需求信息，增加企业和用户的合力并留住顾客，从而使企业获得更大的利润。

要实现用户服务的战略目标，必须建立用户服务的评价指标体系，如平均响应时间、订货满足率、平均缺货时间、供应率等。虽然目前对于用户服务的指标还没有统一的规范，对用户服务的定义也不同，但企业可以根据自己的实际情况建立提高用户满意度的管理体系，通过实施用户满意工程，全面提高用户服务水平。

2. 结构性战略

物流管理战略的第二层次是结构性战略，其内容包括渠道设计和网络分析。渠道设计是供应链设计的一个重要内容，包括重构物流系统、优化物流渠道等。通过优化渠道，企业能够提高物流系统的敏捷性和响应性，使供应链的物流成本最低。

网络分析是物流管理中另一项重要的战略工作，它为物流系统的优化设计提供参考依据。网络分析主要包括以下内容。

（1）库存状况的分析。库存状况的分析是指通过对物流系统不同环节的库存状态分析，找出降低库存成本的改进目标。

（2）用户服务的调查分析。用户服务的调查分析是指通过调查和分析，发现用户需求和获得市场信息反馈，找出服务水平与服务成本的关系。

（3）运输方式和交货状况的分析。运输方式和交货状况的分析是指通过分析，使运输渠道更加合理化。

（4）物流信息传递及信息系统的状态分析。物流信息传递及信息系统的状态分析是指通过分析，提高物流信息传递过程的速度，增加信息反馈，提高信息的透明度。

（5）合作伙伴业绩的评估和考核。

用于网络分析的方法主要有标杆法、调查分析法、多目标综合评价法等。

3. 功能性战略

物流管理第三层次的战略为功能性战略，其内容包括物料管理、仓库管理和运输管理三个方面。

（1）采购与供应、库存控制的方法与策略。

（2）仓库的作业管理等。

（3）运输工具的使用与调度。

物料管理与运输管理是物流管理的主要内容，必须不断地改进管理方法，使物流管理向零库存这个极限目标努力。应降低库存成本和运输费用，优化运输路线，保证准时交货，从而实现物流过程的适时、适量、适地的高效运作。

4. 基础性战略

物流管理第四层次的战略是基础性战略，其主要是保证物流系统正常运行提供基础性的保障，包括如下几个方面。

(1) 组织系统管理。
(2) 信息系统管理。
(3) 政策与策略。
(4) 基础设施管理。

信息系统是物流系统中传递物流信息的桥梁。库存管理信息系统、配送分销系统、用户信息系统、EDI/Internet 数据交换与传输系统、电子资金转账系统（EFT）、零售销售点终端（POS）信息系统等都对提高物流系统的运行起着关键的作用。因此，必须从战略的高度进行规划与管理，才能保证物流系统高效运行。

1.1.5 企业物流发展的主要战略

企业物流发展的主要战略如表 1.1 所示。

表 1.1 企业物流发展的主要战略

战 略	含 义	内 容
合理化战略	根据物流活动的客观规律和特征，组织各物流部门和物流环节采取共同措施，以最低的物流成本达到最佳的物流效应和最高的服务水平，充分发挥物流功能	表现为功能的合理化和作业标准化。企业物流的合理化就是要降低成本、提高效率。一是建立规范的物流市场竞争机制；二是实现物流各环节作业的标准化
信息化战略	为满足消费者快速变化和日趋个性化、多样化的需求，实现小批量、多品种、快速反应的生产或服务，必须具有掌握和利用信息的能力	在信息化战略的指导下，建立集成化的管理信息系统，以压缩流程时间，提高需求预测程度，并协调企业间关系，促进物流信息共享，推动企业物流快速发展
品牌战略	实施"品牌"化战略成为在市场竞争条件下谋求发展的必然选择	物流发展要从未来发展方向、服务对象、服务模式等方面考虑，建立社会化、专业化、现代化的物流系统，形成全方位和供应链的物流服务模式，形成品牌优势，开发品牌资源
网络化战略	实质是在信息共享的基础上建立企业内外物流和信息流的统一网络。网络化战略主要包括：物流配送系统的计算机网络化和组织的网络化	关键是加强供应链管理和集成化物流管理的外部集成管理，建立企业与外部供应商、客户之间的战略合作伙伴关系，降低安全库存和物流成本，减少风险优化配置总体资源，提高整个集成化系统的运行效率，以获取更大的整体竞争优势
国际化战略	物流发展需要着眼于全球，以国际化的视角进行思考，确立国际化战略	首先是供应链的全球化，这是供应链外延的扩展，即把全球有业务联系的供应商、生产商、销售商看成同一条供应链上的成员，要求企业间相互协作更加密切，在满足不同地区消费者的多样化需求上不断提升供应链综合物流管理协调能力。其次是组织全球物流，要求物流的战略构造与总体控制必须集中，以获得全球的最优成本，客户服务的控制与管理必须本地化，以适应特定市场的需求

1.1.6 实现企业物流发展战略的基本途径

1. 从管理角度发展物流

现代物流是一项科学的系统管理方法，所以企业在发展物流的时候，必须从管理角度发展物流。随着科学技术的日新月异，越来越多的新思想、新方法运用于企业经营的战略规划和管理作业，增强了企业应变市场的能力。在所有改进企业经营管理的措施当中，现代物流技术合理高效地参与，正愈加成为企业赢得市场优势的重要手段。在人们发现从降低生产成本和更新产品上无法再取得像从前那样的竞争优势时，物流变成了可以挖掘的新的利润源泉。它不仅可以降低生产和销售成本、提高服务水平，还有助于整个社会资源的合理配置与优化。

2. 企业物流战略规划原则

企业物流战略的研究制定、物流管理活动的组织开展、物流职能与其他职能的相互协调，必须有战略思想进行指导，我国企业物流发展规划首先必须坚持以下几个重要原则。

（1）依托总体，协调发展。
（2）长期规划，分段实施。
（3）面向未来，适度超前。
（4）管理创新，服务制胜。
（5）一元规划，多元推进。

3. 确立物流在企业中的战略地位

企业内部物流系统和外部物流系统成为一个企业重塑竞争力的重要手段和方式。在激烈竞争的市场经济中，物流已经在企业战略中占有一席之地。《哈佛商业评论》的一篇文章"基于能力的竞争"中，作者分析了零售业巨人沃尔玛公司取得巨大成功的原因。在说明沃尔玛致力于通过天天低价和商品即得性来建立顾客忠诚时，作者断言沃尔玛之所以能为顾客提供始终如一的优质服务，关键是让企业补充存货的方法成为其竞争战略的核心部分。这种战略眼光在很大程度上以所谓的"过载"(cross-docking)这一无形的物流技术得以充分体现。

一项普通的物流策略竟然变成了世界零售巨头整个竞争战略的核心部分。沃尔玛的高层管理者看到物流与企业战略有较大关联。沃尔玛的巨大成功就在于认识到有效的企业战略必然需要细节与整体之间的有力平衡，而物流贯穿所有关键的企业职能，自然要在维持该平衡中发挥战略作用。

4. 企业物流战略规划

贯穿于生产和流通全过程的物流，在降低企业经营成本，创造第三利润源泉的同时，也在全球的市场竞争环境下，发挥着举足轻重的作用，物流成为企业经营主角的时代已经到来。很多企业虽然认识到发展物流的潜力，但往往感到无从着手。所以，要获得高水平的物流绩效，创造顾客的买方价值和企业的战略价值，必须了解一个企业的物流系统的各构成部分如何协调运转与整合，并进行相应的物流战略规划与设计。

1.2 物流战略制定

1.2.1 企业物流环境分析

制定企业物流战略首先要分析企业的内、外部环境,因为它会限制物流战略的灵活性。在制定物流战略时,需要对企业内、外部环境变化进行观察与评价。通常观察与评价的环境因素主要有行业竞争性评价、地区市场特征、物流技术评价、渠道结构、经济与社会预测、服务业趋势和相关法规等。

企业现状分析包括内部、外部、竞争和技术的评估与分析。分析的目的是寻找改进的机会。每个部分需要检查所有的物流环节,尤其是对现有系统存在的缺陷做出评价。

具体来说包括以下分析内容。

1. 物流系统的内部分析

物流系统内部分析从客户服务、原材料管理、运输、仓储和库存五个层面进行分析,每一个层面均涉及物流管理流程、决策及其度量标准。

1)客户服务

(1)在物流环节程序中,需要考虑当前的信息如何流动、订单概况改变和订货程序。

(2)决策环节针对订单是如何制定的,当前库存不能满足订货需求时如何处理。

(3)需要制定客户服务的关键度量标准。

2)原材料管理

(1)物流环节程序需要考虑工厂与配送中心的原材料流;每个制造点及配送中心管理流程程序。

(2)决策环节要对制造及配送中心能力如何制定、生产计划如何制订进行决策。

(3)度量标准或指标需要对关键的制造及配送中心极限能力制定标准;原材料管理水平的关键度量;当前的原材料管理水平。

3)运输

(1)物流环节管理程序需要考虑:运输方式;订货和运输量;与承运人申请、支付和信息交换的流程以及运输文件的信息流管理。

(2)对运输的运输方式与承运人、多个承运人进行评价选择的决策。

(3)度量标准需要考虑的内容有衡量运输绩效的量度指标如何衡量;当前的绩效指标是否合理;各种运输方式和承运人相对绩效比较指标。

4)仓储

(1)物流环节程序需要考虑的因素有:使用的储存和装卸设施;每个设施内生产线的布置以及每个设施中完成的或能够完成的储存、装卸及其他增值功能。

(2)对每个设施中的集中运送、物料搬运情况、产品储存及产品选择进行决策。

(3)度量标准需要测量每个设施的储存量与通过率;关键的仓库绩效度量指标;当前的绩效水平以及每个设施的相对经济绩效特征。

5)库存

(1)物流环节程序需要了解当前库存物资储备的增值功能。

(2) 考虑由谁做出库存管理决策以及使用什么信息来支持决策。

(3) 度量标准环节要设置企业的库存成本、关键的库存绩效量度标准以及了解当前的绩效管理水平。

2. 物流系统的外部分析

外部评价与分析是对供应商、客户和消费者的外在关系的分析。分析评价时应该考虑市场的趋势、企业现在的能力与竞争对手的能力，如下所述。

1）供应商

(1) 市场趋势应分析供应商提供的增值服务；供应商存在的主要"瓶颈"。

(2) 企业能力应分析企业内部化与外包增值服务的机会；如何改变程序以减少"瓶颈"等薄弱环节。

(3) 竞争能力应分析竞争对手采取什么制造模式生产产品，并以什么方式与供应商进行信息交流；就供应商的数量、成本而言，什么是竞争基准点。

2）客户

(1) 市场趋势应分析服务关键客户的主要约束条件，如何影响成本；客户订货的形式，如何改变以及客户评价的主要标准。

(2) 企业能力应分析哪些功能或活动可转向客户以提高物流系统绩效；客户是如何根据关键标准评价绩效的。

(3) 竞争能力应分析竞争对手向客户提供什么服务；竞争对手是如何完成客户确认的关键绩效指标的。

3）消费者

(1) 市场趋势应分析客户的购买形式是如何随着购买地点、时间与选择标准而变化的；物流活动的趋向，如购买数量、包装、发送、产品质量、客户等信息。

(2) 企业能力应分析如何随着客户购买形式和选择准则的变化而改变。

(3) 竞争能力应分析竞争对手是如何随着客户购买形式和选择准则的变化而变化的。

3. 技术评价与分析

技术评价与分析是对物流各个环节的关键技术与能力的评价，需要考虑现行的技术与最先进的技术的差距，新技术应用的潜力。

(1) 分析企业现行的预测技术与顶级公司采用的最先进的预测技术有何异同。

(2) 订单下达需要分析企业现行的订单下达技术，客户所要求的订单下达技术。顶级公司是如何完成订单下达的，有无改进订单下达有效与实用的新技术。

(3) 订单处理需要分析企业现行的技术。如分配可用库存给客户订货的程序以及现行方法的局限性。了解顶级公司是如何完成订货程序的，是否采用新技术改进订货程序。

(4) 需求计划阶段需要分析使用什么程序决定生产和配送，利用物流信息系统进行辅助决策能否支持这些程序；顶级公司是如何做出生产和库存计划决策的，有无改进需求计划的新技术方法。

(5) 了解企业目前开具发票、查询、运输通知预告和费用支付是怎样传送的，而顶级公司是如何使用 EDI（电子数据交换）的。使用信息技术改进开具发票和其他客户的沟通形式。

（6）分析企业目前仓库管理与生产进度决策制定的程序及方法；调查顶级公司在仓库管理和物料装卸技术方面的差距，应及时采用有效、实用的新信息系统和物料装卸技术。

（7）分析企业运输环节现在采用的技术方法；包括运输路线规划和生产进度决策；运输单证的提供，承运人和客户的信息沟通方式，运输成本的确定、评价和控制等方面；这些方面与顶级公司的差距。及时采用有效实用的物流管理信息系统、包装和装卸技术以及通信技术改进运输环节的运作与管理。

（8）分析企业当前的决策支持技术，包括物流策略和战略计划制定程序，分析所使用的信息源和数据结构，与顶级公司的差距，采用提高决策有效性的信息系统和评价技术。

4．机会分析

通过对当前的物流过程与实践进行分析评价，发现或确定具有改进潜力的环节。

5．成本—效益分析

提高企业物流效益包括服务的改进与成本的降低。改进服务具体包括货物的可得性、服务质量与服务能力。物流服务的提高可增加现有客户的忠诚度及吸引新客户。

6．行业竞争性评价

知己知彼，百战不殆。了解同行业的物流水平，分析出自己的优势，是企业制定战略时必须重视的问题。

行业竞争性评价包括对企业所在行业机会和潜力的系统评价，如市场规模、成长率、盈利潜力、关键成功因素等问题。竞争力分析包括行业领导的影响和控制力、国际竞争、竞争与对峙、客户与供应商的权力、主要竞争对手的核心竞争力。为了成为有效的行业参与者，应在理解客户服务基本水平的基础上，对竞争对手的物流能力做出基准（Benchmarking）研究。

7．地区市场特征

企业的物流设施网络结构直接同客户及供应商的位置有关。地理区域的人口密度、交通状况以及人口变动都会影响物流设施选址。所有公司都应从这些地区的市场因素去考虑最有市场潜力的物流设施的位置。

8．渠道结构

这里所说的渠道，是指实现物流功能的途径。不同的物流战略，要求选择不同的实现物流功能的途径。企业与外部合作时，应采取配送还是直接购销商品，应该把哪些有关联的企业纳入本企业的物流渠道中，自己计划在其中扮演什么角色，这一切都要进行评价，根据物流绩效进行选择。

物流战略部分是由渠道结构所决定的，所有的企业必须在一定的业务联系之间迅速实施其物流运作。供应链由买、卖及提供服务的关系所组成，企业必须适应渠道结构的变化。在许多情况下，如果物流绩效能够改进，企业物流主管应当积极地促进改变。比如，目前减少原材料供应商的数量已经成为一个趋势，其目的是获得更好的产品及配送服务。

9. 社会经济发展趋势

经济活动的水平及其变化以及社会变化对物流都有重要的影响。比如，运输的总需求是直接与国内生产总值相关的。利率的改变将直接影响存货战略，当利率增加，在所有营销渠道中减少库存的压力就会增大。减少库存成本，也许会反过来被认为，在提高库存周转速度的情况下，同时增加额外的运输费用来维持服务。因此，社会发展趋势、生活方式等都会影响物流要求。现代企业物流发展必须重视和分析影响、制约企业物流活动的经济因素。

10. 物流服务产业趋势

与物流紧密相关的服务是运输、仓储、订单处理以及存货要求，还有信息系统，这些相关服务在重组物流系统设计时可外包得到。提供物流服务的企业可以是当地的公司，也可以是国内外的大企业。当前，选择将物流全包给第三方物流企业的比重在不断增加。从物流系统设计的角度来看，这种服务具有增加灵活性和减少固定成本的潜力。

11. 相关法规

环境变化也包括运输、金融与通信等行业相关法规的变化。因此，物流也面临着国家及地方各级政府的法规变化。例如，我国最近十几年对公路运输的开放，使整个公路运输格局发生了深刻的变化。一些民营的运输企业得到了迅速发展，公路运输的运力得到了创纪录的增长。

1.2.2 物流战略分析

1. 物流战略层次分析

物流战略根据所考虑时期长短不同可分为三个层面：战略层面、策略层面和执行层面。战略计划层面考虑长期的计划制订，时期在一年以上；策略计划层面考虑一年以内的实施计划；而执行计划层面考虑短期的活动，经常需要做出每天甚至每小时的决策。其区别可见表1.2。不同层面的计划需要处理不同的数据和信息。

表 1.2 不同计划层面的决策

决策变量	战略层面	策略层面	执行层面
选址	设施数目、地点及规模	库存分布决策	路线、路线上产品的分配
运输	运输方式	季节性的服务	数量及时间安排
订货流程	设计订单流程系统	客户的优惠待遇	执行订单流程
客户服务	设计客户服务水平		
仓库	布局、地点选择	季节性的空间变换	订单履行
采购	政策制定	合同管理、供应商选择	订单送出

1）战略层面

战略计划是长期性的，所需数据无须太精确和完整，而经常是长期的平均数字，计划的制订也不追求绝对完美。处在另一个极端上的是执行层面的计划，需要处理大量精确的信息和数据。例如，战略层面的计划对于库存的要求是整个库存水平不超过某一财务预算，而执行层面的计划需要对每种产品提出相应的管理方法。

2）策略层面

策略计划层面是中期实施计划。

3）执行层面

执行计划层面是考虑短期的活动。

由于策略层和执行层的计划涉及很多具体问题，所以这里我们主要介绍战略层面上的计划——如何设计整个物流系统。

2. 物流系统分析

物流系统战略主要包括四个方面的问题：顾客服务水平、物流设施分布、库存战略和运输战略。如图1.3所示。

1）顾客服务水平

物流系统的顾客服务水平是较其他因素更要引起严重关注的方面。若将服务水平定得较低，企业则可使用较便宜的运输方式和在较少的地方设置库存；若将服务水平定得较高，则要求运输和库存都有足够的保障。不可忽视的是，当服务已上升接近最好时，要想继续提高它往往要花更多的代价。因此，在设计时应权衡利益，设计合适的服务水平。

图1.3 物流决策系统

2）物流设施分布

物流设施分布包括产品从工厂、分销商或中间库存到顾客整个商品供应的活动和相应的费用。存货和分销地点的地理分布构成了物流系统的骨架，选择何种分销方式直接影响物流的费用。于是，物流设施分布要解决的问题就是找到费用最小或获利最大的商品分销方式。

3）库存战略

库存指的是货物的库存采取何种管理方式。其中，将总的存货分配到不同的分销地点和持续供货是两种不同的存货方式。采取不同的库存管理方法决定了物流设施的分布决策。

4）运输战略

运输所涉及的问题包括运输方式的选择、运输批量、运输路线和日程安排。这些决策受物流设施分布的影响，同时在做物流分布决策时也应考虑到运输的问题。库存水平的大小也与运输批量有关。

顾客服务水平、物流设施分布、库存和运输之所以是物流计划的主要方面，是因为它们直接影响到企业的利润率、现金流和投资回报率。由于计划的各个方面是互相影响的，所以在做决策时应充分考虑整体的利益。

何时执行计划是在执行物流计划时首先要考虑的问题。当企业没有自己的物流系统，则执行物流计划的必要性很明显。但当企业的物流系统已经存在，应该在何时改善其现有的物流系统是物流计划的重要问题。这可以从五个方面来考虑：市场需求、顾客服务水平、产品特性、物流成本和定价方法。

　　市场的需求及其地理分布直接影响到物流网络系统的构建。一个国家和地区的需求的大幅度变化往往是物流系统需要重建的指示灯。随着需求的变化，对现有物流设施规模的扩大和缩小是必需的，同时在那些没有建设物流系统的地区，由于需求的增长也应该建立相应的物流系统。基本上，一年中需求持续增长几个百分点便可以考虑重建物流系统。顾客服务水平变化的原因有竞争对手的战略发生变化或市场发生变化。

1.3　物流战略选择

1.3.1　SWOT 分析法

1. 物流系统战略方案选择的依据

　　物流系统战略对于具体的企业是否可行，企业如何选择适合自己的物流系统战略，需要对物流系统战略进行评价。进行评价的第一项内容是确定评价标准，即明确企业在选择物流战略方案时需要考虑的主要问题。这些问题可以概括为三个方面，即物流系统战略的适宜性、物流系统战略的可行性和物流系统战略的可接受性。其中，物流系统战略的适宜性评价是战略分析的延伸，即从经验逻辑和历史数据中对可选战略进行评价。物流系统战略方案适宜性、可行性、可接受性评价方面形成了一些程序化的技术，从而使我们在评价时有章可循，便于操作。

　　物流系统战略选择的评价标准可分为以下三个方面。

　　1）适宜性

　　适宜性即衡量一种物流战略是否与企业自身条件相适应。例如，某种物流战略是否有效地利用了企业的现有实力，克服或避开了企业的弱点，并能抵御环境的威胁。

　　评价一个战略优劣的重要方面之一就是衡量这种物流战略能否与战略分析中所得到的企业内外部条件相适应，适应的程度如何。有时也把这种适宜性称为"一致性"。我们通过对如下几个问题的回答来评价物流战略的适宜性。

　　（1）所选物流系统战略克服困难的程度如何。这里，困难是在物流战略分析中得出的企业自身弱点和企业面临的物流环境威胁。例如，企业所选战略是不是能使企业的竞争地位有所提高或能否解决企业的资产流动性问题，或能否使企业减弱甚至摆脱对某一家供应商的特别依赖。

　　（2）所选物流系统战略是否能增强企业的实力，并给企业更多的机会。例如，战略的实施是否能为每位劳动者提供适合的工作岗位，有利于他们发挥自己的特长，从而提高企业的整体实力；物流战略的实施是否有助于企业打入一个新的市场领域，并站稳脚跟，不断发展，或将现有的高效系统充分利用起来。

　　（3）所选物流战略是否与企业的各方面目标相吻合。这里的目标可以是总体效益、增长速度或管理控制的有效性等。

　　2）可行性

　　可行性即评价一种物流战略具体实现的可行程度。如现有资源条件是否满足战略实施的要求。可行性评价主要是围绕物流战略目标能否实现的问题。例如，战略实施将引起有计划的内部调整，其规模是否在企业各方面资源（人力、物力等）允许的范围内。事实上，关于战略可行性的问题，在选择战略的过程中就应予以考虑。这里将从以下几个方面进行更细致的评价。

（1）战略实施是否具有充足的资金来源。

（2）企业自身的能力能否达到物流战略要求的水平（如质量水平、服务水平等）。

（3）企业在战略实施前是否已具备一定的市场竞争地位和必要的市场推销技能。

（4）企业能否处理好战略实施可能带来的竞争压力。

（5）企业是否确保无论是管理层还是操作层都具有一定的技能。

（6）企业在生产过程和技术等方面是不是已具备了一定的竞争力。

在实际进行可行性评价的时候，并不只局限于以上列出的这些方面，应该根据企业实际情况做具体分析。另外，在回答这些问题的同时，还必须考虑到战略调整时间的影响。

3）可接受性

可接受性即评价一种物流战略实施的结果是否可接受或令人满意。例如，战略实施所带来的效益或对企业发展速度的推进是否达到了高层管理者、持股人或其他相关人员的期望值。另外，可接受性还包括评价物流战略实施中所包含的风险。

关于可接受性的评价有一定的困难，因为它在很大程度上与人的主观期望密切相关。所以谈到战略的可接受性时必须明确是相对于"谁"的可接受性，这需要仔细地进行分析。下面列出的这些问题将有助于分析的进行。

（1）所选物流战略为企业创造的效益如何？

（2）从财务的角度考虑，所选战略带来的风险较原来有多大变化？

（3）战略实施对企业的资金结构会产生什么影响？

（4）战略实施带来的调整能否使企业内部各级工作人员普遍予以接受？

（5）战略实施是否会使企业内某些部门、小组或个人的工作安排、组织结构产生重大的变动？

（6）战略实施是否要改变企业与外部相关机构的关系？

（7）所选战略是否与现存的整套管理体制相吻合？是否需要大的变动？

当然，一个物流战略的实施不可能使方方面面都能满意，所以需要权衡利弊，有重点地加以考虑。

2. SWOT 分析法

SWOT 分析是在西方广为应用的一种战略选择方法。SW 是指企业内部的优势和劣势（strengths and weaknesses），OT 是指企业外部的机会和威胁（opportunities and threats）。

SWOT 分析就是企业在选择战略时，对企业内部的优劣势和外部环境的机会与威胁进行综合分析，据此对备选战略方案做出系统评价，最终选出一种适宜战略的目的。

企业内部的优劣势是相对于竞争对手而言的，表现在资金、技术设备、职工素质、产品市场、管理技能等方面。衡量企业优劣势有两个标准：一是资金、产品、市场等一些单方面的优劣势；二是综合的优劣势，可以选定一些因素评价打分，然后根据重要程度进行加权，取各项因素加权数之和来确定企业是处于优势还是劣势。在战略上企业是扬长避短，内部优势强，就宜于采取发展型战略，否则就宜于采用稳定型或紧缩型战略。

企业外部环境是企业所无法控制的，企业外部环境中有的对企业发展有利，可能给企业带来某种机会，如宽松的政策、技术的进步就有可能给企业降低成本、增加销售量创造条件。有的外部环境对企业发展不利，可能给企业带来威胁，如紧缩信贷、原材料价格上涨、税率提高等。来自企业外部的机会与威胁，有时需要与竞争对手相比较才能确定。有利条件可能对所有企业都有益，威胁也不仅仅是威胁本企业，因此，在有些情况下还要分析同样的外部环境到底对谁更有利或更不利。当然，企业与竞争对手的外部环境是不可能完全相同的，但很多时候却有许多共同点，此时，对机会与威胁的分析不能忽略与竞争对手的比较。

SWOT 分析的做法是：依据企业的方针列出对企业发展有重大影响的内部及外部环境因素，继而确定标准对这些因素进行评价，判定是优势还是劣势，是机会还是威胁，举例如表 1.3 所示。也可逐项打分，然后按因素的重要程度加权求和，以进一步推断优劣势有多大及外部环境的好坏。

表 1.3　SWOT 分析表

企业内部条件		企业外部条件	
优势（S）	物流技术先进 服务管理好 职工素质高 管理基础工作好	机会（O）	有出口的可能 运输价格下降
劣势（W）	资金不足 物流设备老化 企业规模小	威胁（T）	竞争对手增多 信贷紧缩

在以上分析的基础上，可以根据企业的得分来判定企业属于哪种类型，如图 1.4 所示，处于第 I 象限，外部有众多机会，又具有强大的内部优势，宜采用发展型战略；处

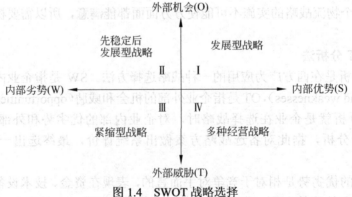

图 1.4　SWOT 战略选择

于第Ⅱ象限，外部有机会，而内部条件不佳，宜采取措施扭转内部劣势，可采用先稳定后发展型战略；处于第Ⅲ象限，外部有威胁，内部状况又不佳，宜小心设法避开威胁，消除劣势，可采用紧缩型战略；处于第Ⅳ象限，拥有内部优势而外部存在威胁，宜采用多种经营战略分散风险，寻求新的机会。

1.3.2 企业物流战略的选择与资源配置

1. 企业物流战略的选择

外部环境分析和企业资源评价为战略制定提供了基础条件，在企业物流战略设计与选择时，要根据上述分析评价结果进行物流战略设计与选择，使企业物流战略与物流发展目标、内外部环境以及企业资源能力相适应，并实现动态平衡。

企业物流的战略设计与选择是一个完整的系统分析过程。它主要包括四个要素：一是根据企业的经营领域确定其物流业务领域；二是根据外部环境分析和企业资源评价寻找企业物流的竞争优势；三是决定企业物流战略方案；四是设立评价物流战略方案的标准，并对物流战略进行选择。

2. 物流战略资源的配置

资源配置是物流战略实施的重要内容。在企业的物流战略实施过程中，必须对资源进行优化配置。

企业物流战略资源是指企业用于物流战略行动及其计划推行的人力、物力、财力等的总和。具体来讲，战略资源包括对物流能力、资金实力、人力资源实力、物流技术开发实力、物流管理实力、时间、物流信息等无形资源的把握能力。

企业物流战略资源的分配是指按物流战略资源配置的原则方案，对企业所拥有的物流战略资源进行的具体分配。企业在推进战略过程中所需要的物流战略转换往往就是通过资源分配的变化来实现的。企业物流战略资源的分配一般可以分为人力资源和物流资金的分配两种。

1) 人力资源的分配

人力资源的分配一般有三方面内容。

（1）为各个物流岗位配备管理和技术人才，特别是关键岗位上关键物流人才的选择。

（2）为物流战略实施建立人才及技能的储备，不断为物流战略实施输送有效的人才。

（3）在物流战略实施过程中，注意整个队伍综合力量的搭配和权衡。

2) 物流资金的分配

企业中一般采取预算的方法来分配物流资金资源。而预算是一种通过财务指标或数量指标来显示企业目标的方法。

此外，企业组织结构是实施物流战略的一项重要工具，一个好的企业物流战略还需要通过与其相适应的组织结构去完成。在物流战略实施过程中，还有一点也是很重要的，就是企业文化，它既可以成为物流战略的推动因素，又可能对物流战略的执行起抵触作用。

1.4 物流战略实施与控制

1.4.1 物流战略实施的内容

1. 对总体物流战略的说明

对总体物流战略的说明即说明什么是企业的总体物流战略,为什么做这些选择,实现此战略将会给企业带来什么样的重大发展机遇。这种说明还包括总体物流战略目标和实现总体物流战略的方针政策。被说明的物流战略目标是总体物流战略所预期的未来目的地。对这些目的地可加以定量描述,同样也可以定性描述。

2. 企业分阶段物流目标

分阶段物流目标是企业向总目标前进时,欲达到的有时间限制的里程碑。一般需要对分阶段目标加以尽可能具体与定量的阐述,这也是保障实现物流战略总目标的依据。企业的分阶段物流目标常常与具体的行动计划和项目捆在一起,而这些行动计划和项目均为达成总目标的具体工具。

3. 企业物流战略的行动计划和项目

行动计划是组织为实施其物流战略而进行的一系列资源重组活动的汇总。各种行动计划往往通过具体的项目(通过具体的活动来进行资源分配以实现企业总目标)来实施。

4. 企业物流的资源配置

物流战略计划的实施需要设备、资金、人力资源等。因此,对各种行动计划的物流资源配置的优先程度应在战略中得到明确规定。物流战略应指明在实施物流战略中需要的各种资源。并且,在尽可能的情况下,所有必要的资源应该折算成货币价值,并以预算和财务计划的方式表达出来。预算和财务计划对理解物流战略来说具有重要意义。

5. 企业物流组织结构的战略调整及物流战略子系统的接口协调

为了实现企业的物流战略目标,必须以相应的组织结构来适应企业物流战略发展的要求。由于企业物流战略需要适应动态发展的环境,因此,组织结构必须具备相当的动态弹性。另外,企业物流战略往往包括若干子系统。如何协调、控制这些子系统,以及对这些子系统间接口的管理、控制应相当明确。

6. 制订应变计划

有效的物流战略要求一个企业必须具备较强的适应环境的能力。要获得这种能力,就要有相应的应变计划作为保障。要看到各种可能条件在一定时间内所可能发生突如其来的变化,不能仓促应战。

1.4.2 企业物流战略实施的途径

战略实施是为了贯彻执行已制定的企业物流战略所采取的一系列措施和活动。它的实施过程如下所述。

1. 制定实施政策

企业应根据所选择的物流战略,制定其实施的详细政策。政策可以看成指导人们实施物流战略的纲要。

2. 调整组织结构

企业物流战略必须通过组织去贯彻执行，应根据企业物流战略的需要建立有效的组织结构。当现有组织结构与制定的物流战略不相适应时，需要对组织结构进行调整，通过调整组织结构来解决组织的集权化问题、组织的专业化问题和组织的刚性问题。

3. 战略实施措施

企业所制定的物流战略不同，其实施物流战略的措施也不尽相同。一般而言，实现企业物流战略的基本途径主要有如下方面。

（1）积极创造企业物流发展的政策条件，营造宽松的市场环境。认真研究并制定支持、促进我国现代企业物流发展的政策和措施，努力创造公平竞争、规范有序的市场环境；努力建设规范的物流市场竞争机制，采取有效措施努力改变系统内的部门、条块分割状况，适当开放物流市场；根据 WTO 的要求，按国际惯例培养物流市场竞争机制；加强物流行业协会建设，发挥其桥梁纽带作用。

（2）完善企业物流管理体系，实行管理创新。现代企业要积极引导和改变传统的物流管理观念和方式，以降低物流成本和提高售后服务质量为目标，用系统的方法分析、重组企业物流业务，优化企业供应链管理，实现企业物流系统整体成本最小化、效益最大化；通过推行企业物流管理创新，促进企业物流健康发展，增加对社会物流服务的有效需求。

（3）发展科学技术，完善物流设施建设，提高各物流环节的技术含量。企业物流发展必须紧紧依靠技术进步，积极配合有关部门抓紧制定既适合我国特点，又与国际接轨的物流技术标准，为提高企业物流系统的效率创造技术条件；积极研制开发运输、装卸、仓储、包装、条码及标志印刷、信息管理等物流技术装备，以提高企业各物流环节的技术含量。

（4）拓宽渠道，积极培养企业物流人才。发展现代企业物流，必须加强宣传引导，使人们认识物流，接受物流的理念；加强理论研究和实践探索，使物流的理论知识与社会的实践活动有机地结合起来；加强人才培养，造就一大批熟悉物流运作规律并有开拓精神的管理人员和技术专家；政府部门、广大企业应加强与科研院校、咨询机构、社团组织的联系，充分发挥其在理论研究和人才培养方面的优势，共同推动我国企业物流的发展。

1.4.3 物流战略的过程管理

1. 物流战略管理的主要过程

物流战略管理是物流经营者在物流过程中，通过物流战略设计、战略实施、战略评价与控制等环节，调节物流资源、组织结构等最终实现物流系统宗旨和战略目标等一系列动态过程的总和。从更一般的意义上讲，道路运输企业（集团）物流战略管理的实质就是运用战略进行社会或区域物流链管理。

在战略形成、战略实施、战略评价与控制中，物流战略形成是物流战略管理的首要环节，指导并决定了整个物流战略的运行，战略评价工作渗透在物流链管理各个阶段之中。从物流链管理组织结构上分析，道路运输企业（集团）一般可以划分为企业层、事业层和职能层。在物流战略管理过程中，各个组织层次沿物流战略逻辑过程运行，高层组织的物流战略管理决定并指导着下一层组织的物流系统战略管理。

一般情况下，物流战略引导并决定物流系统的组织结构，在进行物流战略管理的初期尤其是这样。但在特定条件下，物流组织结构也会对物流战略提出修正与完善等要求。

2. 物流系统战略管理的组织运行机制

强调物流的战略含义，就在于它能站在社会物流合理化的角度进行物流链管理，根据其战略活动领域和组织活动特点，设立或者划分若干物流系统战略经营单位参与物流业务服务，或者以集团企业形式参与所服务的企业物流项目，以协同有序的战略活动实现物流系统战略目标的要求。

（1）物流系统可以将服务对象纳入物流经营系统之中。例如，为用户设计专项物流服务项目，使企业的固定节点、移动节点能与用户的物流链管理紧密结合起来，形成互惠体系。

（2）物流经营主体可采用集团化方式建立内部组织机制。物流经营者之间原先以市场机制为基础的交易关系可以转化为企业内部调节关系，从而有利于降低交易成本，节约物流总成本。

（3）充分发挥物流系统战略经营单位的作用。物流系统战略经营单位是企业值得为其制定一份战略实施计划的最小单位。战略经营单位有这样的特征：有自己独立的或相对独立的经营业务，如仓储包装或者储运业务；这些关联企业之间有共同的特点与要求；掌握了能够独立或相对独立经营的一定资源，如货运站、仓储运输基础节点；有很强的战略经营动力，能主动地提高效率和效益水平。

（4）企业内部应在根本利益一致的条件下进行适度竞争，企业内部的协作应当建立在有偿协作的基础之上；企业内部各个战略经营单位之间的利益冲突，可以通过建立企业内部工作标准、内部协作标准等方式，用战略制度化的方式来解决。

为了实现预期目标，站在整个物流系统的高度，通过集团战略经营活动的标准和制度，规范各战略经营单位之间的战略活动行为和相关利益划分是十分重要的物流系统战略管理工作。

1.4.4 物流战略控制的内容

物流战略控制的主要内容是指在物流战略的实施过程中，检查物流系统为达到目标所进行的各项活动的进展情况，评价实施企业战略后的企业绩效，把它与既定的战略目标与绩效标准相比较，发现战略差距，分析产生偏差的原因，纠正偏差，使物流系统战略的实施更好地与系统当前所处的内外环境、系统目标协调一致，使系统战略得以实现。

物流战略控制的实施需要有一定的条件，主要的条件如下：①健全的组织机构。组织机构是战略实施的载体，它具有执行战略、衡量绩效、评估及纠正偏差、监测外部环境的变化等职能，因此组织结构越是合理、明确、全面、完整，控制的效果就有可能越好。②高素质的领导。高层管理者是执行战略控制的主体，又是战略控制的对象，因此要选择和培训能够胜任新战略实施的得力的企业领导人。③优良的企业文化。企业文化的影响根深蒂固，如果有优良的企业文化能够加以利用和诱导，对于战略实施的控制是最为理想的，当然这也是战略控制的一个难点。

对物流战略的实施进行控制的主要内容有如下方面。

1．设定绩效标准

根据系统战略目标，结合系统内部人力、物力、财力及信息等具体条件，确定企业绩效标准，作为战略控制的参照系。

2．绩效监控与偏差评估

通过一定的测量方式、手段、方法，监测系统的实际绩效，并将系统的实际绩效与标准绩效对比，进行偏差分析与评估。

3．纠正偏差

设计并采取纠正偏差的措施，以顺应变化着的条件，保证系统战略的圆满实施。

4．监控外部环境的关键因素

外部环境的关键因素是系统战略赖以存在的基础，这些外部环境关键因素的变化意味着战略前提条件的变动，必须给予充分的注意。

5．激励

激励战略控制的执行主体，以调动其自控制与自评价的积极性，以保证物流战略实施的切实有效。

1.4.5　物流战略控制系统的组成

进行物流管理需要制订和实施物流计划，但仅仅如此并不能保证预定目标的实现。随着时间的推移，物流环境的动态变化和不确定性可能会导致实际绩效偏离计划绩效。为使绩效与期望目标一致，有必要从管理的另一个基本功能来考虑问题，即管理的控制功能使计划的执行情况与期望目标相一致或使它们保持一致的过程。物流系统战略控制就是将实际履行的情况与计划实施情况相比较的过程。

在物流系统中，管理者根据客户服务和成本对计划中的物流活动（运输、仓储、库存、物料搬运和订单处理）进行控制。

1．信息、流程和输出信息

控制系统的核心就是需要控制的过程。这一流程可能是某一单项活动，如履行订单、补足库存，这也可能包括物流部门涉及的所有活动。输入信息以计划的形式流入流程，而计划又指明了流程设计的方法。根据控制系统的目标不同，计划的内容包括应当采取何种运输方式、保持多少安全库存量、如何设计订单处理系统，或者包括所有这些内容。

环境影响因素是流程的第二类输入信息。广义上的环境包括可能影响流程但计划中未考虑到的所有因素。其代表了使流程产生偏离计划水平的不确定因素。更为重要的一些环境影响因素为客户、竞争对手、供应商和政府的不确定行为等。流程的产生就是通常的实施绩效。绩效是指流程在任何某一特定时间所处的状况，如果流程指运输活动，那么绩效的衡量标准可以是直接成本（如运输费率）、间接成本（如丢失和毁损）或交付履行情况。

业务流程以及作为其输入信息的计划和作为其执行结果的实施绩效就是管理控制的内容,也就是流程规划和实施行为的产物。

2. 标准和目标

管理控制过程需要有一个参照标准,以便比较物流活动的执行情况。而管理者、顾问或计算机都为实施绩效符合该标准付出了劳动。一般而言,参照标准可以是成本预算、客户服务目标水平或利润的贡献等。

除了公司计划和公司政策中所设定的标准外,许多企业还向外部标准看齐。人们对于质量的高度重视导致了众多企业将标准定得很高,以便参与各种奖项的角逐。对物流管理者来说,质量高可能意味着准时履行订单,很少发生短货或不按时交付产品的现象。全世界的公司都在想方设法得到认证,一旦达到认证标准,就大张旗鼓地进行宣传。客户也希望他们的供应商是获得认证的企业,因为这将保证客户得到的产品或服务与他们的期望一致。所以,对于产品或服务的提供者来说,这些质量奖或 ISO 9000 的认证可能就是物流管理的目标。

3. 监控

监控是控制系统的神经中枢。它收取有关执行情况的信息,与参与目标进行对比,并负责启动修正措施。监控者得到的信息基本上采取定期报告和审计的形式,通常是有关库存状况、资源利用情况、管理成本及客户服务水平等方面的报告。

系统中的监控者是管理者、顾问或计算机程序。监控者可以通过读解报告,将实施绩效与目标进行比较。监控者还可以通过判断实施结果是否失控,决定是否采取适当的步骤使实施结果与目标相符。例如,如果客户服务水平与预期的服务水平相比太低,管理者就会要求在仓库中存有额外的安全库存。修正措施的精确程度取决于失控的程度,以及管理者希望修正措施持续时间。如果实际执行情况与预期的"偏差"在可接受范围内,有可能不进行修正。相反,如果偏差超出可接受的范围,管理者将启动及时、可行的临时操作方案来减少偏差,或者通过战略性规划来改变系统设计。是否采取临时操作方案和战略性方法取决于个人对偏差原因的判断。比如,认为偏差是随机因素导致的还是出现了根本性改变。同时,主要部分重新规划带来的收益与相关成本、采取快速修正措施的必要性也会对决策产生影响。

1.4.6 物流战略控制网络

在战略实施的控制中有三个基本的控制系统,即战略控制系统、业务控制系统和作业控制系统。

1. 战略控制系统

战略控制系统是以高层领导为主体,它关注的是与外部环境有关的因素和企业内部的绩效。战略控制系统的特点有:①控制标准必须与整个系统的长远目标和年度目标相联系。②控制要与激励相结合。③控制系统重要的有"早期预警系统",该系统可以告知管理者在战略实施过程中存在的潜在问题或偏差,使管理者能够及早警觉起来,提早纠正偏差。

2. 业务控制系统

业务控制系统是系统的主要下属单位，包括战略经营单位和职能部门两个层次，它关注的是系统下属单位在实现构成系统战略的各部分策略及中期计划目标的工作绩效时，检查是否达到了系统战略为它规定的目标。

战略控制系统与业务控制系统有四个基本区别：①执行的主体不同。战略控制主要由高层管理者执行，业务控制主要由中层管理者执行。②战略控制具有开放性，业务控制具有封闭性。战略控制既要考虑外部环境因素，又要考虑企业内部因素，而业务控制主要考虑企业内部因素。③战略控制的目标倾向于定性、不确定、不具体；业务控制的目标倾向于定量、确定、具体。④战略控制主要解决企业的效能问题，业务控制主要解决企业的效率问题。

3. 作业控制系统

作业控制由各级层主管人员进行。

业务控制系统与作业控制系统有以下两点区别：①业务控制由企业总经理和下属单位的负责人进行。②作业控制系统是对具体负责作业的工作人员日常活动的控制，它关注的是员工履行规定的职责和完成作业性目标的绩效。

本 章 小 结

本章通过介绍战略管理的基本概念及方法，为以后物流战略的学习打下良好的基础。战略管理是企业在市场竞争中求生存、谋发展的重要条件，而物流与企业的发展密不可分。将物流与企业的生存和发展直接联系起来，对物流的发展和提高企业的竞争力，具有重要意义。要准确、完整地掌握物流战略管理的技能，企业就必须首先了解战略管理的基本知识。

思 考 与 练 习

一、填空题

1. 企业战略是企业为实现长期经营目标，适应经营环境变化而制定的一种具有指导性的经营规划。企业战略可划分为三个层次：_____、_____、_____。
2. 物流系统战略有三个目标：_____、_____、_____。
3. 物流系统战略主要解决四个方面的问题：_____、_____、_____、_____。
4. 物流职能支持战略包括_____、_____、_____、_____与开发、人力资源等战略。
5. 物流战略根据所考虑时期长短不同可分为三个层面：_____、_____、_____。

二、判断题

1. 企业物流战略是企业为实现其经营目标，通过对企业外部环境和内部资源的分析，针对企业物流目标而制定的、短期的、全局性的重大物流发展决策,是企业指导物流活动更为具体、可操作性更强的行动指南。（   ）

2. 企业物流战略的目标与企业物流管理的目标可以不一致,即在保证物流服务水平的前提下,实现物流成本的最低化。（   ）

3. 减少资本战略一般认为企业收入取决于所提供的物流服务水平。（   ）

4. 选址战略是指存货管理的方式,基本上可以分为将存货分配（推动）到储存点与通过补货自发拉动库存的两种战略。（   ）

5. 物流管理战略的第一层次是结构性战略,其内容包括渠道设计和网络分析。（   ）

6. 现代物流是一项科学的系统管理方法,所以企业在发展物流的时候,必须从管理角度去发展物流。（   ）

7. 制定企业物流战略首先要分析企业的外部环境,因为它会限制物流战略的灵活性。（   ）

8. 企业现状分析包括内部、竞争和技术的评估与分析。（   ）

9. 供应商评价与分析是对物流各个环节的关键技术与能力的评价,需要考虑现行的技术与最先进的技术的差距,新技术应用的潜力。（   ）

10. 机会分析就是通过前面的评估与分析,发现改进的机会和可能。（   ）

三、简答题

1. 物流系统战略的含义、特征是什么?
2. 企业物流战略的内容有哪些?
3. 物流系统战略的设计框架包括的内容有哪些?
4. 企业物流战略在企业总体战略中的地位如何?
5. 什么样的物流系统战略规划才算是好的物流系统战略规划?
6. 如何对企业物流战略系统进行选择?
7. 企业物流战略规划原则有哪些?

四、论述题

1. 简述物流系统的外部分析。
2. 简述 SWOT 分析法。
3. 简述物流系统战略控制方法。

五、案例分析

上海浦东、虹桥机场物流发展的战略选择

随着经济全球化和信息化进程的加快,21 世纪成为现代物流大发展的时期。现代化的机场已不再是简单的货物交换场所,而是全球动态物流链上的一个重要环节,日益成为促进和加强贸易发展的重要工具。对一个国家而言,机场将成为加强和拓展自身竞争优势的重要因素。深入分析现代物流业发展的客观趋势,对上海机场发展物流业进行科学的战略定位、超前规划和建设,是上海机场迈向 21 世纪的重要课题。

1. 需求预测

上海作为我国对外开放的重要口岸和经济、金融、贸易中心城市,近年来吸引了众多跨国公司纷至沓来。根据统计数据显示,世界 500 强中的 23 家企业在上海设立了投资

性公司，注册资本达 7.2 亿元人民币，世界 500 强中的 254 家企业在上海落户，其中 84 家建立了办事处。全球最大 59 家工业跨国公司在上海有 156 个投资项目，总投资额达 95.7 亿美元。这些大型跨国公司及外资企业迫切需要综合性全方位的现代化服务，提供物流方案策划以及运输、仓储、配载、包装、分拣、配送、报关、订舱、保险等多种形式的物流服务。

此外，跨国公司为满足多变的市场需求和生产计划，降低生产和营运成本，基于上海独特的地理和经济优势，纷纷寻求在上海建立面向中国或东北亚的物流分拨中心。这种新兴市场需求的增长，为上海机场发展国际物流服务，推动国际航空货运和中转货运的增长，为国际航空物流枢纽早日建成提供良好的发展机遇。

上海机场发展现代物流的另一个重要需求是航空快件运输。随着经济的发展，由于商品生产的多样化、小批量化，产品生产周期的缩短，货主对运输速度、时间的要求越来越高，国际航空快递业务的快速增长，已成为推动上海机场物流高速增长的重要因素。

2．面临的形势

随着全球机场"中枢辐射"结构调整的深入，枢纽机场的竞争日趋激烈，特别是在亚太地区枢纽机场分工尚未完全定局的情况下，争夺枢纽机场的竞争就显得更加激烈。上海机场建设国际航空物流基地面临周边机场巨大的竞争压力。首先，从货运量分析，上海机场不但远远落后于中国香港、东京等机场，与首尔、新加坡、台北等机场也有明显差距，这表明上海在亚太地区的市场地位相对落后。其次，从通航点和航班密度分析，由于我国航线分配比较分散，导致上海机场虽已成为我国三大门户机场之一，但两项指标稍逊于东京、中国香港、首尔等周边机场。虽然亚太地区航空物流量增长潜力巨大，但由于亚太枢纽机场集中在太平洋西岸的狭小地域，市场重叠严重，未来竞争极为激烈。

亚太地区机场竞争的严峻形势还表现在上海可以利用的空间十分有限。亚太地区许多初具国际机场物流基地雏形的城市，为了保持已有的竞争优势，纷纷发展物流设施，扩建甚至新建二期跑道即将完工；首尔正在建设新的仁川机场；曼谷新机场即将投划扩建。今后几年，亚太地区机场容量的扩充将大大超过市场需求的内生动力过剩的现象，航空物流量分流现象日趋加剧。

缩短了上海与亚太地区主要机场在硬件设施上的差距，为上海参与国际竞争提供了可能。但目前浦东机场仅完成一期工程，加上航线结构、航班密，上海在机场竞争中已处于不利的位置。在未来几年内，亚太各大枢运业务的争夺，上海机场要确立亚洲枢纽港的地位，建设融运输、包工等物资流通活动和信息流通活动为一体的现代化国际物流基地已迫在眉睫根据上海机场发展的战略目标和"一市两场"独特格局的实际情况，结合虹桥和浦东机场货运仓储业的发展状况，上海机场现代物流业发展的基本战略定为"发展浦东、完善虹桥"。

虹桥机场受到现有设施、周边环境的限制，近几年一直处于超负荷运转的状态。同时，虹桥机场存在货运区规划无序、仓库设置不合理、货运站管理和运作不完善及货运代理业务混乱等问题，影响了航空运力的合理使用，不能达到现代物流高效、准确、及时的要求，无法满足日益发展的需要。根据分工和定位的要求，虹桥机场进一步完善现有的物流仓储设施，并努力拓展货运代理功能，积极实现向现代物流业的转变。"十五"

期间,虹桥机场的工作重点是对机场及周边环境的货运仓储业进行综合治理,改变货运管理和运作的混乱局面,并制定虹桥机场货运仓储发展的总体规划,适时启动物流配套设施的建设,为现代物流业的可持续发展打下坚实的基础。

浦东机场是上海机场发展现代物流业的战略重点,应积极借鉴国际主要枢纽机场和物流中心的建设与运营经验,面向现代物流产业发展的最新方面,高起点、高标准地规划发展航空物流业。目前,浦东机场已建成集物流、信息流、商流于一身的现代化航空物流中心。再经过 5 年左右的发展,浦东机场将建成与亚太地区国际枢纽机场地位相匹配的具有综合物流服务功能的国际航空物流枢纽,成为支撑上海现代物流产业发展的重要支柱之一。

浦东机场航空物流业的发展不仅要具备机场作为"货运中心"的主要功能,如货物堆放、运输和储存的功能,而且要按照形成亚太地区国际航空物流枢纽的目标进行规划和建设,在功能上积极拓展航空货物的交易功能、信息的处理功能等,形成航空物资流、信息流集散和交易的中心。浦东机场国际航空物流枢纽的建设分为两个阶段进行,第一阶段是加快建设以综合物流服务为主要功能的航空物流中心;第二阶段是在航空物流中心的基础上努力拓展网上空运交易、网上货运代理、网上报关、网上信息服务等电子商务功能,实现对上海空港及周边地区已有资源的虚拟整合和高效利用,把浦东机场建成国际航空物流枢纽。

资料来源:http://www.examda.com/wuliu/anll/200608 08/1051 03 952.html。

讨论

1. 上海浦东、虹桥机场是如何进行战略决策的环境分析的?有利和不利的战略环境因素都有哪些?
2. 上海机场现代物流业该如何实现"发展浦东、完善虹桥"的战略目标?

第 2 章

物流战略目标设定

学习目标

通过本章的学习，了解战略性思维概念、特征、物流战略愿景、使命和定位；恰当把握物流的战略性定位；熟悉物流战略目标体系、目标体系概念、特点及设定步骤；能够用战略性思维分析设定战略目标；熟悉企业物流战略制定；熟悉物流战略的实施与控制。

关键术语

战略目标　战略性思维　战略愿景

7-11 的战略目标体系

7-11 便利店是现今全球最大的零售网络商，被公认为世界便利店的楷模。

1. 7-11 的客户服务目标

7-11 的客户服务目标是，在顾客需要的时候向他们提供所需要的产品。具体表现在三方面：首先，只有在 7-11 能够买到的独特商品；其次，刚制作完成的新鲜商品；最后，零缺货，即令顾客永不失望的供货。

2. 选址战略：区域集中化

区域集中化战略是指在一定区域内相对集中地开出更多店铺，待这一区域的店铺达到一定数量后，再逐步扩展建店的地区。7-11 实行了有效的区域集中化战略，利用这种办法，不断增加建店地区内的连锁店数，以缩短商店间的距离，缩短每次配送运输的距离及时间，确保高效的运载量，从而形成提高物流效率的基础，使配送地区合理化，配送中心分散化、中小规模化。

3. 库存战略：共同配送中心

7-11 建立了全球零售网络，为不同的特许经营单店进行集约配送与共同配送。7-11 按照不同的地区和商品群进行划分，组成共同配送中心，由该中心统一集货，再向各店铺配送。地域划分一般是在中心城市商圈附近 35 千米，其他地方市场为方圆 60 千米，各地区建立一个共同配送中心，以实现高频度、多品种、小单位配送。

4. 运输战略：不同温度带物流战略

7-11 建立全球范围内的不同温度带物流配送体系，针对不同种类的商品设定了不同的配送温度，并使用与汽车生产厂家共同研发的专用运输车进行配送，如蔬菜的配送温度为 5℃，牛奶为 5℃，加工肉类为 5℃，杂货、加工食品为常温，冷冻食品为-20℃，冰淇淋为-20℃，盒饭、饭团。

资料来源：中诺斯供应链管理实训软件案例库，2016.

思考

7-11 的客户服务目标是如何定位的？7-11 所确定的物流战略给我们什么启示？

2.1 战略性思维

2.1.1 战略性思维概念及要素

1. 战略性思维的概念

战略性思维是指思维主体（个人或集团）对关系事物全局的、长远的、根本性的重大问题的谋划（分析、综合、判断、预见和决策）的思维过程。战略性思维涉及的对象大多是复杂的政治、经济、文化系统和人与自然的复合系统及复杂过程。

2. 战略性思维的要素

战略性思维作为一个系统整体，包含三大组成部分。

第一，主体对战略问题的思考和谋划。

第二，战略性思维的产品，包括形成战略目标、战略计划、战略方针等。

第三，战略计划的实施、反馈和战略修正。

三者的关系是：主体对战略问题的思考和谋划催生战略性思维的产品，使其指导和服务于战略实践；主体对战略问题的思考和谋划主要是主体头脑中与战略问题相关的信息的加工活动；战略计划的实施则是改造世界的主体的能动的物质活动，战略计划的反馈与战略修正是主观逐渐符合客观的过程。

2.1.2 战略性思维的主要特征

1. 前瞻性

战略性思维是立足现实、面向未来的决策，它要面对企业发展的长期问题，有的战略考虑的是几年，甚至是几十年的问题。战略性思维的前瞻性是相对于客观对象的动态发展过程而言的，以对客体未来发展趋势的科学把握为基础，从而能科学预测事物变化发展的前景，使人的主观更加符合正在变化的客观。

2. 全局性

战略性思维是一种全局性思维方式，它要求把战略作为一个整体，思考它的整体布局和整体运作的协调性，从而实现其整体功能效果。所以，战略性思维是从整体出发纵观全局、总览全局、驾驭全局，一切着眼于全局。

3．重点性

重点性是针对系统整体中的局部，但不是一般的局部，而是起关键决定性作用的局部，如抓主要矛盾、矛盾的主要方面，抓过程中的主要阶段和影响着系统各要素由一种相变状态转化为另一种相变状态的集体协同行为。

4．复杂性

鉴于主体思维过程的复杂性、客体对象的复杂性与不确定性、主客关系的复杂性，战略性思维是从客观到主观、从主观到客观，从真理到价值、从价值到真理，从知到行、从行到知，从物质到精神、从精神到物质，从认识事物到改造事物的全过程中的思维活动。

5．创造性

战略性思维的创造性集中体现为领导者能推出新思想，提出新认识，发明新方法，制定新的符合事物变化发展规律的战略目标和规划。战略性思维主要是对未来发展问题的思考，而未来发展问题又大多会面临新矛盾、新问题，因此，当前领导者制定新的发展战略，必然要面临许多复杂的新矛盾和新问题。

6．开放性

战略性思维的开放性主要指信息的开放性。当前，世界变得越来越开放和一体化。因此，无论是哪个国家还是哪个地区，想关起门来自我封闭地实现发展，根本是不可能的。现代领导者的战略性思维必须是面向全国、面向世界、面向未来的开放性思维。

7．自觉性

战略性思维的自觉性指思维主体确立战略目标、选择信息、加工信息的能动性。战略性思维不是一种盲目的、被动的思维活动，而是一种充分发挥领导者主观能动性、积极性和创造性的思维活动。

2.1.3　提高战略性思维能力的途径

1．通过调查研究获取战略决策所需要的充足而准确的信息

能够正确把握住事物的现状和运动变化的发展趋势是战略性思维的前提，思维主体如果获取的信息失真或者信息量不足，就不能准确地判断对象的现状，更不能准确地预测对象未来的发展趋势，就会做出错误的战略决策。实践表明，任何战略决策的成功，必须以大量的调查研究、情报部门和统计部门的工作为基础，依据不准确的信息做出的战略决策必然是错误的。

2．思维主体必须具备较高的理论素质或信息储备

思维主体应具有科学的世界观、方法论、知识、经验，关键是主体信息库中存有应对特定战略问题的方案，并能够在战略决策过程中提取出来加以应用。

（1）加强理论学习，掌握科学的世界观、方法论。

（2）具有广阔的视野、丰富的知识以及合理的价值取向。战略管理者不仅应当尽可能多地拥有历史、政治、经济、文学、科技、法律等方面的学识，还要学习有关领导科学、现代管理科学、决策科学和军事战略学说等知识。任何战略性思维的出发点和目标归宿，都脱离不了一定的价值取向。没有政治头脑，战略性思维就失去了灵魂。

(3) 专业知识。不同领域和不同行业的战略制定应以特定的专业知识为基础。
(4) 积累丰富的经验。
(5) 发挥参谋、智囊机构的作用，利用外脑。
(6) 多方案备选。
(7) 人机结合。
(8) 民主科学的决策机制。战略问题关系重大，一般情况下采用民主、集体讨论做出的决策，这样，犯错误的概率小于个人独裁的决策。
(9) 战略性思维必须与群众路线相结合。

3．利用先进的方法加工信息

应用科学的方法、遵循科学的思维方式及相应的思维程序来加工获得的信息。即使用于战略决策的信息是准确的、充分的，思维主体的素质较高，但如果加工处理信息的方法、模式和程序不正确，用不科学的不适宜对象的方法加工信息也同样会产生错误的战略决策。因而要学会运用系统科学的五要素分析与综合方法，如要素分析、结构分析、系统与环境的输入与输出分析、整体分析及系统的动态演化分析。

4．崇尚实践，勇于实践

战略性思维能力作为战略管理者的一种素质，不可能在脱离实践的课堂上直接培训出来，而必须从实践中锻炼出来。因此，要提高战略管理者的战略性思维能力，最终还是需要实践。

物流实践的过程就是战略决策者不断探索物流战略发展规律的过程，只有专注于物流业务的实践过程，勇于在物流实践中探索物流发展的内在规律，才能找出影响和制约物流战略制定的约束因素，最终制定出符合企业自身物流发展的战略。这个过程对于培养战略决策者具有过硬的领导者素质和战略性思维能力意义重大。

2.2 物流战略愿景、使命和定位

2.2.1 物流战略愿景与使命

1．物流战略愿景

企业物流战略愿景从字面意思上可以理解为：企业未来的理想状态下美好的发展方向。它的基本含义是指企业战略家对企业的前景和发展方向的描述。物流企业战略愿景的含义基本同上。愿景是一个组织的领导用于统一组织成员的思想和行动的有力武器。企业愿景由核心理念和未来展望两部分组成。其中，核心理念是企业存在的根本原因，是企业的灵魂，是企业的精神，是企业的凝聚力，是激励员工不断进取的永恒力量。未来展望则代表企业追求和努力的目标，它随着企业经营环境的改变而改变。

安得物流的战略愿景为"为员工创造机会，为客户创造优势，为股东创造回报"；德邦物流的企业愿景为"成为中国人首选的国内物流运营商"；宝供物流的企业愿景为"创造世界一流的物流企业"。

确定公司的战略愿景不仅是文字方面的功夫——提出一个有吸引力、朗朗上口的公司口号，而且是一项深入思考"要使公司取得成功，必须向何处发展"这一问题的活动——包括选择公司参与竞争的市场，使公司走上战略性发展的轨道并沿着这一轨道发展下去。战略愿景描述了公司将要遵循的发展路径。

中远物流公司的战略愿景

中国远洋物流有限公司是由中国远洋控股股份有限公司、中远太平洋有限公司合资组建的规模和实力居市场领先地位的现代物流企业，是我国最大的中外合资第三方物流企业。

中国远洋物流有限公司以"做最强的物流服务商，做最好的船务代理人"为其战略愿景，致力于为国内外广大客户提供现代物流、国际船舶代理、国际多式联运、公共货运代理、空运代理、集装箱场站管理、仓储、拼箱服务、铁路、公路和驳船运输、项目开发与管理以及租船经纪等服务。此外，公司明确回答了有关"我是谁，我们将向哪里去，我们将如何到达"的问题。

中国远洋物流有限公司秉承"一切为了客户满意"的服务理念，以发展现代物流事业为己任，以科学管理为手段，以高素质人才队伍为基石，以国际化物流服务体系为依托，以传统运输代理业务为基础，悉心建设以现代科技为支撑的物流操作平台，努力做大做强综合性的运输服务体系，为广大客户实现价值最大化架设安全、便捷的通道。

资料来源：中国远洋物流公司网站（http://www.cosco-logistics.com）。

2．物流企业的使命

企业使命是管理者为企业确定的长期发展的总方向、总目标、总特征和总指导思想。企业使命阐明了企业的基本性质和存在理由，说明其宗旨、经营哲学、信念、原则等，揭示了企业自身长期发展的愿景，为企业战略目标的确定提供依据。它反映了企业管理者的价值观和树立的企业形象，揭示了本企业与行业内其他企业在目标上的差异，界定了企业的主要产品和服务范围，以及企业试图满足的顾客的基本需求。

从概念上可以看出，企业愿景与企业使命有着本质的区别。企业愿景考虑的是企业未来的发展前景和发展方向，即考虑企业将会成为什么样的企业的问题。而企业使命考虑的则是企业的业务是什么，即考虑如何将经营重点放在已有的业务活动上，放在满足客户的需求上。

一般来说，企业使命的表述应该包括以下三个方面的内容。

1）企业生存的目的

生存定位从技巧上来讲应该说明企业要满足顾客的某种需求，而不是说明企业要生产某种产品。

物流业是一个大、中、小型企业共存并竞争的产业，其集中度不需要很高，物流企业要想长远发展，需要进行生存定位。物流服务的提供是可分离的。物流产品可分为多种子产品，分别提供运输、仓储、配送、报关、系统设计等，这些子产品可由不同的企业分别完成。中小型物流企业在数量和比重上都占有举足轻重的地位，在多数国家物流领域中，它们分布在采购、仓储、运输、货代、配送、销售、电子商务等环节，与大型物流企业一道构成了地区、国家或全球性的物流体系。

从需求方面来说，我国产业大多集中度偏低，除石化、钢铁、自来水等一些自然垄断行业，其他的产业市场集中度都低于 10%。产业规模程度低，具有物流需求规模小、批次多、区域性强的特点。我国零售企业经营产品多样化，意味着物流需求呈现小型化、多样化特点，这些分散化的物流需求有助于中小型物流企业提供个性化的服务。

2）企业经营哲学

企业经营哲学是对企业经营活动本质性认识的高度概括，是包括企业的基础价值观、企业内共同认可的行为准则以及企业共同的信仰等在内的管理哲学。企业经营哲学的主要内容通过企业对外部环境和内部环境的态度来体现。

经营理念是企业在经营活动中所体现的内在原理和价值理念，作为一种企业的价值观和信念，它影响着企业的各种经营活动，从而影响了企业的生存和发展。物流企业的经营理念需从两方面来分析：一是物流企业与客户要建立一种什么样的关系，是短期还是长期的合作关系；二是对物流服务成本的看法，是从降低本企业的成本出发还是从降低客户企业的成本出发。

广角镜

宜家的经营哲学与物流理念

善于观察、思考，在任何时候都能找到商机是坎普拉德成功的原因之一。1948 年的一天，坎普拉德看到了一直在做家具大买卖的公司的广告，心里不由得怦然一动："现在我住的莫科恩附近有许多小家具商，我为什么不试试也搞家具经营呢？"而在这之前，坎普拉德卖的只是圣诞卡、种子、自来水笔、手表、钱包、尼龙袜等一类的东西。

开始卖家具的坎普拉德同所有的零售商一样，非常注意对成本的控制。为了降低成本，坎普拉德不惜在设计上花工夫。宜家的邦格咖啡杯进行了三次重新设计，只是为了能在一个货盘上多装一些。经过三次设计后，能容纳的数量分别为 864 只、1 280 只和 2 024 只。由此而诞生的自组式家具，是宜家成功的秘密之一。

坎普拉德认为，宜家独特的成功秘密就在于"晴天时抬高雨伞价格，下雨时打折出售"。与其他零售商不同，宜家并不满足于仅仅控制哪怕是全球最大的家居产品渠道，它更希望自己的品牌和专利产品能够最终覆盖全球。宜家首创了"一体化品牌"模式，实现了制造商品牌和零售商品牌的完美融合。

基于这种理念，宜家一直坚持亲自设计所有产品并拥有其专利。每年，有 1 100 多名设计师在夜以继日地工作，保证"全部的产品、全部的专利"，以实现所有产品均由"宜家制造"的目标。甚至，宜家市场一般都是自己买地建造。宜家自己制造产品，保证了产品利润与销售利润等都归自己所有，所有的肥水均"不流外人田"。

资料来源：宜家创始人五岁做生意的财富传奇，首席执行官网站（http://ceo.icxo.com）。

3）企业形象

随着现代企业制度的建立，供应链管理水平的提高，企业形象成为物流企业重要的无形资产。物流企业作为供应链的节点企业在与客户合作的过程中必须注重企业形象的塑造和建立，并把它提升到战略高度，通过建立良好的企业形象，增强物流企业的核心竞争力，为供应链运作提供使客户满意的物流服务。

企业形象不仅仅是商标、广告、建筑风格、企业名称等外在表现形式,更重要的是其内在构成要素,如企业经营管理的特色、企业的价值观念、企业的行为、企业对质量的追求、企业是否诚实与正派、客户满意度等。

2.2.2 物流的战略性定位

物流的战略性定位是指物流企业通过其个性鲜明的物流服务,塑造出与众不同的市场形象,使之在顾客心目中占据一定的位置,从而更好地服务客户、赢得客户。物流科学而独特的战略性定位,不仅能满足市场和顾客的需要,也能提高企业自身的竞争实力:在为不同的顾客群体提供服务时,检验企业的组织体制,构筑周边协作网络,从而提高服务水平和降低单位服务成本。

在物流战略的构建中,企业应着重从以下几方面定位。

1. 建立物流联盟型互赢模式

根据罗纳德·科斯的交易费用理论,物流联盟是为有效利用组织和市场双重优势的一种组织创新的观点,它是为了达到比单独从事物流活动所取得的更好效果,企业间形成的相互信任、共担风险、共享收益的物流伙伴关系。物流联盟的对立面是物流的独立运作,由于各交易主体的行为是一个相互博弈的过程,因而产生种种交易风险,如对方不按合同规定的时间配送,装卸搬运过程中故意要挟,或因一方违约而使服务中断等,都会导致物流供应链的断裂,即资源配置的"市场失灵"。物流联盟的优越性在于,交易双方契约关系的连续性,使物流渠道得以畅通,并最大限度地降低交易费用。

物流联盟更为重要的一个优点是它特别适合规模较小的企业,由于物流包括采购、运输、仓储、包装、加工、配送等诸多环节,一个企业若想单独整合这些环节以优化供应链,并达到现代物流意义上的要求,需要具有雄厚的实力。由此,建立企业间物流联盟型互赢模式便成为具有可操作性的现实选择。通过物流企业之间加强联合,如工商企业与物流企业,物流企业与运输、仓储、货代、联运、集装箱运输等企业结成合作联盟,可以大大提高企业的市场竞争能力。另外,还可提倡物流企业经营主体、投资主体的多元化和物流服务形式的多样化,以提升整体绩效。总之,通过联盟性的规划与作业,形成高度整合的供应链通道体系,使通道整体绩效大幅提升。

2. 加强精益管理以提升内部物流绩效

随着企业物流技术和物流管理手段的提高,人们越来越认识到应从物流过程的局部发展到产品流动的全过程,由点线到网络,由物流的粗放经营到对物流各环节及整体系统的精细要求。于是,精益管理应运而生。精益管理是起源于日本丰田汽车公司的一种管理思想,其核心是杜绝包括库存在内的一切浪费,并围绕此目标发展的一系列具体方法。精益思想的核心就是以越来越少的投入——较少的人力、较少的设备、较短的时间和较小的场地——创造出尽可能多的价值;同时也越来越接近用户,提供他们确实需要的东西。精益管理对企业物流管理的借鉴意义在于:它和物流中供应链管理的思想有效地吻合起来。

企业在和外部物流的协同发展中,加强内部物流的高效性是不可或缺的重要一环,这种高效的物流通道便是精益管理的要旨,即所谓的精益物流。精益物流的优越性在于它能提供有效的价值流:从概念设想、产品设计、工艺设计到投产的产品流;从顾客订单、制定详细进度到送货的全过程信息流;从原材料制成最终产品、送到用户手中的物流。精益物流同样能保证价值流的顺畅流动,它使完成某一项工作所需步骤以最优的方式连接起来,形成无中断、无绕流和排除等候的连续流动。

3. 以网络为依托以加快信息物流的建设

在物流管理活动中,信息收集起着关键的作用。进行物流管理时,需要大量准确的信息,如市场供应数量、供应价格、需求数量、需求价格以及库存数量、品种、质量、规格,等等。任何信息的遗漏或错误都将直接影响到物流管理的效果,进而影响到企业的经济效益。因此,物流界有句名言:"物流管理,信息先行。"现代物流区别于传统物流的两个最大特点是信息化和网络化。网络经济、电子商务是物流的重要技术保障,而物流的发展同样也推动着网络经济和电子商务的加速发展,它们之间相辅相成、密不可分。因此,构建企业内部局域网对企业物流起着非常重要的作用。企业内部引入局域网,可以实现物流管理的信息化、系统化。

2.3 物流战略目标体系

2.3.1 物流战略目标及特点

1. 物流战略目标

物流战略目标是对企业物流战略经营活动预期取得主要成果的期望值,是物流企业在一定时期内,根据其外部环境变化条件和内部条件的可能,为完成使命所预期达到的成果。战略目标是企业战略的重要内容,它指明了企业的发展方向和操作标准。物流战略目标的设定,同时也是企业物流宗旨的展开和具体化,是企业物流宗旨中确认的企业物流经营目的、物流使命的进一步阐明和界定,也是对企业在物流战略经营领域展开物流战略经营活动所要达到的水平的具体规定。

2. 物流战略目标的特点

1) 全面性

物流战略目标是一个整体性要求。它虽着眼于未来,但没有抛弃现在;它虽着眼于全局,但不排斥局部。科学的物流战略目标,是现实利益与长远利益、局部利益与整体利益的综合反映。科学的物流战略目标虽然总是概括性的,但它对人们行动的要求却是全面的,甚至是相当具体的。

2) 挑战性

物流战略目标本身是一种激励力量,特别是当物流企业战略目标充分体现了企业成员的共同利益,使战略大目标和个人小目标很好地结合在一起的时候,就会极大地激发组织成员的工作热情和献身精神。

3) 可量化性

为了对企业的物流管理活动进行准确的衡量,物流战略目标应该是具体的和可量化的。目标必须明确、具体地说明将在何时达到何种结果。目标的定量化是使目标具有可量化性的最有效的方法。但是，由于许多目标难以数量化，时间跨度越长、战略层次越高的目标越具有模糊性。此时，应当用定性化的术语来描述它所达到的程度，要求一方面明确物流战略目标实现的时间，另一方面须详细说明物流各环节工作的特点。

2.3.2 物流战略目标体系

物流战略目标不止一个，是由若干目标项目组成的一个战略目标体系。从纵向上看，企业的战略目标体系可以分解成一个树形图，如图 2.1 所示。

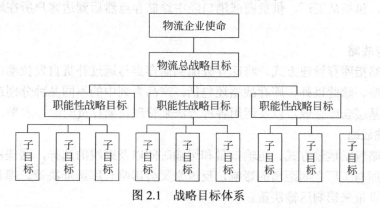

图 2.1 战略目标体系

从图中可以看出，在企业使命和企业宗旨的基础上制定企业的总战略，为了保证总目标的实现，必须将其层层分解，规定职能性战略目标。也就是说，总战略目标是企业主体目标，职能性战略目标是保证性的目标。

物流战略目标体系包括四个方面的内容：客户服务目标、选址战略、库存战略、运输战略。物流战略决策三角形的主体是客户服务目标，其中包含产品、物流服务和信息系统等。物流战略决策三角形有三条边，在进行物流战略决策时应当权衡三条边的因素，以使物流目标（物流战略决策三角形面积）最大化。底边为设施选址战略，左边为库存决策战略，右边为运输战略，如图 2.2 所示。

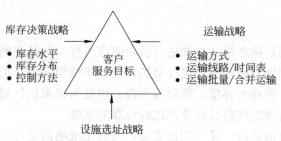

图 2.2 物流战略决策三角形

1. 客户服务目标

企业提供的客户服务水平是制定物流战略目标的首要内容。若服务水平低,则可以在较少的储存地点集中存货,利用较廉价的运输方式。服务水平高时恰恰相反。但当服务水平接近上限时,物流成本的上升比服务水平上升更快。因此,物流战略目标的首要任务是确定适当的客户服务水平。

2. 选址战略

选址战略主要内容包括确定设施的数量、地理位置、规模,并分配各设施所服务的市场范围,从而确定产品到市场之间的线路。好的设施选址应考虑所有的产品移动过程及相关成本,包括从工厂、供货商或港口经中途储存点然后到达客户所在地的产品移动过程及成本。

3. 库存战略

库存战略指库存管理方式。将库存分配到储存点与通过补货自发拉动库存是两种不同的库存战略。除此以外,库存战略还包括:产品系列中的不同品种分别选在工厂、地区性仓库或基层仓库存放,以及运用各种方法来管理长期存货的库存水平。

4. 运输战略

运输战略包括运输方式、运输批量和运输时间以及路线的选择,这些决策受仓库与客户以及仓库与工厂之间距离的影响,反过来又会影响仓库选址决策。库存水平也会通过影响运输批量来影响运输决策。

客户服务目标、选址战略、库存战略、运输战略是物流战略目标的主要内容,因为这些决策都会影响到企业的盈利能力、现金流和投资回报率。每个决策都与其他决策相互联系,在制定物流战略时必须对彼此之间的背反关系予以考虑。

2.4 物流战略目标设定与实现

2.4.1 设定物流战略步骤

一般来说,确定战略目标需要经过调查研究、拟定目标、评价论证和目标选定四个具体步骤。

1. 调查研究

在制定企业战略目标之前,必须进行调查研究工作。但是在确定战略目标的工作中还必须对已经做过的调查研究成果进行复核,进一步整理研究,把机会与威胁、长处与短处、自身与对手、企业与环境、需要与资源、现在与未来加以对比。只有搞清楚它们之间的关系,才能为确定战略目标奠定比较可靠的基础。

调查研究既要全面进行,又要突出重点。为确定战略而进行的调查研究不同于其他类型的调查研究,它的侧重点是企业与外部环境的关系以及对未来的研究和预测。关于企业自身的历史与现状的描述固然有用,但是,对战略目标决策者来说,最关键的还是那些对企业未来具有决定意义的外部环境的信息。

2. 拟定目标

拟定战略目标一般需要经历两个环节：拟定目标方向和拟定目标水平。首先，在既定的战略经营领域内，依据对外部环境、需要和资源的综合考虑，确定目标方向；其次，通过对现有能力与手段等各种条件的全面衡量，对沿着战略方向展开的活动所要达到的水平也做出初步的规定；最后，形成可供决策选择的目标方案。

在拟定目标的过程中，企业领导要注意充分发挥参谋智囊人员的作用，要根据实际需要与可能，尽量多提出一些目标方案，以便对比选优。

3. 评价论证

战略目标拟定出来之后，要组织多方面的专家和有关人员对提出的目标方案进行评价和论证。

1）论证和评价要围绕目标防线是否正确进行

着重研究：拟定的战略目标是否符合企业精神，是否符合企业的整体利益与发展需要，是否符合外部环境及未来发展的需要。

2）要论证和评价战略目标的可行性

论证与评价的方法主要是按照目标的要求，分析企业的实际能力，找出目标与现状的差距，然后分析消除这个差距可采用的措施，而且要进行恰当的运算，尽可能用数据说明。如果制定的途径、能力和措施，对消除这个差距有足够的保证，就说明这个目标是可行的。还有一个倾向要注意的是，如果外部环境及未来的变化对企业发展比较有利，企业自身也有办法找到更多的发展途径、能力和措施，就要考虑提高战略目标的水平。

3）要对所拟定的目标完善化程度进行评价

要着重考察：

（1）目标是否明确。所谓目标明确是指目标应当只能有一种理解；多项目标还必须分出主次轻重；实现目标的责任必须能够落实；实现目标的约束条件也要尽可能明确。

（2）目标的内容是否协调一致。如果内容不协调一致，完成其中一部分指标势必会影响另一部分指标，那么，目标内容便无法完全实现。

（3）目标是否有改善的余地。

如果在评价论证时，人们已经提出了多个目标方案，这种评价论证就要在比较中恰当进行。通过对比、权衡利弊，找出各个目标方案的优劣。

拟定目标的评价论证过程，也是目标方案的完善过程。通过评价论证，找出目标方案的不足，并想方设法使之完善起来。如果通过评价论证发现拟定的目标完全不正确或根本无法实现，就要重新拟定目标，再重新评价论证。

4. 目标选定

在选定目标时，要注意从以下三方面权衡各个目标方案。

（1）目标方向的正确程度。

（2）可实现的程度。

（3）期望效益的大小。

对这三个方面要综合考虑。所选定的目标，三个方面的期望值都应该尽可能大。目标决断还必须掌握好决断时机,因为战略决策不同于战术决策。战术目标决策常常时间比较紧迫,回旋余地很小,而战略目标决策的时间压力相对不大。在决策时间问题上,一方面要防止在机会和困难都还没有搞清楚之前就轻率决策;另一方面不能优柔寡断、贻误时机。

从调查研究、拟定目标、评价论证到目标决断,确定战略目标的这四个步骤是紧密结合在一起的。后一步的工作依赖于前一步的工作,在进行后一步的工作时,如果发现前一步工作的不足,或者遇到了新情况,就需要回过头去,重新进行前一步或前几步的工作。

美国运输部的战略使命与目标

1. 战略使命

以最低的成本制定和执行使交通运输更快捷、更安全、更有效方便的政策和计划,并且这些政策和计划要与人民福利、经济稳定和增长、国家安全、资源的保护和有效利用等国家目标相一致。

2. 战略目标

提高运输的安全性:通过减少交通事故引起的伤亡来提高公众的健康与安全。提高运输的机动性:提高旅客和货物运输的效率和联运,增强交通的可接近性。加强运输的全球连通:提高国内和全球交通系统的效率,促进经济发展。加强环境保护:提倡有利于保护社会和自然环境的交通方案。

保障国家安全:平衡国内外交通安全要求与个人、商业对机动性要求间的关系。促进组织优化:提高运输部设法取得成果的能力,完成总统管理议程设定的目标。

3. 以全球连通的战略目标体系为例

与忠于职守、为全国纳税人谋福利的运输部战略目标一致,通过运输部年度绩效计划提出的测评指标,来衡量实现全球连通战略目标的进展。这些预算包括表 2.1 所列的每个战略目标、战略对象和衡量指标的范围、可获得资源、局限性以及统计结果的详细信息。

表 2.1 全球连通的战略目标和绩效指标

战 略 目 标	绩 效 指 标
减少货物运输和服务的贸易壁垒	减少壁垒的衡量指标: 国际市场上开放航空客运协定的数量
国际供应链货运的更高效	到 2008 年,维持美国圣劳伦斯水运可通达率达到 99%。美国圣劳伦斯水域航行季节适航天数的比例在重要货运通道的运行时间过境停留时间
提高美国运输机构和制造商的国际竞争能力	提高竞争能力的行为指标: 根据航空协定开放竞争的海外机场数量
规章制度的标准化和便利化要求	统一需求的行为指标: 最终定案的规章要求数量

续表

战 略 目 标	绩 效 指 标
为乘客出行提供最具竞争力的、成本低廉的、高效的运输环境	乘客环境行为指标： 根据多边或区域协定开放竞争的客运市场数量
为所有的商业机构尤其是妇女和残疾人经营的机构提供更多机会	扩大机会的行为指标： 运输部与妇女经营的运输机构直接签订的合同金额比例 运输部与残疾人经营的运输机构直接签订的合同金额比例

资料来源：美国运输部网站（http://www.dot.gov/）。

2.4.2 实现物流战略管理目标体系的要求

1. 以提高顾客服务水平为首要目标

现代物流战略目标体系是基于企业经营战略基础上从顾客服务目标的设定开始，进而追求顾客服务的差别化战略。在现代物流中，顾客服务的设定优先于其他各项活动，并且为了使物流顾客服务能有效地开展，在物流体系的基本建设上，要求物流中心、信息战略、作业战略和组织战略构成等条件的具备与完善。

物流战略目标体系愿景：

（1）物流战略中心网络的优化。物流战略中心网络的优化即要求工厂、仓库、商品集中配送、加工等中心的建设（规模、地理位置等）既要符合分散化的原则，又要符合集约化的原则，从而使物流活动能有利于顾客服务的全面展开。

（2）物流战略主体的合理化。从生产阶段到消费阶段的物流活动主体，常常有单个主体和多个主体之分，另外也存在着自己承担物流和委托物流等形式的区分，物流主体的选择会直接影响物流战略活动的效果或实现顾客服务的程度。

（3）物流信息战略的高度化，即能及时、有效地反映物流信息和顾客对物流的期望。

（4）物流作业战略（职能化战略）的效率化，即在配送、装卸、加工等过程中应当运用什么方法、手段使企业能最有效地实现商品价值。

2. 遵循企业内外物流渠道的商品运动规律

物流是从生产阶段到消费者阶段商品的物质运动。也就是说，物流战略管理的主要对象是"销售物流"和"企业内物流"，而现代物流战略管理目标体系的研究范畴不仅包括销售物流和企业内物流，还包括企业外物流即采购物流、退货物流以及废弃品物流等的规律性。

3. 实现企业经营战略最优化

物流战略管理的目的是提高物流效率和效果。从原材料的供给计划到向最终消费者移动的物的运动等各种活动，不仅是部分和部门的活动，而是将各部分和部门有效结合发挥综合效益。也就是说，现代物流战略所追求的费用、效益观，针对供给、生产、销售、物流等全体经营活动最优化。

本 章 小 结

本章首先探讨物流企业的使命及物流的战略性定位，进而通过物流决策三角形制定出战略目标体系，最后介绍如何制定战略目标。明确企业的战略目标对于企业来说至关重要，而对于从事与物流行业相关业务的企业来说，制定正确合理的物流战略目标对于企业的长远发展具有极其深远的意义。

思考与练习

一、填空题

1．企战略性思维作为一个系统整体，包含三大组成部分：_____、_____、_____、_____、_____。

2．_____是相对于客观对象的动态发展过程而言的，以对_____的科学把握为基础，从而能科学预测事物变化发展的前景，使人的主观更加符合正在变化的客观。

3．_____是一种全局性思维方式，它要求把战略作为一个整体，思考它的整体布局和整体运作的协调性，从而实现其整体功能效果。

4．企业物流战略愿景从字面意思上可以理解为_____。

5．_____是指物流企业通过其个性鲜明的物流服务，_____，使之在顾客心目中占据一定的位置，从而更好地服务客户、赢得客户。

二、判断题

1．战略性思维的复杂性集中体现为领导者能推出新思想，提出新认识，发明新方法，制定新的符合事物变化发展规律的战略目标和规划。（　　）

2．战略性思维的创造性指思维主体确立战略目标、选择信息、加工信息的能动性。（　　）

3．思维主体应具有科学的世界观、方法论、知识、经验，关键是主体网络中存有应对特定战略问题的方案，并能够在战略决策过程中提取出来加以应用。（　　）

4．使用于战略决策的信息是准确的、充分的，思维主体的素质较高，如果加工处理信息的方法、模式和程序不正确，用不科学的不适宜对象的方法加工信息也不会产生错误的战略决策。（　　）

5．战略性思维能力作为战略管理者的一种素质，可以在脱离实践的课堂上直接培训出来，不必从实践中锻炼出来。（　　）

6．愿景是一个组织的领导用于统一组织成员的思想和行动的有力武器。（　　）

7．企业愿景是管理者为企业确定的长期发展的总方向、总目标、总特征和总指导思想。（　　）

8．通过物流企业之间加强联合，比如工商企业与物流企业，物流企业与运输、仓储、货代、联运、集装箱运输等企业结成合作联盟，可以大大提高企业的市场竞争能力。（　　）

9．网络管理是起源于日本丰田汽车公司的一种管理思想，其核心是杜绝包括库存在内的一切浪费，并围绕此目标发展的一系列具体方法。（　　）

10. 客户服务目标、选址战略、库存战略、运输战略是物流战略目标的主要内容，因为这些决策都会影响到企业的盈利能力、现金流和投资回报率。（　　）

三、简答题

1. 什么是企业使命？
2. 什么是物流战略目标？
3. 什么是物流企业的愿景、使命与目标？
4. 物流企业形象包括哪些方面？对物流企业的经营有什么重要作用？
5. 物流的战略性定位有何重大意义？
6. 物流战略目标有哪些？
7. 如何合理制定物流战略目标？

四、论述题

1. 简述企业物流的经营哲学。
2. 简述物流战略目标体系。
3. 简述如何实现物流战略目标。

五、案例分析

山东半岛港口群资源整合战略目标及定位

1. 战略目标

依托山东半岛港口的群体优势，充分发挥海岸线资源优势和区位优势，通过规划、资产重组、市场监管等手段，有序整合港口资源，使港口与各相关要素资源的联系更加紧密、配置更加优化合理，实现沿海岸线资源的集约化利用及区域内港口功能的合理定位，形成合理的集装箱、煤炭、原油、铁矿石运输布局；建成层次分明、结构合理、功能完善、设施齐全、信息通畅、高效协调的现代化山东半岛港口群，提升港口群的整体竞争力，实现环渤海港口群的均衡发展，为山东半岛东北亚国际航运中心的建设提供有力支撑。

青岛港建设成为面向东北亚地区的以集装箱为主的国际枢纽港，打造成中国北方地区的能源集散基地。烟台港建成面向华北和东北的石化工业集散基地，成为山东半岛港口群集装箱运输的重要支线港口，大力发展对日韩国际近洋运输，形成跨渤海海峡铁路轮渡和客货滚装运输枢纽。日照港发展成为山东半岛港口群集装箱运输的重要支线港以及重要的能源及散货接卸港。威海港建成集装箱运输喂给港，重点发展对韩客货滚装运输，服务于本地能源及其他物资运输的要求。

2. 战略目标体系

2010年前，应实现下列三个目标：一是整合港口资源，形成布局合理、重点突出、优势互补、协同发展的现代化沿海港口集群，以实现三个适应：港口发展与港口所在城市经济、社会发展相适应；港口发展与全省小康社会和现代化建设相适应；港口发展与腹地经济以及满足中部崛起的需要相适应。二是通过山东半岛港口资源整合，走集团化、联盟化和网络化的道路，建立由枢纽港、干线港与支线港（喂给港）组成的结构合理的集装箱港口系统，使港口彼此之间形成一个既竞争又合作的组合港关系，实现港口的纵向一体化、横向一体化和虚拟一体化，在建设国际航运中心的共同框架下，按照资源整合、功能互补、错位发展的原则，建立战略联盟。三是完成半岛港口群内部港口资源整合，实现港口与航运企业、物流企业及货主等上下游企业间资源整合。

2020年前，应实现下列两个目标：一是全面开展与环渤海地区其他港口的跨地区资源整合；构筑起以黄河流域及沿海地区为核心，以泛华东地区为主要依托，最终通过欧亚大陆桥辐射全中国乃至中亚的"轴辐式"的经营网络。二是港口与城市和谐发展，沿海港口基本实现现代化。

3. 战略定位

山东半岛东北亚国际航运中心是一个立体的多层次的区域性组合体。青岛港是国际航运中心的主枢纽，发挥核心级的集聚与辐射能量，带动整个航运中心的发展；日照和烟台作为辅助，是国际航运中心的主骨架；其他中小港口作为补充，是国际航运中心的主要基础。

（1）青岛港是山东半岛东北亚国际航运中心的主枢纽。在未来发展上，该港要以集装箱运输为重点，全面发展原油、铁矿石、煤炭等大宗散货中转运输，加快区港联动建设，建成多功能、现代化的综合性大港，形成国际航运中心的核心。

（2）烟台与日照港是山东半岛东北亚国际航运中心的主骨架。烟台港是渤海海峡客货滚装运输中心和区域性物流中心，将来要在巩固发展散杂货等传统优势产业的同时，加快西港区的开发，重点发展矿石、煤炭、原油、集装箱运输，努力建成现代化亿吨大港，形成国际航运中心的骨干。日照港是我国沿海重要的煤炭出口港和矿石接卸港，是山东半岛南部的综合性物流中心，在未来发展上，要以煤炭、矿石和原油等大宗散货中转运输为主，兼顾集装箱等其他运输，逐步拓展港口的服务功能，建成现代化的综合性港口，形成国际航运中心的骨干。

（3）半岛港口群是山东半岛东北亚国际航运中心的主要基础。所谓半岛港口群，是以青岛港为龙头，包括烟台、潍坊、威海、日照、东营等市港口在内的适应市场、布局合理、功能完善、分工明确的，与半岛城市群发展相配套的现代化沿海港口群。半岛城市群包括济南、青岛、烟台、淄博、潍坊、威海、东营、日照八个城市，除淄博、济南没有沿海港口，其余六市港口构成半岛港口群。龙口港、威海港是山东半岛东北亚国际航运中心的重要组成部分，是区域性重要港口，是集装箱集散港，是客运兼备的综合性港口，是腹地对外贸易的主要窗口，是重要的物流节点。龙口港争取成为我国北方重要的煤炭运输通道和环渤海地区重要的能源运输基地。莱州、潍坊、东营、滨州等港口是沿海交通基础设施的重要组成部分，是完善沿海港口布局的必要补充。

资料来源：http://www.examda.com/wuliu/anll/200608 08/1051 03 952.html。

讨论

1. 山东半岛港口群资源整合的战略目标是怎样制定的？
2. 山东半岛港口群资源整合的战略目标体系体现在哪些方面？如何实现这些目标？

第 3 章

供应链战略管理

学习目标

通过本章的学习,理解供应链战略的含义和特征;掌握供应链战略基本内容;了解战略管理过程、战略规划内容,熟悉供应链战略规划的内容和方法。掌握供应链战略实施和控制的方法。

关键术语

供应链战略　战略匹配　竞争战略　战略控制

美国凯利伯物流公司的战略规划

美国凯利伯物流公司设立的物流中心为客户提供如下服务。

(1) JIT 物流计划。该公司通过建立先进的信息系统,为供应商提供培训服务及管理经验,优化了运输路线和运输方式,降低了库存成本,减少了收货人员及成本,并且为货主提供了更多更好的信息支持。

(2) 合同制仓储服务。该公司推出的此项服务减少了货主建设仓库的投资,同时通过在仓储过程中采用 CAD (计算机辅助) 技术、执行劳动标准、实行目标管理和作业监控来提高劳动生产率。

(3) 全面运输管理。该公司开发了一套专门用于为客户选择最好的承运人的计算机系统对零星分散的运输作业进行控制,减少回程车辆放空,管理进向运输;可以进行电子运单处理,对运输过程进行监控等。

(4) 生产支持服务。该公司可以进行如下加工作业:简单的组装、合并与加固、包装与再包装 JIT 配送、贴标签等。

(5) 业务过程重组。该公司使用一套专业化业务重组软件,可以对客户的业务运作过程进行诊断,并提出专业化的业务重组建议。

(6) 专业化合同制运输。该公司提供灵活的运输管理方案,提供从购车到聘请驾驶员直至优化运输路线的一揽子服务,降低运输成本,提供一体化的、灵活的运输方案。

资料来源:谢翠梅. 仓储与配送管理实务[M]. 北京:北京交通大学出版社,2013.

思考
1. 建立物流中心可以提供什么服务？
2. 建立物流中心意义何在？

3.1 供应链战略概述

3.1.1 供应链战略的产生

20世纪80年代，大量生产和大量配送系统受到了严重的挑战，公司的规划人员发现，仅关注向市场渗透，有效地分配资源、减少过程和额外成本，已不能使企业在急剧缩小的市场中处于领先地位。原因如下：

（1）企业环境由相对稳定型向相对激变型转化，使企业的生存发展受到很大威胁。

（2）企业的规模日益壮大，管理层次越来越多，管理幅度也越来越大。

（3）企业与社会的联系越来越紧密，企业所承担的社会责任也大大提高。

（4）企业发展从本地化、以核心企业为主向国际化、多元化经营发展。

当前竞争的重点已经从运作层向战略层转移，企业要想学会竞争制胜之道，必须从以下两个方面考虑：一是继续关注传统的运作计划，以便为企业提供日常目标和绩效衡量的依据。二是必须关注企业的战略规划，以便为企业提供未来发展的方向，决定未来的顾客是谁、最有利润的市场在哪里、企业需要什么样的竞争力、什么是企业的机会环境、什么样的渠道网络对发展未来的业务生态系统是必需的，等等。供应链战略管理正是在这样的背景下产生的。另外，随着供应链管理的发展，供应链管理开始从单一的运作技术向战略方面发展，这是供应链管理自身发展的必然结果。

3.1.2 供应链战略的概念、特征及构成要素

1．供应链战略的概念

供应链战略是企业面对激烈变化、严峻挑战的经营环境，为了完成自己的使命及实现其预定的目标，在充分考虑主客观因素的前提下而拟定的对企业整体性、长期性、指导性问题的决策方案。

2．供应链战略的特征

（1）指导性。供应链战略是企业总体的长期的发展目标、发展方向、发展重点及所采取的基本行动方针、重大措施和基本步骤，界定了企业的经营方向、远景目标，明确了企业的经营方针和行动指南。这些都是原则性、概括性的规定，具有行动纲领的意义，经过分解落实后，才能变成具体的行动计划。

（2）全局性。以企业全局为对象，根据企业总体发展需要而制定的，它规定了企业的总体行动，追求企业发展的总体效果，对企业的未来发展轨迹进行了全面的规划。

（3）长远性。长远性就是兼顾短期利益，在环境分析和科学预测的基础上，着眼于对长期生存和长远发展的思考。展望未来，为企业谋求长期发展的目标与对策。

（4）竞争性。一方面要面对复杂多变的环境确定对策；另一方面要制定在激烈竞争

中抗衡或战胜对手的行动方案，以便取得竞争优势，确保自身的生存和发展。

（5）系统性。面对竞争，企业战略需要进行内外环境分析。

（6）风险性。从当前的情况出发，对未来的行动做出预计和决策，而未来企业外部环境是不断变化的，这必然影响和冲击着已确定的战略，因此，供应链战略具有一定的风险性。

3．供应链战略的构成要素

（1）经营范围。经营范围说明企业属于哪个特定行业和领域，企业在所处行业中其产品与市场地位是否占有优势。

（2）资源配置。企业在本质上是一定资源的集合体，正是这些资源在时空上按一定的规则动态地组合在一起，才构成了企业及其运作的基础和前提。离开了一定的资源和有序而动态的组合，企业就不可能存在和运作。

（3）竞争优势。竞争优势是企业成败的关键。所谓竞争优势，是指一个企业形成某种比其竞争对手优越的市场位置。一个企业是否能创造和保持竞争优势，对于维持其生存和发展至关重要。

（4）协同作用。协同作用指明了一种联合作用的效果。协同作用常被描述为 1+1>2 的效果，这表明企业内各经营单位联合所产生的效益，要大于各经营单位各自努力所创造的效益总和。

供应链管理

企业从原材料和零部件采购、运输、加工制造、分销直至最终送到顾客手中的这一过程被看成一个环环相扣的链条，这就是供应链。

因此，供应链管理就是指对整个供应链系统进行计划、协调、操作、控制和优化的各种活动与过程，目标是要将顾客需要的正确的产品（right product）能够在正确的时间（right time）、按照正确的数量（right quantity）、正确的质量（right quality）和正确的状态（right status）送到正确的地点（right place）——"6R"，并使总成本最小。

供应链对上游的供应者（供应活动）、中间的生产者（制造活动）和运输商（储存运输活动），以及下游的消费者（分销活动）同样重视。

3.1.3 供应链战略的基本内容

供应链管理战略的内容应主要包括合作战略、竞争战略和文化战略。

1．供应链合作战略

供应链战略合作伙伴是指一种基于高度信任，供应链成员间共享竞争优势和利益的长期性、战略性的协同发展关系，它能对外界产生独立和积极的深远影响。以下几点是在选择战略合作伙伴关系时的考量标准。

（1）战略价值。战略价值指与可能的合作伙伴的有价值的合作项目及其产品和服务对于企业的短期、中期或者长期战略的积极的正面的影响。主要指标包括战略一致性与适应性、增长的潜能、品牌影响力、产品与服务的可获得性和可靠性、替代产品与服务的可获得性、与现存供应商关系的兼容性和协同性、对核心能力的影响、新产品与服务进入市场的速度等。

（2）商业价值。商业价值指从有价值的合作项目涉及的产品与服务中所能获取的商业利润。主要指标包括产品或服务定价、总成本减少程度、单位成本减少程度、运营成本与花费减少程度等。

（3）合作意愿。合作意愿指可能的合作伙伴正在实行或者准备实行合作的积极程度。主要指标包括可依赖的程度、与合作方组织共事的意愿、信息共享的质量与水平、信息的开放性与透明性、影响核心能力的意愿、共担风险的意愿、增强合作与联盟原则的意愿、对合作关系各个层次上的支持等。

（4）综合能力。综合能力指合作伙伴的能力以及一起合作共同完成有价值合作项目的实力。主要指标包括技术能力、财力、研发能力、产品与服务的差异性及支持系统、产品与服务的生命周期管理能力、以前合作与联盟的经验、风险管理能力和创新能力等。

2. 供应链竞争战略

随着信息技术（information technology，IT）的发展，企业面临的竞争是以全球企业为竞争对手的全球市场竞争环境，而且信息传递的无障碍和无时滞，使响应时间成为第一位的竞争要素。另外，企业面临资源获取的难度、社会效益的压力（如环保要求）、客户在产品的个性化、及时化、平民化和便利化等消费需求的变化等，对企业供应链管理提出了更高的要求。供应链管理必须建立一个具有快速反应能力和以客户需求为基础的系统，能充分体现信息技术在供应链各个环节中的作用，提高整个供应链的效率，从而降低整个供应链的成本、库存和物资储备成本，同时满足客户的各种需求。

市场经济的本质是竞争，核心竞争力是持续竞争优势的源泉，是企业在经营过程中形成的不易被竞争对手仿效的能带来超额利润的独特能力。核心竞争力也是企业在竞争中获胜的基础和关键。对供应链管理来说，加强企业特别是核心企业的核心竞争力的培养，尤为重要。要培养企业的核心竞争力，就要集中企业资源从事某一领域的专业化经营，在这一过程中逐步形成自己在经营管理、技术、产品、销售、服务等诸多方面与同行的差异。在发展自己与他人上述诸多方面的差异中，就可能逐步形成自己独特的可以提高消费者特殊效用的技术、方式、方法等，而这些有可能成为今后企业核心竞争力的要素。提升企业核心竞争力，首先应锁定目标、集中资源、提高和储备知识技能、战略定位等。

3. 供应链文化战略

供应链文化是指供应链企业在长期交往中逐渐形成的共同信念。它包括价值观、经营哲学、道德准则、管理制度、员工心态以及由此表现出来的企业共同的风范和精神。它所倡导的信任与合作精神、商业理念和行为规范、积极创新和奋发向上的事业态度，是供应链运行机制的文化基础。必须对供应链中各节点企业的文化进行系统整合，增强其间的亲和度，以便有效地消除供应链中各种文化的摩擦以及由此造成的系统内耗。当前，制定和实施集群文化战略要做好四个方面的工作：第一，培养合作共赢意识。在供应链中企业之间的经营关系不再是零和博弈关系，而是一种正和博弈的双赢关系。在合作中，既要考虑自身利益，还必须考虑供应链上其他企业的利益。第二，确立整体优化思想。在供应链中,客观上存在企业个体利益之间、个体利益与整体利益之间的冲突。要解决这种冲突,需要一定的思想基础即供应链上的企业都要有整体优化思想。第三,提倡相互信任精神。美国学者戴明曾经指出:"一个系统要想实现效率最大化,信任是必不可少的。如果没有信任,人员、团队、部门以及分公司之间就不可能合作。如果没有信任,每一个成员都将致力于保护自己的眼前利益,这将会对自身以及整个系统造成长期的损害"。第四,培育风险共担理念。在供应链运作过程中,存在预测不准、需求不明、供给不稳定等现象,甚至形成"牛鞭效应"(需求朝着供应链上游方向被逐级放大的现象)。供应链上企业对自身利益的本能追求,使合作自始至终都存在一定的道德风险。所以,在供应链管理中要培育利益共享、风险共担的理念并付诸实践。

3.1.4 建立供应链战略的优势

建立供应链竞争优势要求企业改变以往对每年的例行计划、已存在的行业结构、业务单位预算和成本、竞争对手的标杆瞄准以及市场细分的过分关注,而更多地关注一个持续不断的过程,这一过程围绕核心竞争力、新功能、渠道联盟、机会等构建,以便能够洞察在未来市场中获得领先地位所需的技术、竞争力和产品。最具活力的竞争战略需要整个企业和供应链伙伴的积极参与,而不是仅由企业的管理者和若干职员组成的小组来完成。具体而言,建立供应链战略需要从以下四个方面着手。

1. 执行有效的战略

在当今的全球市场,只有那些能够开发充满活力的竞争战略和创造市场的公司,才能在市场中获得领先地位。尽管核心运作策略仍是短期或中期绩效衡量的有效手段,但供应链战略却是创造未来优秀公司的有力武器。

2. 建立有效的业务渠道

以时间为基础的竞争和垂直一体化的解体使公司不能独自参加竞争。事实上,市场属于那些在构建供应链和通过供应链竞争等方面比对手更强的企业,而不是那些仅以自己的产品和市场为基础的企业。未来极大的机会属于那些能与其他企业(包括竞争对手)密切合作的企业。例如,未来某一天,微软可能会发现英特尔是它的供应商、客户、竞争对手或合作伙伴。供应链战略的目的并不是自私地发展周围的供应链伙伴,而是建立不可战胜的联盟,提供共同的竞争能力的源泉,以便成功进入某一行业或创造全新的行业。

3. 进行赢得市场的变革

随着产品生命周期的缩短、要求个性化产品和服务需求的提高,企业不得不改变以往的仅满足以纯产品或成本为基础的做法。尽管企业继续生产出高质量、低成本的产品仍然非常关键,但企业必须持续将他们的注意力集中在追求大胆的跨企业的变革上,以便为客户提供别人无法提供的解决方案。

4. 设计具有竞争力的企业

根据加里·哈默尔和 C. K. 普拉哈拉德的理论,有几种方法可以获得竞争优势。首先,企业可以寻找在已成熟的行业改变游戏规则,如沃尔玛在零售业靠低价取胜。其次,企业可以寻求重新勾画传统行业的边界，如迪斯尼收购 ABC 公司以重塑娱乐业的面貌。最后，真正的创新企业可以寻求发现全新的行业和市场，如微软在计算机软件发现仅仅痴迷于缩减劳动力成本、资产和流程的周期还不能获得市场的领先地位，关注创造全新市场和重塑旧市场的战略才是其成功的法宝。

3.2 供应链竞争战略定位

3.2.1 企业竞争战略的有关理论

战略是指为创造胜利条件实行全盘行动的计划和策略，企业竞争战略就是从企业"可持续发展"出发的综合性观点。全面地分析影响一般性竞争战略选择的关键因素，结合企业自身的实力，才能制定出适应市场需求的竞争战略。

一个企业与竞争企业相比可能有许多长处或弱点，而决定企业进入市场的基本竞争优势为低成本。因此，美国市场营销学家迈克尔·波特认为，基本的竞争性定位战略为：成本领先（overall cost leadership）战略、差异化（differentiation）战略以及集中（focus）战略。

1. 总成本领先战略

总成本领先战略是指通过有效途径，使企业的全部成本低于竞争对手的成本，以获得同行业平均水平以上的利润。20 世纪 70 年代，随着经验曲线概念的普及，这种战略已经逐步成为企业共同采用的战略。实现成本领先战略需要有一整套具体政策，即要有高效率的设备，积极降低经验成本，紧缩成本和控制间接费用以及降低研究开发、服务、销售、广告等方面的成本。要达到这些目的，必须在成本控制上进行大量的管理工作，即不能忽视质量、服务及其他一些领域工作，尤其要重视与竞争对手有关的低成本的任务。

当具备以下条件时，采用总成本领先战略会更有效力。

（1）市场需求具有较大的价格弹性。

（2）同行业的企业大多生产标准化产品，从而使价格竞争决定企业的市场地位。

（3）实现产品差异化的途径很少。

（4）多数顾客以相同的方式使用产品。

（5）当顾客购物从一个销售商改变为另一个销售商时，不会发生转换成本，因而特别倾向于购买价格最优惠的产品。

2. 差异化战略

差异化战略，是指为使企业的产品与竞争对手的产品具有明显的区别、形成与众不同的特点而采取的战略。这种战略的重点是创造被全行业和顾客都视为独特的产品和服务以及企业形象。实现差异化的途径多种多样，包括产品设计、品牌形象、技术特性、销售网络和用户服务等。例如，美国卡特彼勒履带拖拉机公司，不仅以有效的销售网络和随时能够提供良好的备件而享誉市场，而且还以质量精良的耐用产品闻名遐迩。差异化战略的适用条件如下。

（1）有多种使产品或服务差异化的途径，而且这些差异化是被某些用户视为有价值的。

（2）消费者对产品的需求是不同的。

（3）奉行差异化战略的竞争对手不多。

3. 集中战略

集中战略是指企业把经营的重点目标放在某一特定的购买者集团，或某种特殊用途的产品，或某一特定地区上，以此来建立企业的竞争优势及其市场地位。由于资源有限，一个企业很难在其产品市场展开全面的竞争，因而需要瞄准一定的重点，以期产生巨大有效的市场力量。此外，一个企业所具备的不败的竞争优势，也只能在产品市场的一定范围内发挥作用。

3.2.2 选择匹配战略

1. 战略比较选择

从以上对三种战略的描述可以看出，尽管集中战略往往采取成本领先和差异化这两种变化形式，但三者之间仍存在区别。总成本领先和差异化战略一般是在广泛的产业部门范围内谋求竞争优势，而集中战略则着眼于在狭窄的范围内取得优势。

企业在确定竞争战略时首先要根据企业内外环境条件，在产品差异化、成本领先战略中选择，从而确定具体目标、采取相应措施以取得成功。

要成功地实行以上三种一般竞争战略，需要不同的资源和技巧，需要不同的组织安排和控制程序，需要不同的研究开发系统。因此，企业必须考虑自己的优势和劣势，根据经营能力选择可行的战略。

企业竞争战略由企业的产品和服务可以满足的顾客需求的类型所决定，建立在顾客对产品的成本、产品送达与反馈时间、产品种类和产品质量偏好的基础上。因此，企业竞争战略的设计必须以顾客偏好为基础。竞争战略的目的是提供能满足顾客需求的产品和服务。

企业的所有职能都会对企业的价值链的成功与否产生影响。这些职能必须相互配合，任何单独的职能都不能确保整个价值链的成功，但任何单独的职能的失败都将导致公司的价值链的失败。企业的成功与否同下面两点紧密相关。

（1）各职能战略要和竞争战略协调、匹配，所有职能战略要相互支持并帮助公司实现其竞争战略的目标。

（2）各职能部门必须恰当地组织其业务流程和资源，成功地执行它们的职能战略。

2. 获取战略匹配的意义

供应链管理的目标很简单：以最低廉的成本满足客户的需要，使供应能力和市场需求相匹配。而有效的供应链管理，对企业绩效有直接的作用。供应链管理的对象是产销量、库存和费用。产销量的增加、库存的降低、费用的削减会直接改善利润、投资回报、现金流量等企业总体绩效指标。

一家成功的企业的供应链战略与竞争战略是相互匹配的。供应链的目标是明确如何用供应链来满足商业要求（如快速反映于环境变化、低成本生产、高质量产品等），它与竞争战略关系密切。战略匹配是指竞争战略与供应链战略拥有相同的目标。也就是说，竞争战略的设计用来满足顾客的优先目标与供应链战略旨在建立的供应链能力目标之间相互协调一致。

企业失败的原因，或是由于战略不匹配，或是由于流程和资源的组合不能达到构建战略匹配的要求。企业总裁的首要任务是协调核心职能战略与总体竞争战略之间的关系，以获取战略匹配。如果不能在战略层上保持一致，各职能战略目标间很可能发生冲突，并导致不同的战略以不同的顾客群为优先目标。由于流程和资源的组合是用来支持职能战略目标的，不同职能战略目标之间的冲突将引发战略实施过程中的纠纷。例如，市场营销部门将企业的职能定位在快速提供多种产品上，而分销部门的目标却可能是以最低的成本提供服务。在这种情况下，企业通过把订货分组送达给顾客，取得了较好的经济效益，当年分销的决策延缓了订单的执行速度。

因此，获取战略匹配已经成为企业在战略制定时必须遵循的原则。

3. 获取战略匹配

要获取供应链战略与竞争战略之间的匹配，首先，企业应当理解顾客，即企业必须理解每一个目标顾客群的顾客需要，这能帮助企业确定预期成本和服务要求；其次，企业应当对供应链有一定的理解，明确其供应链设计是用来做什么的；最后，企业要获取战略匹配，如果一条供应链运营良好，但与预期顾客需求之间不相互匹配，那么，企业或者重构供应链以支持其竞争战略，或者改变其竞争战略以适应供应链。

1）理解顾客

顾客的需求差异主要体现在以下几个方面。

（1）每次订购产品的数量。例如，修复生产线所需的紧急材料订单总是较小，而建设新生产线所需的材料订单总是较大。

（2）顾客能接受的响应时间。紧急订单所能容忍的响应时间较短，而新建订单所能容忍的响应时间往往较长。

（3）需求的产品品种。如果从单一供应商那里可以得到所有维修所需的配件，紧急订单的顾客往往愿意付出较高的额外费用，而新建订单的顾客却不会这样做。

（4）要求的服务水平。紧急订单的顾客期望产品具有很高的可用性，如果有些部件不是立即可用的，他（她）就会到别处采购，而新建订单的顾客却不一定。

（5）产品的价格。新建订单的顾客往往对价格较为敏感，而紧急订单的顾客则不那么敏感。

（6）期望的产品革新率。高档百货商店的顾客期望更多的新产品和新颖的服装设计；而像沃尔玛这种日用超级商场的顾客对革新产品则不太敏感。

同一顾客段的顾客倾向于具有相同的需求特性，而不同顾客段的顾客的需求特性差别较大，但我们只需要一个关键的衡量指标来捕捉所有这些属性的变化，然后用这个指标来帮助定义最适合企业的供应链。实际上，它们都能被转变成隐性需求不确定性（implied demand uncertainty）这一衡量指标。

这里涉及两个概念：需求不确定性和隐性需求不确定性。需求不确定性是指顾客对某种产品的需求是不确定的；隐性需求不确定性是指供应链不确定性的直接后果，它是指供应链予以满足的需求部分和顾客需求的特点是不确定的。例如，只为紧急订单供货的企业面临的隐性需求不确定性要高于以较长的供货期提供同样产品的企业面临的隐性需求不确定性。

隐性需求不确定性要受到顾客需求特性的影响。例如，按照所需钢材的品种和数量判断，钢材的需求也具有一定程度的不确定性。钢材供货中心可以以少于一周的时间供应多种产品；小型钢铁企业的品种较少，供货期较长；钢铁联合企业的供货期更长，以数月为供货周期。在这三种情况下，尽管所供应的物品没有什么差别，但它们面临的隐性需求不确定性却有很大悬殊。钢材供货中心的供货期最短，供应的品种也最多，其面临的隐性需求不确定性最高。与之相对的是钢铁联合企业，其供货周期最长，隐性需求不确定性最低，它们有很长的时间为客户的订单准备生产。供应链要提高服务水平，也就是要求其满足顾客需求的百分比越来越高，这就迫使供应链要为罕见的需求高峰做好准备。因此，在产品的需求不变的情况下，服务水平的提高会导致隐性需求不确定性的增加。

产品需求不确定性和顾客的需求特性对隐性需求不确定性都有影响。顾客的需求特性对隐性需求不确定性的影响如表 3.1 所示。隐性需求不确定性同其他一些产品需求特性也是紧密相关的，如表 3.2 所示。

表 3.1 顾客需求特性对隐性需求不确定性的影响

顾客需求变化	引起隐性需求不确定性变化	顾客需求变化	引起隐性需求不确定性变化
需求量变化范围增大	增加；因为需求变化增大	获得产品的渠道增多	增加；因为总的消费需求被更多的渠道分摊
提前期缩短	增加；因为响应时间减少	产品更新加快	增加；因为新产品的需求更不确定
所需产品品种增多	增加；因为每一种产品的需求更难分解	服务水平提高	增加；因为企业被迫处理例外需求波动

表 3.2 隐性需求不确定性与产品属性的关系

产品属性	隐性需求不确定性低	隐性需求不确定性高	产品属性	隐性需求不确定性低	隐性需求不确定性高
产品边际利润	低	高	平均脱销率	1%~2%	10%~40%
平均预测误差	10%	40%~1000%	平均期末被迫降价	0	10%~25%

费舍尔指出：①需求不确定的产品通常是不成熟的产品，竞争对手少，因此可以获得很高的边际利润。②当需求更加确定的时候，对需求的预测误差也就会更低。③隐性需求不确定性增加，产品的供给和需求就更难达到平衡，由此会造成产品的脱销或积压，也就是平均脱销率会很高。④隐性需求不确定性高的产品，由于积压将不得不降价销售。

实现供应链战略和竞争战略匹配的第一步是理解顾客，通过找出所服务的顾客段的需求类型在隐性需求不确定性图谱上的位置来理解顾客的需求。

2）供应链响应能力

供应链响应能力体现为以下五种能力。

（1）响应需求数量的大范围变化。

（2）只需很短的提前期。

（3）提供多样性（大量品种）产品。

（4）具有高度的产品创新能力。

（5）能提供很高的服务水平。

这些能力类似于引起隐性需求不确定性的需求特性。这些能力越高，供应链就越灵敏。然而，要提高上述五种能力，需要花费成本。例如，要响应需求数量的大范围变化，就必须增加生产能力，也就增加了成本。这引出了供应链盈利水平的概念，它是指产品的销售收入减去产品的生产及送达顾客的成本之差。成本增加，盈利水平降低。每一种提高反应能力的战略，都会付出额外的成本，从而降低盈利水平。

3）实现战略匹配

前面已经考虑了顾客特性和供应链特性，接下来要考虑的是如何使供应链很好地适应竞争战略所瞄准的顾客需求。

企业价值链中所有职能战略都必须支持企业的竞争战略；供应链的低层策略，如制造策略、库存策略、提前期策略、采购策略和运输策略，都必须与供应链的响应能力相协调。实现供应链战略和竞争战略匹配的关键是匹配供应链响应能力和隐性需求不确定性，企业价值链中所有职能策略都必须与供应链的响应相协调。

实现供应链战略和竞争战略的匹配，说起来容易做起来难，但有两点要着重考虑：

（1）抛开竞争战略，就不存在正确的供应链。

（2）对于给定的竞争战略，存在正确的供应链战略。

在许多企业中，竞争战略和职能战略是由不同的部门制定的。部门之间如果没有适当的沟通，这些战略很可能失败，这也是企业经营失败的主要原因。

3.2.3 影响战略匹配的其他问题

以上只考虑了单一产品或单一服务，瞄准单一顾客群的情形，实际情况要复杂得多。多产品、多顾客群、产品生命周期等对供应链战略和竞争战略都会有很大的影响。

1. 多种产品和众多顾客群

大多数企业生产和销售多种产品，为众多具有不同特点的顾客群提供服务。高级百货商店可以出售隐性需求不确定性很高的个人用品，如滑雪衫，也可以出售需求不确定性较低的产品，如T恤衫。上述两种产品在隐性需求不确定性图谱上的位置不同。格雷杰公司将维护、修复、经营用品销售给两家大公司（如福特和波音）以及小的制造商和转包商。这两种情况中的顾客要求也相差悬殊。大企业更热衷于大批量购物的价格，小企业则倾向于进入格雷杰公司的供应链，因为格雷杰公司具有良好的反应能力。这两种顾客群在隐性需求不确定性图谱中的位置也不相同。另一个案例是李维·施特劳斯（Levi Strauss），它出售个性化和标准化的两种牛仔服装。与个性化的牛仔服装的需求相比，标准化的牛仔服装的需求具有较低的隐性需求不确定性。

在上述案例中，企业出售多种产品，并向不同需求的顾客群提供服务，结果，不同的产品和不同的顾客群具有不同的隐性需求不确定性。当我们为上述情况设计供应链战略时，在产品和顾客群多种多样的情况下，每个企业面临的关键问题是，如何创建一条在盈利水平与反应能力之间取得平衡的供应链。

有多种路径可供企业选择，其一是为每种产品或顾客群单独建立相应的供应链。如果每个顾客群都大到足以支持一条设计出来的供应链的话，那么，这种战略是可行的。然而，这样的供应链却会失去通常存在于企业不同产品之间的规模经济优势。因此，一项完美无缺的战略是将供应链设计成为能适合每种产品的需求的形式。

设计供应链，需要共享供应链上产品之间的一些联系，而对于产品的另外一些相关的部分可以采取单独运作的方式。共享这些联系，目的就是要在对每个顾客群提供适当的反应能力的前提下，实现盈利水平的最大化。例如，工厂的产品的生产可以采用同一条生产线，而运输方式可以不同,对于需要高反应能力的产品可以采用快递的运输形式，而对于其他产品则可以采取相对耗时但廉价的运输方式，如海洋运输。在另一些情况下要求有较强反应能力的产品，可以根据顾客订单采用弹性生产线进行生产；而对于反应能力要求较低的产品，可以采用弹性不大但盈利较高的生产线进行生产。李维公司为个性化牛仔服装建立了弹性非常大的生产流程,为标准化牛仔服装建立了营利性生产流程。还有一些方式，如可以把一些产品存放在靠近顾客的区域性仓库里，把另一些产品存放在远离顾客的中心仓库里。格雷杰公司在靠近顾客的分散仓库中存放上架快的产品，在中心仓库存放流动低、隐性需求不确定性较高的产品。供应链的设计恰当，有助于企业在总成本最低的前提下针对不同的产品提供相应的反应能力。

2．产品生命周期

产品在生命周期的不同阶段，其需求特点和顾客群的要求也会发生变化。企业要维持战略匹配，就必须针对产品所处的不同生命阶段，调整其供应链战略。

下面考察一下需求特点在产品生命周期中的变化。当产品开始进入市场时，存在以下特点。

（1）需求非常不确定。

（2）边际收益非常高。对于获得销售额而言，时间非常重要。

（3）对于占领市场而言，产品的供给水平非常重要。

（4）成本常常是第二位考虑的因素。

例如，新产品上市的初始需求非常不确定，边际效益特别高，产品生命周期中的新产品开始阶段，隐性需求不确定性较高，供应链的目标是增强产品的反应能力，提高产品的供给水平。供应链的最初目标是确保产品的供给，以支持任何一种需求水平。在这个阶段，企业需要一条反应能力较强的供应链。当产品变成商品并进入生命周期中的后续阶段时，需求特点发生了变化。在这个阶段，会出现以下情况。

（1）需求变得更加确定。

（2）随着竞争对手增多，竞争压力加大，边际效益降低。

（3）价格成为左右顾客选择的一个重要因素。

在这种情况下，供应链的目标是，在维持可接受服务水平的同时，使成本最小化。

此时，盈利水平高低对供应链至关重要。随着新产品逐渐被市场接受，需求开始趋向稳定。在这个转折点上，隐性需求不确定性通常较低，价格成为销售量的首要决定性因素。

3. 竞争性随着时间变动

最后需要考虑的是，相互匹配的供应链战略与竞争战略何时才能引起竞争者行为的变化。正如产品生命周期一样，竞争者可以改变市场格局，从而要求调整企业竞争的战略。

由于竞争者将众多产品品种投放市场，顾客对其个性化的需求得到满足已变得习以为常。因此，在今天看来，竞争的焦点在于生产出品种丰富、价格合理的产品。在这一点上，互联网扮演着十分重要的角色，因为网络使产品品种大量增多变得轻而易举。企业在互联网上的竞争迫使供应链发掘出能提供多种产品的能力。由于竞争格局发生变化，企业不得不调整竞争战略。由于竞争战略发生变化，企业又必须改变其供应链战略，以维持战略匹配。

3.3 供应链战略环境分析

3.3.1 宏观环境、行业环境和内部环境分析

1. 宏观环境因素分析

1）经济发展状况

不论什么行业的供应链，经营环境最终表现为社会和个人购买力，而购买力的大小取决于社会总体收入水平、负债水平和资金供应程度等因素。经营环境的变化如果能促进社会购买力的提高，不但能推进现有市场购买力的扩大，而且还会促进新市场的开发，以满足扩大的社会需求，这都会成为行业发展的机会。另外，经济发展状况对行业的巨大影响主要是通过经济周期反映出来的。宏观经济发展状况及其规律可以用经济高涨期、衰退期和复苏期等阶段来描述。

（1）经济高涨期。经济高涨期主要表现为国民经济增长速度较快，国民收入提高，有效需求高，市场购销两旺，对企业发展有利。

（2）经济衰退期。经济衰退期表现为经济增长速度大幅度下降，以至于出现经济倒退的现象。市场萎缩，居民收入的购买力下降，有效需求不足，社会总供给严重大于社会总需求，商品流通不畅，行业的经济结构调整开始。

（3）经济复苏期。在经济摆脱衰退困扰后，社会经济会逐步出现回升迹象，其主要表现是，经济开始缓慢增长，市场开始繁荣，居民收入提高，需求增加，行业的经济结构日趋合理。

2）政治环境

政治稳定性是社会稳定的基础，政治的剧烈变动必定会对经济发展和社会稳定带来不利的影响，很有可能引发社会动荡。无论是对哪个行业，目标市场的政治稳定性是其长期稳定发展的一个必要保证。

3）社会结构状况

社会结构状况包括社会阶层划分、人口数量及其分布、年龄组成、教育程度、家庭

构成等，不同社会结构状况的地区或国家就会有不同的消费倾向，进而带来不同的服务需求。

4）文化环境

文化或亚文化包括居民的储蓄倾向、接受外来思想的难易程度、传统习惯等。

5）法律体系的完善程度

一个地区或国家的法律制度的完善程度和严格执法对于企业来说是非常重要的。因为大多数供应链企业对法律和政策的影响力都很小，处于比较被动的适应状态，供应链想要发展就必须在公平完善的法律体系中，企业的各方利益才能得到保证，否则企业的经营活动将变得复杂和低效。

6）生态环境

不同国家和地区的地理、气候、季节等情况有着很大的差别，因而有不同的需求，也就有不同的市场。

2. 行业环境分析

行业环境又称运营环境，是指直接影响供应链实现其目标的外部力量。与供应链的宏观环境相比，行业环境对于供应链有着更为直接、更为现实的影响。行业环境分析的内容具体包括以下五个方面。

1）目标市场对供应链的包容性和接纳程度

由于不同地区的消费群有不同的文化传统和价值观念，所以可能对某些供应链的文化有不同的接受程度，这种价值观念和文化的影响有的直接进入了法律体系，有的成为政府的政策，有的则只是以社会的习惯出现。如果进入目标市场时，未对其进行详细的分析和了解，就会受到政府、消费群体的排斥，甚至可能造成投资失败。

2）行业生命周期

行业生命周期的划分与产品生命周期相类似，只是它所针对的不是简单的一个产品，而是整个行业的发展变化趋势。行业生命周期包括开发期、成长期、成熟期、衰落期四个阶段，要根据所处行业的生命周期特点决定供应链自身的管理策略。

3）行业的竞争状况

行业的竞争状况主要包括市场的大小、垄断情况、竞争企业的数目和实力、可能的新进入者。目标市场的大小是根据行业过去数年内的市场容量而估算出来的，估算过程中需考虑目标市场中的人口结构、经济状况等因素。垄断情况是指目标市场中是否存在行业垄断、垄断的程度有多大、是否有机会打破现有垄断状况、如何打破垄断等一系列问题。同行业供应链的数目、实力及其发展战略，都需要在制定战略时充分地加以考虑。另外，还要考虑可能新进入的供应链对企业造成的冲击，此时企业需要与同行业的其他企业结成某种程度的联盟，提高行业进入难度，排斥行业的进一步竞争，这时，行业内部就会出现既竞争又合作的"竞合"局面。

4）新技术、新产品的影响

新技术、新产品的出现会对现有行业体系产生重大冲击，可能形成替代产业，新技术具有变化快、影响面大、影响力强等特点，可能会对某些行业产生革命性的影响，创造出一批新产业，同时推动现有产业的变迁。

5) 技术经济支持情况

一个供应链在目标市场投资，不仅要看自身经营的产品是否有销路，还要考虑市场内的配套设备是否完善。供应链要发展就需要人才、资金、技术、设备等要素的保障。企业应充分考虑目标市场的要素提供能力，如某种要素不能满足供应链的需要，企业应考虑如何设法解决。

3．企业内部环境分析

1) 企业资源分析

企业的实力首先反映在企业的资源基础上。企业的资源，指贯穿于整个企业供应链各环节的一切物质与非物质形态的要素。其主要内容分为两类。

（1）有形资源。企业的有形资源，主要是物质形态的资源，如各种设施、设备、供应链网点及物流工具等。另外，企业的财务资源，如现金、债权、股权、融资渠道和手段等，也可归于有形资源一类。有形资源是企业开展供应链活动的硬件要素。

（2）无形资源。企业无形资源的种类很多，其内容主要包括人力资源、组织资源、技术资源、企业文化和企业形象等。

2) 企业能力分析

企业能力是与企业资源密切联系的。所谓企业能力，就是能够把企业的资源加以统筹整合以完成预期的任务和目标的技能。企业能力主要体现为对供应链资源的利用与管理能力，没有能力，资源就很难发挥作用，也难以增值。

企业既要分析供应链资源状况，更要分析供应链能力水平。企业能力只有在供应链活动中才会逐步显示出来，任何企业都不可能具备无所不能的能力。资源在投入使用前比较容易衡量其价值，而能力只有通过使用资源才得以体现。在经济全球化不断推进的条件下，资源可以突破区域、国家的界限，但对资源的使用能力只有靠企业自己不断地增强。

3) 企业物流目标市场的接纳程度

由于不同地区中的消费群有不同的文化传统和价值观念，可能对某些企业文化有不同的接受程度。这种价值观念和文化的影响有的直接进入了法律体系，有的成为政府的政策，有的则只是以社会的习惯出现。如果进入目标市场时，未对其进行详细的分析和了解，就会受到政府、行业协会、工会、消费群体的排斥。目标市场的权力主体对供应链的包容性或接纳程度就更显重要了。

3.3.2 供应链企业环境新变化

1．多品种、小批量生产的转变和零售形式的多样化

随着消费的个性化、多样化发展，消费的趋同性减少，流行商品的生命周期越来越短。在这种状况下，厂家要准确预测特定商品的流行程度十分困难。此外，基本生活必需品在全社会会得到满足之后，商品在质量上的稍微改进和价格的稍微降低都不能大量激发消费者的购买欲望，因而要开发出具有爆发性需求规模的革新产品也会越来越困难。正因如此，如今很多企业都在积极开展多品牌战略，即将原来的产品加以改良，附加各种功能，形成产品间微妙的差异，以满足消费者的多样化需求。多品牌战略的实施意味着企业的经营从原来生产主导的消费唤起战略转向消费主导的商品生产战略。这种战略转换也改变了原来从事专职大量运输、储存的物流服务管理活动，也就是要求供应链既讲求效率，又能促进生产、销售战略的灵活调整和转换。

对应于消费个性化、多样化发展，零售业中以家居日用品为中心、进货品种广泛的零售店和购物中心等业态的销售额急剧扩大。另外，由于生活类型的多样化带来了诸如活动时间到深夜、利用汽车购物等消费行动的多样化，因此，在零售业中通宵营业的24小时店（便利店）或利用汽车购物为前提的郊外仓储式商店等新型业态也相继诞生，并实现了快速增长。这些都改变了原来的流通格局，同时推动了供应链物流服务的差异化和系统化管理的发展。

2．零库存经营的倾向

零售业与消费个性化、多样化及企业多品种生产相对应，无论在既存的零售业态百货店和超市中，还是新兴的24小时店等新业态中，经营的商品品种数越来越多。但是，与此同时，由于政策、环境、房地产价格等原因，店铺的规模和仓库的规模不可能无限扩大，特别是在大都市中，由于人口密度大、地价昂贵、消费更新快、环境限制严格等原因，更加限制了仓储店和仓储空间的扩大。在这种情况下，只有提高店内管理效率，通过加快商品周转来抵消仓储空间不足等问题。如今，在国际上，大型零售业的经营方针均已从原来通过新店开设寻求外延型发展，转向充实内部管理和投资，积极探索内涵型发展。除此之外，另一个推动零库存经营的原因是由于消费行为的多样化、个性化发展，生产企业要进行多品种、少数量的商品生产，使实际需求预测十分困难，在这种状况下，库存越大，零售企业承担的风险也越大。因此，为了降低风险，零售企业必须尽可能地压缩库存，实现实时销售。具体看来，现代零售企业的管理重点是以下两个关键性问题：一是迅速确定经营中的"畅销品"与"滞销品"，以此为基础确定订货商品的种类和数量（单品管理）；二是在有限的空间里陈列更多的商品，降低销售风险，极力抑制各类商品的库存量，彻底实现零库存管理和库存成本的削减（零库存经营）。

3．信息技术的革新

"单品管理"和"零库存经营"能成为现实，首先是因为20世纪80年代后期信息技术的发展，具体反映在销售时点信息管理系统（point of sales，POS）和电子订货系统（electronic ordering system，EOS）的导入。POS系统和EOS系统自开发以后，在商业领域得到了迅速推广和普及，并大大改变了流通绩效，推动供应链管理的现代化。从直接带来的利益看，POS系统的导入提高了现金收纳作业的速度和正确性，节省了人力成本，实现了流通效率化。与此同时，在软件利益方面，对所积蓄的电子信息进行的加工、分析，可以作为经营战略决策的依据和信息来源。

4．物流企业竞争加剧

目前供应链作为企业战略管理的一个组成部分已为大多数企业所认同，因而，原来那种完全商物分离的做法逐渐被摒弃，取而代之，厂商、零售商、批发商的不同阶段，以及同一阶段不同类型的企业都在积极开拓各种业务，建立自身独特的供应链系统，从而使供应链竞争范围越来越广；另外，随着供应链管理技术与手段的发展，供应链竞争的程度也越来越深。这种竞争程度上的变化既反映在供应链产品和服务的多样化，即外延上，又反映在供应链产品多样化和服务的高技术、高效率，即内涵上。所有这些都使供应链竞争比任何时期都要激烈，更需要在战略上来指导供应链运作。当今企业竞争的另一类现象也值得我们关注，那就是竞争无地域性。早期的企业竞争局限在各国国内，如今随着经济的全球化，供应链服务也越来越无国界限制，特别是WTO（世界贸易组织）所推进的服务贸易自由化，更使供应链市场竞争具有国际化的特征，这无疑给本来就具竞争性的经营带来更深刻的影响，使竞争范围更加宽广。

5. 经济的可持续发展

随着多频度、小单位配送及企业物流的广泛展开，如何有效地协调物流效率与经济可持续发展的关系，也是促使供应链强化战略研究的重要因素。物流功能的纵深化发展，以及物流需求的高度化延伸，带来的一个直接效应就是物流量的急剧膨胀，但是，物流量的巨大化往往会阻碍物流效率的提高，这主要是因为它对社会和周围环境产生的负面影响。具体地说，巨大的物流量在没有供应链有效管理和组织的情况下，极易推动运输、配送车辆及次数增加，而车辆、运行次数上升带来的结果，首先是城市交通拥塞现象日趋严重，特别是在大都市、中心城市，原来交通拥塞状况就比较严重，如果再不断增加路面负荷，更容易产生效率低下及各种社会问题。城市地理学和城市经济学研究证明，任何城市都具有空间的有效性和效率性。城市本身在一定的技术条件下有其理想规模，再大就会产生规模不经济，而分配给交通运输系统使用的土地，包括道路和站场也有一定的比例，一般占总土地面积的15%～25%较为合理，对一个发展中城市而言，交通运输用地偏低会造成道路网不足。从社会发展角度来看，进一步扩大路网固然重要，但有效地利用路面则是交通运输体系发展战略最为主要的原则。所以，在战略上合理安排物流、管理物流不仅关系到供应链自身运作效率的高低，也关系到整个社会的可持续发展问题。

3.4 供应链战略规划、实施与控制

3.4.1 供应链战略规划

供应链战略规划是企业制定的供应链战略目标、任务、方向，以及实现供应链战略目标的各项政策和措施。具体来说，它包括确定企业供应链战略目标，选择供应链战略制定的方式，制定和选择供应链战略方案。

下面以物流供应链战略规划为例说明。

1. 确定物流战略目标

物流战略的核心是持续保持和增加企业在物流领域的竞争力。物流企业确定了战略目标，也就确定了企业发展方向、经营范围、经营规模和经营成果。据此，物流战略目标主要表现在以下三个方面。

1）降低成本

物流战略实施的目标是降低物流总成本中的可变资本支出，通过评价不同作业方案，在保持一定服务水平时，寻求可变成本最低的方案，特别是运输和配送方案的选择。

2）提高投资收益

物流战略设计的目标是使物流系统的投资回报率高于社会平均收益率。物流系统中的固定资产集中在港口、码头、配送中心和仓库等设施上，对投资资本回报的首要考虑是投入与产出的平衡点，即在最短的周期内形成收支平衡。然后是盈利的周期长短，即在多长时间内保持正常的盈利能力。例如，为避免进行仓储而直接将产品送达客户，放弃自有仓库选择公共仓库，选择适时供给的办法而不采用储备库存的办法，或是利用第三方供应商提供物流服务。与需要高额投资的战略相比，这些战略可能导致可变成本增加。不过，投资回报率可能会得以提高。

3）改进服务

随着市场竞争的加强，原有物流系统提供的物流服务水平会下降，或相对下降。如果在原物流系统的基础上提高物流服务水平，将引起物流成本大幅度提高。因此，需要设计新的物流系统，以新的物流运作能力改进物流服务水准。要使物流战略取得良好的效果，应制定与竞争对手截然不同的服务战略。

2. 物流战略规划方式的选择

制定物流战略规划的方法一般有以下四种。

1）自上而下的方法

实行集权制的物流企业在采取自上而下的方法制定规划时，一般首先由公司总部的高层管理人员制定出整个物流企业的规划，然后，各部门再根据自己的实际情况及总部的要求来发展这一规划。实行分权制的物流企业一般由公司总部给各事业部提出战略规划指导书，要求它们制定详细规划。公司总部检验并修改这些规划之后，再将规划返还各事业部去执行。

这种方法最突出的优点是物流企业的高层管理者决定整个物流企业的经营方向，可以对各事业部或各部门如何实现经营方向提供具体的指导。不足之处是，高层管理者可能会因为没有经过深思熟虑，不能对下属各部门或事业部提出详尽的指导。

2）自下而上的方法

物流企业运用自下而上的方法时，高层管理者对事业部不给予任何指导，只是要求各事业部提交规划。物流企业总部从中掌握主要的机会与威胁、主要的目标、实现目标的市场占有率、需求的资金等信息。在提交规划以后，物流企业高层管理者对此进行检验与平衡，然后给予确认。

自下而上的方法的优点是高层管理者对事业部没有具体的指导，各事业部会感到规划制定过程中的约束较小，可以提出更加完善的规划。同时，自下而上的规划也给各事业部提供了学习制定规划的机会与过程。不足之处是有些习惯于自上而下指导方式的事业部管理人员会感到无所适从，从而影响规划的完整性、综合性。

3）上下结合的方法

在制定战略规划的过程中，不仅有物流企业总部的直线管理人员参与，而且事业部的管理人员也参与有关规划制定的过程。物流企业总部与事业部的参谋辅助人员常常在一起探讨规划中的变化，向经理推荐适当的战略。通过这一过程，物流企业高层管理人员可以根据实际情况改变或完善原定的基本目标或战略。

上下结合的方法多为分权制的物流企业所采用。它的最大优点是可以产生较好的协调效果，物流企业可以用较少的时间和精力完成更具有创造性的规划。

4）小组计划的方法

小组计划的方法是指物流企业的总经理与其他高层管理人员组成一个计划小组，由总经理负责，共同处理物流企业所面临的问题。这个小组的工作内容与成员构成有很大的灵活性，可因物流企业所遇问题的不同而采取不同的措施。一般来讲，小型的集权制物流企业多乐于采取这种规划方式。有时，大型分权制物流企业也可能采取这种形式。

3．制定和选择物流战略方案

按照物流服务的范围、广度和功能整合性的不同，可供企业选择的物流战略主要有先驱型物流战略、功能整合型物流战略、缝隙型物流战略和运送代理型物流战略。

1）先驱型物流战略

先驱型物流战略是一种功能整合度高、物流服务广的物流战略。这种物流战略一般适用于综合型物流企业或大型物流服务商，如联合速递公司（United Parcel Service）。因为这类物流企业的业务范围往往是全国或全球范围，因而也被称为超大型物流业者，它能应对货主企业的全球化经营，从事国际物流。

先驱型物流战略的优点是能实现一站托运。综合物流企业为适应货主复杂多样的物流需求，从事集物流、商流、信息流于一身的一体化服务。

2）功能整合型物流战略

功能整合型物流战略是指功能整合度高、物流服务范围较窄的物流战略。该战略通过系统化提高功能整合度来充分发挥竞争优势。这种物流战略一般适用于专业物流服务商，如日本的 NYK 公司。

功能整合型物流战略的特点是以对象货物为核心，导入系统化的物流，通过改进货物分拣、货物跟踪系统提供高效、迅速的运输服务。同时从集货到配送等物流活动全部由企业自己承担，实现高度的功能整合。但是，这种以特定货物为对象构筑的系统，无法适应一般的货物运输，因此物流服务的范围受到限制，只能服务于特定目标市场的顾客群。

3）缝隙型物流战略

缝隙型物流战略是指功能整合度低、物流服务窄的物流战略。该战略适用于经营资源数量和质量都受到限制的中小企业。实施该种战略的企业通常是以局部市场为对象、在特定市场从事特定功能的物流服务，从而在战略上实现物流服务的差别化和低成本化。例如，搬家综合服务、代售商品服务、仓储租赁服务及摩托车急送服务等。近年来，我国出现的小型保险柜租赁业务就是这种物流服务的具体表现。

4）运送代理型物流战略

运送代理型物流战略是指物流服务范围广、功能整合度低的物流战略，一般适用于物流市场中的运输代理商。运输代理商虽然利用各种运输机构提供广泛的输送服务，但实际上企业自身并不拥有运输手段，因此它是一种特定经营管理型的物流企业。这种企业是以综合运用铁路、航空、船舶运输等手段，开展货物混载代理业务的。代理型企业的最大优点是企业经营具有柔性高的特点，因此，可以根据货主的需求，构筑最适合的物流服务体系。

3.4.2 供应链战略实施

1. 供应链战略实施方法

可用于促进供应链战略实施的方法有五种：指令模型、转化模型、合作模型、文化模型和增长模型。

1）指令模型

指令模型法说明了战略的地位，即指导总经理如何运用经济分析和竞争分析去规划资源的分配，以达到物流企业的目标。由于这种模型具有极为正式的集中指导倾向，因此称为指令模型。

2）转化模型

转化模型方法直接解决战略实施问题。该方法重点考虑如何运用组织结构、激励手段和控制系统去促进战略实施。由于这种方法常考虑采用新战略，因此称为转化模型。

转化模型通过阐明"已经有了一个战略，现在该如何组织去实施这个战略"这一问题，发展了指令模型。在这一模型中，总经理运用行为科学的方法把他的组织纳入战略规划的轨道上。同时，总经理起着设计师的作用，设计行政管理系统，协调战略的实施，推动供应链为实现规划目标而努力。

3）合作模型

合作模型方法的重点是高层管理的集体决策与战略制定过程。由于这一方法考虑对集体决策进行多方面的输入，同时认为战略的形成是集体协商的产物，因此称为合作模型。

合作模型把战略决策范围扩大到供应链高层管理集体之中，力图解决"如何使高层管理集体帮助制定和支持一系列完好的目标和战略"这一问题。在这个模型里，总经理调动高层管理人员的能动性，并用"头脑风暴法"使持有不同观点的经理为战略制定过程做出各自的贡献。

4）文化模型

文化模型方法是要在整个组织里灌输一种适当的文化，使战略得到实施。在这里低层次的管理人员参与了决定战略方向和方案的设计工作，而且高层管理人员反复向他们灌输一系列价值观念，影响他们的工作行为，因此这种方法称为文化模型。

5）增长模型

增长模型运用委托代理形式考察战略，并且对将企业划分为"战略制定者"与"战略实施者"的传统观点提出新的挑战。这种方法促成管理者在日常工作中不断寻求创新机会，发挥供应链内部的潜能，最终使供应链获得竞争优势。

2. 供应链战略实施计划系统的设计

供应链战略实施计划是供应链在实施战略过程中的各种行为和具体工作程序的总称。战略实施计划起着指导战略管理，维系和协调供应链战略管理与协调供应链合作伙伴之间关系的作用。在战略管理中，不存在一个可以适合所有供应链的战略实施计划模式，而且影响企业计划系统设计的因素也因供应链的不同而有所差异。因此，在进行战略实施计划设计之前，首先要分析影响战略计划设计的因素。

1）影响战略实施计划系统设计的因素

（1）供应链的规模。供应链的规模是影响战略实施计划系统设计的一个主要因素，规模不同的企业，战略实施计划一般不同。

（2）管理风格。供应链高层管理的风格对于计划系统的设计有着较大的影响。不同的管理风格会产生不同的计划系统。一般来讲，高层管理人员的思维方式、信奉的管理哲学、制定决策的方式、解决问题的方式，以及管理下属与处理同事之间关系的方式都会明显地表现出他们内在的风格。因此，研究管理风格会更清楚地认识到一个供应链计划系统的特色，以便采取相应的措施或竞争战略。

（3）经营过程的复杂程度。具有资本密集型或高技术密集型的供应链需要相对复杂的、正式的计划系统。与此特性相反的供应链则倾向于较为简单的、比较灵活的计划系统。

（4）供应链环境的复杂程度。供应链处于一种竞争较弱的相对平衡环境之中时，一般很少有计划，即使有计划，也往往是形式上的。如果供应链处于动荡的环境之中，竞争压力较大，供应链则需要有相应的战略实施计划，而且该计划要有相当程度的灵活性与非正式性。

（5）供应链所面临问题的性质。如果供应链面临着市场竞争加剧、原材料价格猛增等新的、复杂的或难度较大的问题，则需要考虑制订战略实施计划。特别是规模较小的供应链为了在这种情况下生存，更需要有非正式的战略实施计划。

2）战略实施计划的制订程序

战略实施计划的制订程序分三个阶段进行。

（1）计划的第一阶段。首先，建立供应链总体目标。在计划的最初阶段，供应链的总部经理与事业部进行初步对话，共同探讨供应链总体目标。其次，制订事业部的战略方案。在供应链总体目标确定以后，总部高层管理者应要求各事业部的经理制定出本事业部的战略方案，详细说明该事业部所确定的经营活动范围和目标。在计划制订过程中，这一工作相当重要。一个清楚的战略方案可以使各事业部更加明确自己的经营范围，减少各事业部之间相互竞争的风险。最后，事业部的经理要向供应链总部高层管理人员提交自己的经营目标与战略，以及贯彻实施的计划，并由供应链总部来平衡。

（2）计划的第二阶段。计划的第二阶段包含两个内容：一是各事业部的负责人要与其职能部门的经理达成有关在今后几年里要贯彻实施计划的临时协议；二是在长期计划中，部门经理的任务取决于该事业部的经营重点。此时，事业部负责人一般只与职能部门经理达成一个临时协议，不可能明确地指出销售目标或利润目标。这一方面是因为过细的计划会约束部门经理的行为，使他们失去创造性；另一方面是因为只有在物流企业总部同意了事业部的计划并给予相应的资源支持后，职能部门经理才能最后将部门计划确定下来。

（3）计划的第三阶段。在这个阶段，事业部的工作重点是与总部再次协商，最后决定资源的分配，详细地安排资金预算。

3.4.3 供应链战略控制

在战略的具体化和实施过程中,为了使实施中的战略达到预期目的,实现既定的战略目标,必须对战略的实施进行控制。

1. 供应链战略控制的过程

1)确定评价标准

评价标准是企业工作的规范,它用来评价战略措施或计划是否达到了战略目标的要求。一般来说,企业的战略目标是整个企业的评价标准,而在较低的组织层次上制定的个人作业目标或生产作业计划都可以成为物流战略实施的评价标准。

2)评价工作业绩

评价工作业绩是指将实际业绩(控制系统的输出)与确立的评价标准相比,找出实际活动业绩与评价标准的差距及其产生的原因。这是发现战略实施过程中是否存在问题和存在什么问题,以及为什么存在这些问题的重要阶段。

3)反馈

对通过工作业绩评价所发现的问题,必须针对其所产生的原因采取纠正措施,这是战略控制的目的所在。如果制定了评价标准,并对工作业绩进行了评价,但并未采取任何奖惩行动,则供应链战略控制将收效甚微。当评价标准没有达到时,管理人员必须找出偏差的原因并加以纠正。

实际工作业绩与评价标准发生偏差的原因主要有以下七个方面。

(1)战略目标脱离实际。
(2)为实现战略目标而选择的战略错误。
(3)用以实施战略的组织结构错误。
(4)主管人员或作业人员不称职或玩忽职守。
(5)缺乏激励。
(6)企业内部缺乏信息沟通。
(7)环境压力。

2. 战略控制方法

1)预算

预算可能是使用最广泛的控制方法或工具。所谓预算,就是一种以财务指标或数量指标表示的有关预期成果或要求的文件。预算一方面起着如何在企业内各单位之间分配资源的作用;另一方面它也是企业战略控制的一种方法。

2)审计

审计是客观地获取有关经济活动和事项的论断,通过评价弄清所得论断与标准之间的符合程度,并将结果报知有关方面的过程。审计过程着重于一个企业做出的财务论断,以及这些论断是否符合实际。

3)现场观察

现场观察是指企业的各阶层管理人员(尤其是高层管理人员)深入各生产经营现场,进行直接观察,从中发现问题,并采取相应的解决措施。

本 章 小 结

供应链管理战略要求计划制订者不仅关注企业本身，还要关注整个供应链及产品或服务在企业内部和整个供应链中运作的流程所创造的市场价值给企业增加的竞争优势。业务战略规划包括三个既相互区分又相互联系的部分：定义企业的目的、明确企业的战略性竞争任务、形成公司的核心运作策略。

美国市场营销学家迈克尔·波特认为，基本的竞争性定位战略为总成本领先战略、差异化战略以及集中战略。要获取供应链战略与竞争战略之间的匹配，企业首先应当理解顾客，其次理解供应链，最后获取战略匹配。

供应链战略控制方法有预算、审计和现场观察。

思考与练习

一、填空题

1．供应链战略的特征有：_____、_____、_____、_____、_____、_____。
2．供应链管理战略的内容应主要包括_____、_____、_____。
3．_____是指供应链企业在长期交往中逐渐形成的共同信念。
4．_____的竞争和_____的解体使公司不能独自参加竞争。
5．_____是指通过有效途径，使企业的全部成本低于竞争对手的成本，以获得同行业平均水平以上的利润。

二、判断题

1．供应链战略的构成要素有经营范围、资源配置、竞争优势和市场。（   ）
2．物流战略目标主要表现在以下三个方面：降低成本、提高投资收益和改进服务。（   ）
3．可用于促进供应链战略实施的方法有五种：指令模型、转化模型、合作模型、文化模型和增长模型。（   ）
4．商业价值：指与可能的合作伙伴的有价值的合作项目及其产品和服务对于企业的短期、中期或者长期战略的积极的正面的影响。（   ）
5．匹配是指可能的合作伙伴正在实行或者准备实行合作的积极程度。（   ）
6．匹配能力是指合作伙伴的能力以及一起合作共同完成有价值合作项目的实力。（   ）
7．企业竞争战略由企业的产品和服务刻意满足的顾客需求的类型所决定，建立在顾客对产品的成本、产品送达与反馈时间、产品种类和产品质量偏好的基础上。（   ）
8．企业有形资源的种类很多，其内容主要包括人力资源、组织资源、技术资源、企业文化和企业形象等。（   ）
9．企业失败的原因，或是由于战略不匹配，或是由于流程和资源的组合不能达到构建战略匹配的要求。（   ）

10. 随着消费的个性化、多样化发展，消费的趋同性减少，流行商品的生命周期越来越长。（   ）

三、简答题
1. 什么是供应链战略？
2. 什么是差异化战略？
3. 什么是集中战略？
4. 建立供应链战略需要从以下哪些方面着手？
5. 当产品开始进入市场时有哪些特点？
6. 供应链响应能力有哪些？
7. 战略实施计划的制订程序分哪几个阶段进行？

四、论述题
1. 简述总成本领先战略。
2. 简述获取战略匹配的意义。
3. 简述战略控制方法。

五、案例分析

本田公司与其供应商的合作战略

位于俄亥俄州的本田美国公司，强调与供应商之间的长期战略合作伙伴关系。本田公司总成本的大约80%都是用在向供应商的采购上，这个数字在全球范围是最高的。因为它选择离制造厂近的供应源，所以与供应商能建立更加紧密的合作关系，能更好地保证及时供货。制造厂库存的平均周转周期不到3小时。1992年，27个美国供应商为本田美国公司提供了价值1 400万美元的零部件，而到了2010年，有175个美国的供应商为它提供了超过22亿美元的零部件。大多数供应商与它的总装厂距离都很近。在俄亥俄州生产的汽车的零部件本地率达到90%（2013年）只有少数的零部件来自日本。强有力的本地化供应商的支持是本田公司成功的原因之一。

本田公司与供应商之间是一种长期相互信赖的合作关系。如果供应商达到本田公司的业绩标准就可以成为它的终身供应商。本田公司也在以下几个方面提供支持帮助，使供应商成为世界一流的供应商：①2名员工协助供应商改善员工管理；②40名工程师在采购部门协助供应商提高生产率和质量；③质量控制部门配备120名工程师解决进厂产品和供应商的质量问题；④在塑造技术、焊接、模铸等领域为供应商提供技术支持；⑤成立特殊小组帮助供应商解决特定的难题；⑥直接与供应商上层沟通，确保供应商提供产品的高质量；⑦定期检查供应商的运作情况，包括财务和商业计划等；⑧外派高层领导人到供应商所在地工作，以加深本田公司与供应商相互之间的了解及沟通。

本田与Donnelly公司的合作关系就是一个很好的例子。本田美国公司从1997开始选择Donnelly为它生产全部的内玻璃，当时Donnelly的核心能力就是生产车内玻璃，随着合作的加深，相互的关系越来越密切（部分原因是相同的企业文化和价值观），本田公司开始建议Donnelly生产外玻璃（这不是它的强项）。在本田公司的帮助下，Donnelly建立了一个新厂生产本田的外玻璃。它们之间的交易额在第一年为500万美元，到2013年达到6 000万美元。

在俄亥俄州生产的汽车是本田公司在美国销量最好、品牌忠诚度最高的汽车。事实上，它在美国生产的汽车已经部分返销日本。本田公司与供应商之间的亲密合作伙伴关系无疑是它成功的关键因素之一。

资料来源：郭东芬. 现代物流概论[M]. 北京：人民邮电出版社，2013. 引用资料经过笔者整理.

 讨论

1. 本田成功的经验有哪些？
2. 结合案例谈谈本田供应链战略的意义。

第 4 章

物流采购战略管理

学习目标

通过本章的学习,了解采购战略概念、重要性;熟悉采购战略类型;熟悉采购流程及流程设计要注意的问题;了解采购战略任务与作用;熟悉采购战略管理;熟悉自动化订货系统。

关键术语

采购战略　采购流程设计　自动订货系统

采购是企业利润的源泉

采购是企业非常重要的战略环节,要在销售环节取得一个百分点的利润率很难,但在采购环节提高利润率则相对容易。例如,明日制造公司某机床的销售额为100万元,其中,假设采购成本占销售额的比例是50%,即50万元,其他成本占销售额的比例是40%,为40万元,那么,税前利润就为10万元。

现在,该公司要实现增加利润10%的目标,应如何实现?

实现途径一:可考虑增加10%的销售额,此时,销售额为110万元,但采购成本同时随之增加10%,为55万元,其他成本也随之增加10%,为44万元,这时,利润为11万元。实现途径二:也可以考虑通过降低采购成本来实现,如果降低采购成本2%,则采购成本为49万元,其他成本不变,这时利润也是11万元。

通过以上分析,可以得出表4.1。

表 4.1　两种途径的比较　　　　　　　　　　　单位:万元

	目前情况	途径一:销售额增加10%	途径二:采购额降低2%
销售额	100	100×(1+10%)=110	100
采购成本	50	55	50×(1-2%)=49
其他成本	40	44	40
税前利润	10	11	11

从表中可以清晰地看出,增加10%的销售额和降低2%的采购成本同样可以实现增

加 10%利润的目标。但增加 10%的销售额要比降低 2%的采购成本难很多。由此可见，采购过程创造利润的空间非常大，采购管理水平可以成为企业利润的"摇篮"，也可以成为企业利润的"坟墓"。

思考

采购管理意义何在？

4.1 企业采购战略

4.1.1 采购概述

1. 采购的概念

采购包含两个基本意思：一是"采"，二是"购"。"采"，即采集、采摘，是从众多的对象中选择若干个之意。"购"，即购买，是通过商品交易手段把所选定的对象从对方手中转移到自己手中之意。所谓采购，一般是指从多个对象中选择购买自己所需要的物品。这里所谓的对象，既可以是市场、厂家、商店，也可以是物品。

2. 采购的重要性

由于采购的工作质量关系到企业产品的质量和成本，并且采购资金在总成本中占很大比重，使采购在企业经营活动中占有重要地位。

1）采购的资金量大

在制造业中，企业的采购资金占最终产品销售额的 40%～60%，这意味着采购成本的降低将对企业利润的增加产生重要的影响，其增加利润的效果要远远大于在其他方面采取的措施。所以，采购自然成为企业降低成本、增加利润的重要环节。影响利润的因素是很多的，因此，企业可以通过多种途径来增加利润。但其中只有降低采购成本这一措施效果最为明显，这实际上也体现了现代物流管理中杠杆作用的原理。企业在加强内部管理、挖潜增效的过程中，一定要特别重视采购工作。

2）满足制造产品需求

企业生产部门对采购物品不仅有数量方面的要求，而且还有质量、性能与时间等要求。原材料和零部件的性能与质量直接关系到产品的性能和质量。例如，清晰度是电视机的一项重要的质量指标，如果采购的显像管聚焦质量达不到要求，那么无论电视机设计得如何好，由于显像管质量不合格就不可能得到满意的清晰度。时间要求是指当生产需要某些物资时能够及时得到供应。采购部门为了满足这个需求，往往会采取大批量采购的办法来应付，这样又形成了过高的库存水平和较高的资金占用。现代物流管理要求做到准时制采购，即 JIT 采购，它是按照生产部门或客户的需求数量和时间，及时安排采购计划，对于采购数量与采购时间，尽量做到既不要过量又不要提前，能够准确及时地满足需要，最大限度地降低采购物资的库存水平。生产企业在实施 JIT 采购时需要供应商的大力配合与支持。

3）采购的战略角色

采购工作在过去一直很少受到重视，一方面是由于计划经济对人们思想工作的影响，企业对采购的重要性认识不足;另一方面也与社会经济的发展水平和市场化程度有关。当今,随着市场竞争的日益激烈,企业普遍意识到内部的获利空间已经很小,要进一步提高资源的利用率,只能把盈利视角扩大到整个供应渠道上。这是因为:第一,传统的生产方式已经走到了尽头,大而全、小而全的企业结构已经越来越不能适应外部经营环境的变化,社会发展呼唤生产方式的变革。第二,人们发现在企业同上下游企业组成的系统中,存在巨大的改进空间,可以更好地利用整个供应渠道的资源,争取更多的获利条件。虚拟企业、敏捷制造、供应链管理等新的概念预示着新的生产方式的出现,总的发展趋势是专业化分工协作,采购的重要性应理所当然地提升到企业发展的战略高度来认识。

3．企业采购的原则

1）以需定进的原则

企业采购必须需要什么进什么、需要多少进多少,保证需求又不浪费。为此,企业必须把采购与需求紧密结合起来,做到进需协调、不积压、不缺乏。

2）注重质量原则

采购人员必须坚持注重质量的原则,如果因采购原料质量低下导致企业生产的商品质量低劣,会给企业带来不可估量的经济和社会形象损失。

3）资金安全原则

企业采购要充分保证资金的安全性。企业采购是一种货币转变为商品的交换活动但这种交换过程不是一下子就能完成的。在市场经济中,由于订货期不同、货源状况不同以及付款条件不同等,都会使这种交换活动发生时间、空间上的分离,从而增加资金的风险。因此,企业采购时要确保资金安全,避免经济损失。

4）经济核算原则

企业要从确保经济效益出发,对采购过程中的各种费用、成本、差价等进行核算,优选进货渠道和进货时机。在组织货源时要综合考虑进货距离远近、商品流向、运输条件、时间快慢和费用高低等因素,并对以上各因素进行逐项核算,以减少劳动占用和资源消耗。

5）信守合同原则

企业要根据签订的采购合同从事采购活动。这就要求企业依法进行经济活动。这不仅有利于企业减少采购中的经济、法律纠纷,也有利于企业树立和维护良好的企业形象,更有利于企业品牌的塑造与宣传。

案例

饺子馆的采购问题

三年前,胡经理在南肖埠开了一家饺子馆,生意火爆,可胡经理却说赚不到钱。刚开始一两10个饺子,定价5元,即每个饺子的销售价格为5角钱。直接成本为饺子馅、饺子皮、作料和燃料,每个饺子的成本大约2角钱。虽然存在差价空间,可是胡经理的小店老是赚不了钱,原因在于每天都有大量剩余原料,这些采购的原料不能隔天使用,算上人工、水电、房租等间接成本,每个饺子的成本就接近4角钱。如果每天卖出1 000个饺子,同时多余500个饺子的原料,相当于亏损了100元左右,每个饺子的物流成本最高时达到1角钱,加上粮油涨价等因素,利润越来越薄。所以,关键在于控制数量,准确供货。其实做饺子的数量很难掌握。做少了，有的时候人家来买没有，也等不及现做，眼看着要到手的钱飞走了；做多了就要剩下。

从理论上说，一般有两种供应方式，一种是每天定量供应，卖完即止，这样可能会损失客流量；另一种是定时供应，一般早上 10:00 开始，晚上 9:00 结束。根据以往的经验预测，每天面粉的用量比较大，因为不管包什么馅儿都要用面粉，所以这一部分的需求量相对比较固定。

后来胡经理又开了两家连锁店，原料供货就更需要统筹安排了，饺子馅的原料要根据头天用量进行每日预测，然后根据原料清单进行采购，一天采购两次，下午会根据上午的消耗进行补货，晚上采购第二天的需求量。

胡经理咨询了有关的物流专家，发现了问题的根源是需求波动和有限的生产能力之间产生了冲突。在大企业里，通常会提高生产柔性去适应市场需求。可是对于经营规模有限的小店来说，要做到这一点太难，所以有人建议想办法调整客户的需求来适应有限的生产能力。用餐高峰期在每天 12:00~13:00 和 19:00~20:00 这两个时段，胡经理就选择在 11:00~11:45 和 18:00~18:45 推出九折优惠计划，有效分散了客流。

如果碰到需求波动比较大的情况，也就是说，某种饺子的需求量非常大的时候，如客户需要白菜馅的饺子，可白菜馅没有了，胡经理就要求店员推销牛肉馅或者羊肉馅，同时改进店面环境，安装空调，提供报纸杂志，使客户的等待时间平均从 5 分钟延长到 10 分钟。

胡经理做了三年的水饺生意，从最初每个饺子分摊的 1 角钱的物流成本到去年的 5 分钱，而今年成本就更低了。由于做饺子的时间长了，需求的种类和数量相对固定下来，每个饺子的物流成本得到有效控制，大约在 2 分钱，主要就是采购人工、运输车辆的支出，从而提高了利润率。

案例思考：
1. 理论上讲，饺子馆供应方式有几种？各自的特点是什么？胡经理采用的是哪一种？
2. 为什么三年前胡经理的饺子馆生意火爆却赚不到钱？

4.1.2 企业采购战略类型

所谓企业采购战略，是指企业采购所采用的带有指导性、全局性、长远性的基本运作方案。

1. 按品种性质分类的企业采购战略

（1）工业采购。工业采购通常是指企业为了经营或生产所需产品和服务而付出一定价格同外部进行的业务活动。

（2）消费采购。消费采购与工业采购有很大的不同，消费采购活动是个人行为，而工业采购活动通常是通过机关、企业等机构的集体行为。

2. 按采购技术分类的采购战略

1) B2B 在线采购战略

B2B 在线采购战略是实现网络采购的一种技术，是通过互联网或私营网络实时进行的向下定价（down ward pricing）或反向拍卖（reverse auctions）。拍卖由企业或代表企业的网络采购公司控制，通过网络采购公司的专用软件接受多个潜在供应商的竞价，从而实现采购物料或服务的功能。目前主要有三种基本运营模式。

（1）供应商提供的卖方在线系统（sell-side systems）。供应商为增加市场份额，以计算机网络作为销售渠道而实施的电子商务系统，它包括一个或多个供应商的产品或服务。登录卖方系统通常是免费的，供应商保证采购的安全。使用这一系统的好处是访问容易，能接触更多的供应商，另外买方企业无须做任何投资。缺点是难以跟踪和控制采购开支。这一系统是企业采购人员开展电子商务而又不担风险的理想工具。

（2）制造商提供的买方在线系统（buy-side systems）。制造商提供的买方在线系统是制造商自己控制的电子商务系统，它通常由内部网络（intranet）和外部网（extranet）构成。这一系统通常由一个或多个制造商联合建立，目的是把市场的权力和价值转向买方。一些特别强大的制造商已经为自己开发了电子商务市场，如 GE 塑料全球供应商网络，另外美国三大汽车公司也在联合开发全球汽车零配件供应商网络。

这一系统的好处是批量购买，快速的客户响应，节省采购时间和容许对采购开支进行控制和跟踪，缺点是需要大量资金投入和系统维护成本高。

（3）独立于制造与供应商的第三方在线系统（third-party systems）。独立于制造与供应商的第三方在线系统通常也称为门户系统（portals），具体形式又有以下几种类型：①在线采购代理，第三方采购代理为制造商或客户提供了一个安全的在线采购场所，另外也提供诸如在线投标和实时拍卖的服务，他们把技术授权给各制造商或客户使用，使其有权访问他们的供应商。②在线联盟采购。一组不同的制造商或客户把他们要采购的相同（或相似）的产品在数量上加以累计来增加他们的集体购买力，以便获得价格优惠。这种第三方系统由这个自愿的临时联盟共同开发和维护。例如，利用门户网站进行汽车团体采购的在线采购系统。③在线中介市场。中介市场由专门的在线采购公司建立，用来匹配多个制造商和多个供应商的在线交易，这是最常见的一种第三方电子商务市场。除了提供技术手段，在线采购公司还通过咨询和市场分析等活动为企业采购流程增值。

2）电子化协同采购战略

互联网出现以前，人们也认识到了协同合作的重要性，但是没有有效的工具帮助供应链上的伙伴们实时进行信息共享和协同。现在则可以充分利用基于互联网的网络技术，使用信息化的管理软件进行采购的协同，从而连接供应链中的各合作伙伴，实行电子化协同（e-collaboration）采购，如图 4.1 所示。

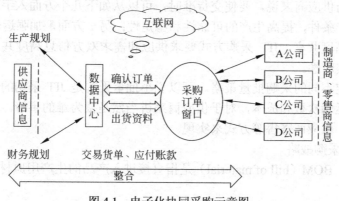

图 4.1　电子化协同采购示意图

电子化协同采购战略的主要内容包括：

（1）采购计划协同。制造商或零售商将自己近期的采购计划定期下达给供应链上的上游供应商，供应商可以根据该采购计划进行安排和备货，提高了交货的速度。

（2）采购订单的执行协同。制造商或零售商通过互联网下达采购订单给供应商，供应商将采购订单的执行情况及时转达，使制造商或零售商对采购订单的执行情况有明确的了解，可以及时做出调整。

小知识

电子化协同效果

（1）增进长期合作关系，增加供货稳定度。
（2）缩短采购周期。
（3）增加存货周转率。
（4）提升公司国际知名度。
（5）加强产业关联性。

3）JIT 订单驱动采购战略

JIT 订单驱动采购是指供应商在需要的时间，向需要的地点，以可靠的质量，向需方（制造商）提供需要的物料。

JIT 订单驱动采购战略有以下三个主要特点。

（1）需方与供方建立了战略合作伙伴关系（供应链关系），双方基于签订的长期协议进行订单的下达和跟踪，不需要再次询价/报价过程。

（2）在电子商务、EDI 等信息技术支持和协调下，双方的制造计划、采购计划、供应计划能够同步进行，进行了需方和供方之间的外部协同，提高了供方的应变能力。

（3）采购物料直接进入需方的生产部门，从而减少了需方采购部门的库存占用和相关费用。

当然，采用 JIT 订单驱动采购方式，必须有一系列措施。

（1）采用较少的供应商。在供应链的管理环境中，采用较少的供应源。一方面，管理供应商比较方便，利于降低采购成本；另一方面，有利于供需之间建立稳定的合作关系，质量比较稳定。

（2）保证交货的准时性。交货的准时性是整个供应链能否快速满足用户需求的一个必要条件。作为供应商来说，要使交货准时，可以从如下几个方面入手：一方面，不断改进企业的生产条件，提高生产的可靠性和稳定性；另一方面，加强运输的控制。

（3）信息高度共享。JIT 采购方式要求供应和需求双方信息高度共享，同时保证信息的准确性和实时性。

（4）要制定不同的采购批量策略。可以说小批量采购是 JIT 采购的一个基本特征，相应地增加了运输次数和成本，对于供应商来讲当然是很为难的事情。解决的方式可以通过混合运输、供应商寄售等方式来实现。

4）其他的采购战略

（1）BOM。BOM（bill of material）是指直接进入产品的生产用原材料、零部件以及半成品等。

（2）NON-BOM。NON-BOM 又称 NPR（non-production related）是指非产品材料或非生产性材料。主要包括固定资产、生产辅助性材料、工具、备件、文具、家具、服务（服务一般是指第三方提供的所有技术、行政、后勤等软件产品，如咨询、培训、审核、租赁、委托代理）等。

（3）转卖品（resale product）。转卖品是指不在本企业生产制造，企业先向选定的生产制造商提供技术或品牌，让生产制造商按本企业的要求来制造，制造出产品之后企业再从制造商那里购回所有产品，以自己的品牌和名义提供给市场。

（4）集成供应链。集成供应链是指把过去分散的组织机构单位，如采购、生产和销售放到一起形成一个连续、相互作用的流程。

4.2 采购流程设计

4.2.1 采购的基本步骤

1. **确认需求**

确认需求即在采购之前，应先确定买哪些物料，买多少，何时买，由谁决定等。

2. **需求说明**

需求说明即确认需求之后，对需求的细节如品质、包装、售后服务、运输及检验方式等加以明确说明，以便使来源选择及价格谈判等作业能顺利进行。

3. **选择可能的供应来源**

根据需求说明在原有供应商中选择成绩良好的厂商，通知其报价，或以登报公告等方式公开征求。

4. **适宜价格的决定**

选定可能的供应商后，进行价格谈判。

5. **订单安排**

价格谈妥后，应办理订货签约手续。订单和合约，均属于具有法律效力的书面文件，对买卖双方的要求、权利及义务，必须予以说明。

6. **订单追踪与稽核**

签约订货之后，为求销售厂商的按期、按质、按量交货，应依据合约规定，督促厂商按规定交货，并予以严格检验入库。

7. **核对发票**

厂商交货验收合格后，随即开具发票。要求付清货款时，对于发票的内容是否正确，应先经采购部门核对，财务部门才能办理付款。

8. **不符与退货处理**

凡厂商所交货品与合约规定不符或验收不合格者，应依据合约规定退货。即办理重购，予以结案。

9. **结案**

凡验收合格付款，或验收不合格退货，均须办理结案手续，清查各项书面资料有无缺失、绩效好坏等，报高级管理层或权责部门核阅批示。

10. 记录与档案维护

凡经结案批示后的采购案件，应列入档案登记编号分类，予以保管，以备参阅或事后发生问题时查考。档案应具有一定保管期限。

4.2.2 采购流程

采购流程通常是指有生产需求的企业选择和购买生产所需的各种原材料、零部件等物料的全过程。在这个过程中，购买方首先要寻找合适的供货商，调查其产品在数量、质量、价格、信誉等方面是否满足购买要求。其次，在选定了供应商后，要以订单方式传递详细的购买计划和需求信息给供应商，并商定结款方式，以便供应商能够准确地按照客户的性能指标进行生产和供货。采购流程可以用图 4.2 来表示。

图 4.2　企业采购一般流程

1) 确认需求（采购申请）

确认需求即在采购之前，应先确定买哪些物料、买多少、何时买、由谁决定等，提出申请，这是采购活动的起点。在确认需求之后，对需求的细节如品质、包装、售后服务、运输及检验方式等，均加以准确说明和描述，以便使货物来源选择及价格谈判等作业能顺利进行。采购部门如果不了解使用部门到底需要什么，就不可能进行采购。出于这个目的，采购部门就必须对所申请采购物料的品名、规格、型号等有一个准确的说明。

2) 选择供应商

根据需求说明在原有供应商中选择成绩良好的厂商，通知其报价，或以登报公告等方式公开征求供应商。不管价格如何便宜，如果供应商选择不当，日后就可能出现物料品质欠佳、交期不准等一系列问题，给企业造成生产拖延和利益的损失。

3) 价格谈判

企业多是使用招投标方法来帮助确定价格，也可以通过查看供应商价格表或通过谈判确定价格。

4) 签发订单

价格谈妥后，应办理订货签约手续。订货签约手续包括订单和合约两种方式：订单和合约均属于具有法律效力的书面文件，对买卖双方的要求、权利及义务，必须在订单或合约中予以说明。

5) 追踪订单

订单签约之后，为求供应商按期、按质、按量交货，应依据合约规定，督促厂商按规定交运，并予以严格检验入库。采购订单发给供应商之后，企业应对订单进行跟踪和催货。

6) 接收货物

做好接货组织工作，接货组织工作包括合同管理、商品接运或提运、到货商品检验、入库、付款结算,以及通知销售部门到货等。

7) 质量验收

货物验收的基本目的如下。

(1) 确保以前发出的订单所采购的货物已经实际到达。

(2) 检查到达的货物是否完好无损。

(3) 确保收到了所订购的货物数量。

(4) 将货物送往应该到达的下一个目的地以进行储存、检验或使用。

(5) 确保与验收手续有关的文件都已进行了登记并送交有关人员。

对货物进行验收时,有时会发现短缺现象。这一情况有时是因为运输过程中丢失了一些物料,有时则是在发运时数量就不足,有时在运输过程中物料也可能产生损毁。所有这些情况采购部门都要写出详细的报告交给供应商。

8) 核对发票

厂商在交货验收合格后,应随即开具发票并支付货款。但在付款时,对于发票的内容是否正确,必须经过核对和审批,财务部门才能办理付款。在实际工作中,对于发票的核对和批准到底是供应部门的职责还是会计部门的职责,目前仍存在争议,各企业的做法有所不同。

9) 不符与退货处理

凡所交货品与合约规定不符而验收不合格者,应依据合约规定退货,并立即办理重购,予以结案。

4.2.3 采购流程设计要注意的问题

1. 采购结构应与采购数量、种类、区域相匹配

过多的流程环节会增加组织流程运作的作业成本,降低工作效率。另外,流程过于简单,监控点设置不够多等,将导致采购过程的操作失去控制,产生物资质量、供应、价格等问题。

2. 先后顺序及时效控制

应注意其流畅性与一致性,并考虑作业流程所需的时限。例如,避免同一主管对同一采购文件,做数次的签核;避免同一采购文件,在不同的部门有不同的作业方式;避免一个采购文件会签部门太多,影响作业时效。

3. 关键点设置

为便于控制,使各项在处理中的采购作业,在各阶段均能跟踪管理,应设置关键点的管理要领或者办理时限,如国际采购,从询价、报价、申请输入许可证、出具信用证、装船、报关、提货等均有管理要领或者办理时限。

4. 权利、责任或者任务的划分

各项作业手续及查核责任,应有明确权责规定及查核办法,如请购、采购、验收、付款等权责应予区分,并确定主管单位。

5. 避免作业流程中发生摩擦、重复与混乱

注意变化性或弹性范围以及偶然事件的处理规则,如"紧急采购"及"外部授权"。

6. 采购流程应反映集体决策的思想

由计划、设计、工艺、认证、订单、质量等人员一起来决定供应商的选择，处理程序应合时宜。应注意采购程序的及时改进，早期设计的处理程序或流程，经过若干时日后，应加以检查，不断改进与完善，以回应组织的变更或作业上的实际需要。

7. 配合作业方式的改善

例如，手工的作业方式变为计算机管理系统辅助作业后，其流程与表格需做相当程度的调整或重新设计。

采购作业流程设计一般包括采购计划、采购认证、采购订单、进货管理和管理评价五个环节，每个环节有其对应的具体的采购活动。

案例

美国福特汽车企业的采购流程

美国福特汽车企业原有的采购流程可以说是相当传统的，采购部将订单一式三份分别给会计部、厂商和验收单位。厂商将货品送到验收单位，同时将发票送给会计部；验收单位将验收结果填写验收单送到会计部；会计部将所持的验收单、订单和发票三种文件互相检查，如都相符，就如数付款给厂商。
其过程如图 4.3 所示。

经重新审视，并应用电脑网络，福特有了全新的采购作业流程：采购部门将订单输入电脑资料库，如果是固定往来厂商，则以 EOS 电脑订货系统自动向厂商下达订单；如果不是固定厂商，则以订单传真和信函通知厂商。厂商交货给验收单位后，验收单位从电脑资料库取出订单资料，再验收所交的物品。如相符，就将验收合格资料输入电脑，经过一段时间，电脑自动签发支票给厂商；如验收不符，同时也将验收结果输入电脑。

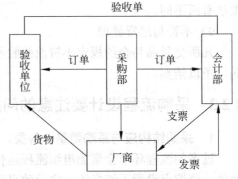

图 4.3 福特企业改造前的采购流程图

如此，采购部和会计部都可以从电脑资料中随时查询和了解采购状况，如图 4.4 所示。

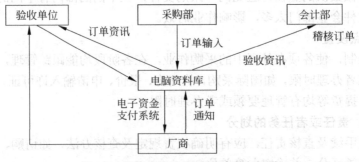

图 4.4 福特企业改造后的采购流程图

因为采用了电脑网络，废除了发票，而核对和签发发票等改为由验收单位负责，因此会计部人员几乎在整个采购作业中不需要投入大量的人力,仅定期做订单、验收等与财务有关的稽核工作。会计部在改善前职员超过 500 人,改善后仅需要 125 人,这个效应也延伸到其他部门,有的部门人数甚至缩减为原来的 1/200。

福特企业的验收人员可以利用电脑来取得会计人员过去对厂商的品质评定,以便于做出是否签发支票给厂商的判断。同时,借助电脑可以将信息同时传递给各相关人员以同步工程、同时处理的方式来缩短处理时效。如果充分授权而没有稽核,将变成弃权或滥权,但是若派人来抽样稽查,又将被视为不被信任,反而带来更大的负面效果。采用电脑信息技术,即使依统计资料进行分析,任何相关业务人员都可以由电脑提取信息差异、例外分析等资料,从而即时采取对策进行处理。经由这种方式,被充分授权者也不敢再任意滥权。

总而言之,要大幅度缩短流程时效,必须采取一人多能、充分授权,并采用电脑信息技术来做全方位改革。

案例思考:
1. 福特企业采用了什么方法改进采购流程?
2. 福特企业经过采购流程优化后取得了哪些成效?

4.3 采购战略任务与作用

4.3.1 采购的任务

1. 提高质量

通过不断改进采购过程以及加强对供应商的管理以提高采购的原材料的质量。从供应的角度来说,采购是整体供应链管理中"上游控制"的主导力量。在工业企业中,利润同制造及供应过程中的物流和信息流的流动速度成正比。在商品生产和交换的整体供应链中,每个企业既是客户又是供应商。为了满足最终客户的需求,企业都力求以最低的成本将高质量的产品以最快的速度供应到市场,以获取最大利润。从整体供应链的角度来看,企业为了获得尽可能多的利润,都会想方设法加快物料和信息的流动,这样就必须依靠采购的力量,充分发挥供应商的作用,因为占成本 60% 的物料及相关的信息都发生或来自供应商。供应商提高其供应可靠性及灵活性、缩短交货周期、增加送货频率可以极大地改进工业企业的管理。

2. 控制成本

采购成本的高低是衡量采购是否成功的重要指标。因此,在采购过程中必须控制和减少包括以直接采购成本和间接采购成本为主的采购相关成本。直接采购成本的减少是指对原材料、零部件等的采购价格的控制和降低。直接采购成本的控制和降低可以通过提高采购工作效率、定期谈判、优化供应商、实施本地化、与供应商共同开展改进项目等途径来达到。间接采购成本则可以通过包括缩短供应周期、增加送货频率、减少原材料库存、实施来料免检、循环使用原材料包装、合理利用相关的政府政策、避免汇率风险、供应商参与产品开发和过程开发等在内的方法来降低。

3. 建立供应配套体系

企业的采购任务还包括建立可靠、最优的供应配套体系。一方面要减少供应商的数量，使采购活动尽量集中，降低采购成本；另一方面又要避免依赖独家供应商，防止供应商借助垄断提高价格。

4. 与供应商建立合作关系

企业的采购还有一个重要任务是利用供应商的专业优势让其积极参与产品开发或过程开发，这样一来供应商就进入企业自身的整体经营中了。

5. 树立企业形象

企业还需通过采购工作建立和维护本企业的良好形象。因为采购是企业的对外工作，同销售工作一样，在很大程度上对外代表着企业的形象。因此，采购部门必须以公正良好的态度发展企业同供应商的关系，树立企业的优秀形象。

6. 信息管理

企业采购管理还涉及管理、控制与采购相关的文件和信息的任务。从采购管理的角度来讲，其他的职责还有制定并实施采购的方针、策略、目标以及改进计划并进行采购及供货水平衡量，如缩短生产总周期、提高生产效率、减少库存、增强供应商绩效衡量，建立供应商审核及认可、考核及评估体系，开展采购体系的自我评估，同其他单位的采购水平进行比较借以不断提高整体采购水平，建立培养稳定有创造性的专业采购队伍，与其他单位共享采购资源、开展"杠杆采购"等。

4.3.2 采购的作用

1. 直接作用

采购管理在以下几个方面对经营的成功具有重大贡献：采购管理可以通过实际成本的节约显著提高营业利润；通过与供应商一起对质量和物流进行更好的安排，采购管理能为更高的资本周转率做出贡献；通过科学的采购流程管理，能够对企业的业务流程重组及组织结构的改革做出贡献；提供信息源的作用。采购部门与市场的接触可以为企业内部各部门提供有用的信息，主要包括价格、产品的可用性、新供应源、新产品及新技术的信息。这些信息对企业中其他部门都非常有用。供应商所采用的新营销技术和配送体系很可能对营销部门大有好处，而关于投资、合并、兼并对象及当前和潜在的客户等方面的信息则对营销、财务、研发和高层管理有一定的意义。

2. 间接作用

除了直接降低采购成本，采购职能也能够以一种间接的方式对公司竞争地位的提高做出贡献。这种间接贡献以产品品种的标准化、质量成本（与检查、报废、修理有关的成本）的降低和产品交货时间的缩短等形式出现。在实践中，这些间接贡献通常比直接节省的资金更加实在。

（1）产品标准化。可以通过采购标准化的产品来减少采购品种，从而降低企业生产成本。这样还可降低对某些供应商的依赖性，更好地使用竞标的方法。

（2）减少库存。通过对采购活动的科学管理，可以实现对企业各个生产环节所需原材料的即时供应，从而降低了企业的库存水平以及因大量库存而带来的资金占用。

（3）增强柔性。迫于国际竞争的压力，越来越多的公司正尝试实施柔性制造系统。这些系统能提高公司的市场反应速度，还可以促进企业产品质量的提高、降低库存水平、加快资金周转。这种系统的实施要求供应商具有良好素质。把提高供应商的表现作为采购管理任务的思想会提高企业在其最终用户市场的竞争力。

（4）对产品设计和革新的贡献。随着科技的进步，产品的开发周期极大缩短，产品开发同步工程应运而生。通过采购让供应商参与到企业产品开发中，不仅可以利用供应商的专业技术优势缩短产品开发时间、节省产品开发费用及产品制造成本，还可以更好地满足产品功能性的需要、提高产品在整个市场上的竞争力。成功的工业革新常常是从供应商和买方的相互深入作用中实现的，积极地寻求这种相互作用是采购的任务。

（5）提高企业部门间的协作水平。这些年来，许多公司都采用了事业部结构，事业部有着相当大的自主权。在这样一种结构中，每一个事业部的经理都需要报告其全权负责部门的损益情况。因此，事业部经理要对收入和成本，包括原料成本负责。在这种情况下，整个公司的集中采购可以促使各部门的加强协调和协作。

3. 杠杆作用

杠杆原理：采购一般占到最终产品销售价值的 40%～60%，这意味着，在获得物料方面所做的点滴成本节约对利润产生的影响，要大于企业其他成本——销售领域内相同数量的节约给利润带来的影响。

例子：用一张简单的损益表就能说明杠杆原理的作用。我们的目标是将利润提高一倍。现在某公司的总销售额为 1 亿美元，利润为 500 万元。其中，销售额的 60%用来购买产品和服务，其余的成本包括劳务费、工资及一般管理费用。问题是：销售量、产品价格、劳务费和工资、一般管理费用或采购量要增加或减少多少，才能使利润从目前的 500 万元提高到 1 000 万元？

表 4.2 在采购中利用杠杆原理实现利润翻番　　单位：百万元

	当前值	销售额 +17%	价格 +5%	劳务费和工资 −50%	一般管理费 −20%	采购量 −8%
销售额	100	117	105	100	100	100
购入的商品和服务	60	70	60	60	60	55
劳务费和工资	10	12	10	5	10	10
一般管理费用	25	25	25	25	20	25
利润	5	10	10	10	10	10

从表 4.2 看出，只要在采购项目上下降−8%既可获得利润翻倍。

4.4　采购战略管理

4.4.1　采购战略管理概述

采购管理是指为保障企业物资供应而对企业的整个采购活动进行的计划、组织、指挥、协调和控制活动。因而，企业采购战略管理的目的是保证供应，满足生产经营需要，是企业管理系统的一个重要子系统，是企业战略管理的重要组成部分，一般由企业的中高层管理人员承担。

1. 采购战略管理的概念

采购战略管理是充分平衡企业内部和外部的优势，以双赢采购为宗旨，注重发展与供应商长期战略合作关系，是新经济形势下的采购管理新范式。它不但面向全体采购人员，而且面向企业组织其他人员，其任务是执行采购决策，指导所有的采购活动，利用企业所有的资源，满足企业的物资供应，确保企业经营管理战略目标的实现。

要做好采购管理工作，采购部门必须和企业内部的各个部门进行密切合作，具体如表 4.3 所示。

2. 采购战略管理的作用

1）保障供应

采购管理的首要职能，就是要实现对整个企业的物资供应，保障企业生产和生活的正常进行。企业生产需要原材料、零配件、机器设备和工具，生产线一开动，这些东西必须样样到位，缺少哪一样，生产线都开动不起来。

表 4.3 采购部门与企业各个部门的协调关系

与各部门的协调关系	分 析 说 明
与生产部的协调关系	• 采购部根据生产的请购，检验库存，相互交换信息，确定采购数量 • 采购部及时采购适当品质的物料，配合生产的需要 • 采购部根据生产部的要求，适时供料 • 生产部为采购部提供物料需求资料
与销售部的协调关系	• 销售部由采购部提供正确的销售预测、销售目标等资料 • 采购部根据销售部的信息，为生产部提供合适的物料，从而支持销售 • 采购部为销售部提供竞争对手的物料需求情况及物料采购情况，销售部可根据此信息制定相应的销售策略，提高产品销售额 • 采购部根据客户的个性化需要，提出超出常规的服务内容，为销售部与客户建立良好关系提供支持 • 销售部在制定产品价格时得到采购部协助
与设计部的协调关系	• 设计部为采购部提供合理的及时指导意见 • 设计部根据采购部的物料信息，通过标准化的设计为采购部取得批量优势 • 采购部随时为设计部提供最新的用料规格、性能、价格等资料
与财务部的协调关系	• 采购部依生产计划制定采购预算 • 财务部根据采购预算筹措采购资金，按合同支付款项
与品管部的协调关系	• 品管部提供相关品管知识和品质标准，供采购部人员培训学习 • 品管部进行进料检验，如发现不良，及时通知采购部
与仓储部的协调关系	• 仓储部要为采购部提供库存动态变化信息 • 采购部和仓储部要保持良好的沟通与协调，设计适当的最低存量与订购点

2）节省费用

采购过程决定着产品成本的主体部分，涉及许多费用。一辆汽车如果生产成本为 5 万元，则其生成过程的生产费用大约只有 1 万元（占 20%左右），其余 80%（约 4 万元)都是由采购过程造成的,包括原材料成本、采购费用、进货费用、库存费用、资金占用费用等。因此采购管理好坏的一个重要指标,就是看它是否把产品成本降到最低,采购管理的一个重要职能就是降低成本。树立系统观念,追求总费用最省;树立库存控制观念,进行适时适量采购,追求库存最小化。

3)供应链管理

传统的采购管理的观念,一般把保障供应看成采购管理的唯一职能。但是随着社会的发展,特别是 20 世纪 90 年代供应链的思想出现以后,人们对采购管理的职能有了进一步的认识,即认为采购管理应当还有第二个重要职能,那就是供应链管理,特别是对上游供应商的管理。

4)资源市场信息管理

采购管理的第三个职能,就是资源市场的信息管理。在企业中,只有采购管理部门天天和资源市场打交道,除了是企业和资源市场的物资输入窗口之外,同时也是企业和资源市场的信息接口。所以采购管理除了保障物资供应、建立起友好的供应商关系之外,还要随时掌握资源市场信息以反馈企业。

3. 采购战略管理的目标

采购战略管理的总目标是为了保证企业的物资供应,保证物资供应的有效性,通过实施采购管理应做到:在确保适当质量下,能够以适当的价格,在适当的时期从适当的供应商那里采购到适当数量的物资和服务所采取的一系列管理活动。

1)选择合适的供应商

选择供应商是采购管理的首要目标。对于采购方来讲,选择的供应商是否合适,会直接影响采购方的利益。如数量、质量是否有保证,价格是否降到最低,能否按时交货等。供应商的选择,主要应考察供应商的整体实力,生产供应能力、信誉等,以便建立双方相互信任的长期合作关系,实现采购与供应的双赢战略。

2)适当的质量

采购商进行采购的目的是满足生产需要。因而,为了保证企业生产的产品质量,首先应保证所采购材料的质量,能够满足企业生产的质量标准要求。保证质量应该做到"适当",一方面如果产品质量过高,会加大采购成本,同时也造成功能过剩,如目前在电视、手机、电脑等产品中,就出现功能多余;另一方面所采购原材料质量太差,就不能满足企业生产对原材料品质的要求,影响到最终产品质量,甚至会危及人民生命财产安全,如水泥、钢材质量的不合格,可能造成楼房建筑、桥梁等"豆腐渣"工程。

3)适当的时间

采购管理对采购时间有严格的要求,即要选择适当的采购时间,一方面要保证供应不间断,库存合理;另一方面又不能过早采购而出现积压,占用过多的仓库面积,加大库存成本。

4)适当的数量

采购数量决策也是采购管理的一个重要目标,即要科学地确定采购数量。在采购中要防止超量采购和少量采购。如果采购量大,易出现积压现象;如果采购量小,可能出现供应中断,采购次数加大,使采购成本增大。因此,采购数量一定要适当。

5）适当的价格

采购价格的高低是影响采购成本的主要因素。因此，采购中能够做到以"适当的价格"完成采购任务是采购管理的重要目标之一。采购价格应做到"公平合理"。①采购价格过高，加大了采购方的生产成本，产品将失去竞争力，供应商也将失去一个稳定的客户，这种供需关系也不能长久；②采购价过低，供应商利润空间小，或无利可图，将会影响供应商供货积极性，甚至出现以次充好，降低产品质量以维护供应，时间稍长，采购方将失去一个供应商。

4.4.2 采购管理的内容

为了实现上面提出的企业采购目标，企业就必须重视加强企业采购管理。企业采购管理的主要任务，一是通过采购管理，保证企业所需物资的正常供应；二是通过采购管理，能够从市场上获取支持企业进行物资采购和生产经营决策的相关信息；三是与供应商建立长期友好的关系，建立企业稳定的资源供应基地。

企业物资采购管理的主要内容如图4.5所示。

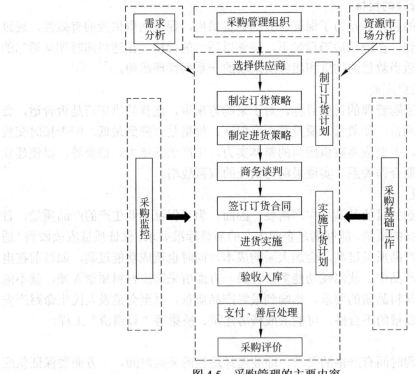

图 4.5 采购管理的主要内容

1）采购市场分析

采购对象的市场供求分析，供应商分析，进而制定价格策略和采购策略。

2）需求分析

需求分析就是要弄清企业需要采购什么品种、需要采购多少，什么时候需要什么品种、需要多少等问题。作为企业的物资采购供应部门应当掌握企业的物资需求情况，制订物料需求计划，从而为制订出科学合理的采购订货计划做准备。

3）资源市场分析

资源市场分析就是根据企业所需求的物资品种，分析资源市场的情况，包括资源分布情况、供应商情况、品种质量、价格情况、交通运输情况等。资源市场分析的重点是供应商分析和品种分析，分析的目的是为制订采购订货计划做准备。

4）采购制度建设

制定采购工作管理目标、供应商选择制度、采购作用制度等，用制度规范采购程序、采购人员行为，使采购运行机制科学化、合理化。采购制度各细则包括：物资采购入库验收管理规定，物料与采购管理系统，公司中进口物资采购供应规定，公司采购规程，采购工作实施办法，物料与采购管理工作内容，国内物资采购供应规定，设备引进管理条例，标准采购作业程序，标准采购作业细则等。

5）采购组织管理

采购组织管理是采购管理最基本的组成部分，为了搞好企业复杂繁多的采购管理工作，需要有一个合理的管理机制和一个精干的管理组织机构，要有一些能干的管理人员和操作人员。

采购部门是企业为了进行采购活动以保证生产运作顺利进行而建立的一个组织。随着企业与市场的联系日益紧密，采购部门的工作状况直接影响着整个企业的资金流、业务流程和竞争优势。企业目前普遍采用的采购组织有集中型、分散型、复合型等采购模式。采购组织设计、建立和运行，需要同物流管理和供应链管理结合起来考虑。

6）采购合同管理

采购合同是需求方向供货厂商采购货品时，双方达成的协议所签订的具有法律效力的书面文件，它确认了供需双方之间的购销关系和权利与义务。

7）采购战略管理

采购战略包括：采购品种战略决策、供应商战略决策、采购方式及其选择、跨国采购战略等。制订采购订货计划是根据需求品种情况和供应商的情况，制订出切实可行的采购订货计划，包括选择供应商、供应品种、具体的订货策略、运输进货策略以及具体的实施进度计划等，具体解决什么时候订货、订购什么、订购多少、向谁订、怎样订、怎样进货、怎样支付等这样一些具体的计划问题。

8）采购计划实施

采购计划实施就是把上面制订的采购订货计划分配落实到人，根据既定的进度实施。具体包括去联系指定的供应商、进行贸易谈判、签订订货合同、运输进货、到货验收入库、支付货款以及善后处理等。通过这样的具体活动完成一次完整的采购活动。

9）采购评价

采购评价就是在一次采购完成以后对这次采购的评估，或月末、季末、年末对一定时期内的采购活动的总结评估。主要在于评估采购活动的效果、总结经验教训、找出问题、提出改进方法等，通过总结评估，可以肯定成绩、发现问题、制定措施、改进工作，是我们不断提高采购管理水平的保证。

10）采购监控

采购监控是对采购活动进行的监控活动，包括对采购的有关人员、采购资金、采购活动的监控。

11）采购基础工作

采购基础工作是为建立科学、有效的采购系统，需要建立的一些基础性建设工作，包括管理基础工作、软件基础工作和硬件基础工作。

4.4.3 采购管理模式的比较

1. 传统采购管理模式的主要特点

（1）传统采购过程是典型的非信息对称的博弈过程。选择供应商在传统的采购活动中是一个首要任务。在采购过程中，采购方为了能够从多个竞争性的供应商中选择最佳的一个供应商，往往会保留私有信息，因为给供应商提供的信息越多，供应商的竞争筹码就越大，这样对采购方不利。因此，采购方尽量保留私有信息，而供应商也在和其他的供应商竞争中隐瞒自己的信息。这样，采购与供应双方都不进行有效的信息沟通，形成了非信息对称的博弈过程。

（2）验收检查是采购部门一个重要的事后把关工作，质量控制难度大。质量和交货期是采购方主要考虑的另外两项重要因素，但是在传统的采购模式下，要有效控制质量和交货期只能通过事后把关的办法。因为采购方不参与供应商的生产组织过程和有关质量控制活动，相互的工作是不透明的。因此，需要按照各种有关标准（如国际标准、国家标准等）进行检查验收。缺乏合作的质量控制会导致采购部门对采购物品质量控制的难度增大。

（3）供需关系是临时的或短时期的合作关系，而且竞争多于合作。在传统的采购模式下，供应与需求是临时的或短时期的合作关系，缺乏合作与协调，采购过程中各种抱怨和扯皮的事情比较多，采购人员的很多时间都消耗在解决日常问题上，没有更多的时间来做长期性预测与计划工作。供应与需求之间缺乏合作增加了许多生产的不确定性。

（4）对用户需求的反应迟钝。由于供应与采购双方缺乏及时的信息反馈，在市场需求发生变化的情况下，采购方也不能改变供应商已有的订货合同，导致在需求减少时库存增加、需求增加时供不应求。供需之间对用户需求的响应没有同步进行，缺乏应对需求的能力。

2. 现代采购管理模式的主要特点

（1）从为库存采购变为订单采购。传统采购都是为库存而采购的，采购部门很少根据项目的动态进展调整采购计划。如今面对激烈的竞争，大量库存会严重影响企业的经济效益和竞争力。准时化订单采购可以有效降低库存成本。

（2）从对采购材料的管理变为对供应商的管理。由于企业要与供应商建立一种长期互利的战略伙伴关系，因此双方及时实现工程进度、材料的生产情况、交货期、运输方式等信息的共享，实现准时化采购，这样供应商就可以适时响应采购部门的要求，使工程顺利进行，最终实现双赢。

（3）从传统采购变为电子商务采购。电子商务等信息技术的发展，使信息共享度越来越高。电子商务采购系统目前主要包括网上市场信息发布与采购系统、电子银行结算与支付系统、进出口贸易大通关系统以及现代物流系统等传统采购模式中供应商不能及时响应项目进度的问题。

（4）从采购方式的单元化变为采购方式的多元化。传统采购途径比较单一，但是随着计算机网络及时和国际化供应链系统的迅速发展，采购方式开始向多元化方向发展，主要表现为：本土化采购与全球化采购相结合，集中采购与分散采购相结合，自营采购与外包采购相结合，多供应商与单一供应商相结合。

传统采购管理与现代采购管理的主要区别如表4.4所示。

表4.4 传统采购管理与现代采购管理的主要区别

比较项目	传统采购管理	现代采购管理
与供应商/买方的关系	互为对方	合作伙伴
合作关系	可变的	长期的
合作期限	短	长
采购数量	大批量	小批量
运输策略	单一品种整车发送	多品种整车发送
质量问题	检验/再检验	无须入库检验
与供应商的信息沟通	传统媒介	网络
信息沟通频率	离散的	连续的
对库存的认识	资产	不利因素
供应商数量	多，越多越好	少，甚至一个
设计流程	先设计产品后询价	供应商参与产品设计
产量	大量	少量
交货安排	每月	每周或每天
供应商地理分布	很广的区域	尽可能靠近
仓库	大	小

4.4.4 采购管理发展趋势

目前，传统的采购模式存在六大问题：一是采购、供应双方都不进行有效的信息沟通，互相封锁，呈典型的非信息对称博弈状态，采购很容易发展成为一种盲目行为；二是无法对供应商产品质量、交货期进行事前控制，经济纠纷不断；三是供需关系一般为临时或短期行为，竞争多于合作；四是响应用户需求的能力不足；五是利益驱动造成"暗箱操作"，舍好求次、舍贱求贵、舍近求远，易产生腐败温床；六是生产部门与采购部门脱节，造成库存积压，占用大量流动资金。

现代采购将从简单采购转向合理采购，表现出以下几个趋势。

1. 集中化

采购管理的集中可以增强企业的核心竞争力，从而推动企业的发展。

2. 职能化

以往很多公司的采购部门隶属生产部门。近年来，越来越多的公司采购部门从生产部门或其他部门独立出来，开始直接向总经理、副总经理汇报。相应的，采购部门发挥着越来越大的作用，采购职能也从原来的被动花钱，开始有了节省资金、满足供应、降低库存等一系列目标。

3. 专业化

传统采购组织中，采购员发挥不了很大作用：一方面是领导对采购认识的局限、采购环境的恶劣，以及对采购舞弊的恐惧；另一方面也由于采购员和采购组织的软弱无力和技能缺乏，造成采购的低技术性。

4. 电子商务化

通过电子商务，管理人员可以立即获取并分析过去的或现在的交易信息，并为未来的采购提供决策支持数据。目前很多企业已经认识到电子商务对采购管理的重要性，并试图运用因特网进行信息共享，访问电子目录等，但这些还只是电子商务的一些表层应用；可以预见，在不远的将来，其他潜在的电子商务应用如订单跟踪、资金转账、产品计划、进度安排、收据确认等也将得到广泛应用，并直接改变未来的采购管理模式。总之，电子商务对采购管理的影响将在企业的战略规划中得到体现，而不是仅仅对采购管理战术性的改变。

5. 自动化

企业利用通信网络和信息系统，突破传统采购模式的局限，实现全天候、跨越时空的自动订货。

6. 注重成本管理

一是对企业的业务流程加以改进，识别并消除不带来增值的成本和行为；二是供应链中制定技术性和特殊性产品和服务的价格策略；三是在不同的市场中分享成本模型和节约的成本。可以说，随着成本压力的增加和企业间竞争加剧，战略性成本管理成为企业未来必须面对并要认真对待的课题。而这些又将直接影响未来的采购管理，并决定未来采购管理的方向。

4.4.5 自动化采购的优势

随着计算机、互联网技术的发展，电子采购为采购提供了一个全天候、超时空的采购环境，即 365×24 小时的采购环境。自动化采购方式降低了采购费用，简化了采购过程，大大降低企业库存，使采购交易双方易于形成战略伙伴关系。从某种角度来说，电子采购是企业的战略管理创新。

自动化采购模式具有如下三大优势。

（1）可以扩大供应商比价范围，提高采购效率，降低采购成本，突破传统采购模式的局限，从货比三家到货比百家、千家，大幅度地降低采购费用，降低采购成本，大大提高采购效率。

（2）实现采购过程的公开化，有利于实现实时监控，使采购更透明、更规范。

（3）实现采购业务操作程序化，必须按软件规定流程进行，大大减少了采购过程的随意性。

企业使用自动化采购已成为未来采购的发展趋势。

4.4.6 自动订货系统

1. 自动订货系统定义

电子自动订货系统（electronic ordering system，EOS）是指企业利用通信网络（VAN或互联网）和终端设备在线联机（online）方式进行订货作业和订货信息交换的系统。EOS按应用范围可分各企业的EOS（如连锁店经营中，各个连锁分店与总部之间建立的EOS系统），零售商与批发商之间的EOS系统以及零售商、批发商与生产商之间的EOS系统。

2. 自动订货系统设计目标

（1）相对于传统的订货方式，如上门订货、邮寄订货、电话订货、传真订货等，EOS能够缩短从接到订单到发出订货的时间，缩短订货商品的交货期，减少商品订单的出错率，节省人工费用。

（2）有利于减少企业的库存水平，提高企业的库存管理效率，同时防止商品特别是畅销商品缺货现象的出现。

（3）对于生产厂家和批发商来说，通过分析零售商的商品订货信息，能准确判断畅销商品和滞销商品，有利于企业调整商品生产和销售计划。

（4）有利于提高企业物流信息系统的效率，使各个业务信息子系统之间的数据交换更加便利和迅速，丰富企业的经营信息。

3. 自动订货系统结构

EOS系统是许多零售店和批发商、供货商共同组成的大系统，如图4.6所示。

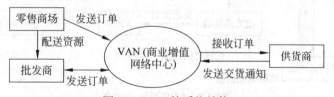

图4.6 EOS的系统结构

1）批发商、零售商场

采购人员根据管理信息系统（management information system，MIS）提供的功能，收集并汇总各机构要货的商品名称、要货数量，根据供货商的可供商品货源、供货价格、交货价格、交货期限、供货商的信誉等资料，向指定的供货商下达采购指令。采购指令按照商业增值网络中心的标准格式进行填写，经商业增值网络中心提供的电子数据交换格式转换系统而成为标准的EDI单证，经由通信界面将订货资料发送至商业增值网络中心，然后等待供货商发回的信息。

2）商业增值网络中心

商业增值网络中心不参与交易双方的交易活动，只提供用户连接界面，每当接收到用户发来的 EDI 单证时，自动进行 EOS 交易伙伴关系的核查，只有具有伙伴关系的双方才能进行交易，否则视为无效交易。确定有交易关系后还必须检查 EDI 单证格式，只有交易双方都认可的单证格式，才能进行单证传递，并对每笔交易进行长期保存，供用户今后查询或在交易双方发生交易纠纷时，可以根据商业增值网络中心所储存的单证内容作为司法证据。

3）供货商

根据商业增值网络中心转来 EDI 单证，经商业增值网络中心提供的通信界面和 EDI 格式转换系统而成为一张标准的商业订单，根据订单内容和供货商的 MIS 系统提供的相关信息，供货商可及时安排出货，并将出货信息通过 EDI 传递给相应的批发、零售商场，从而完成一次基本的订货作业。

当然，交易双方交换的信息不仅仅是订单和交货通知，还包括订单更改、订单回复、变价通知、提单、对账通知、发票、退换货等许多信息。

VAN（value-added networks，商业增值网络中心）是公共的情报中心，它是通过通信网络让不同机构的计算机或各种连线终端相通，是一种更加便利的共同的情报中心。实际上，在这个流通网络中，VAN 也发挥了很大的功能。VAN 不单单负责资料或情报的转换工作，也能够与国内外其他地域 VAN 相连并交换情报，从而扩大了客户资料交换的范围。

4．自动订货系统流程

EOS 系统的流程如图 4.7 所示。

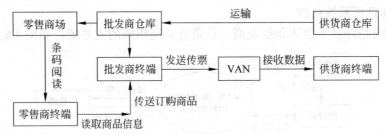

图 4.7　EOS 系统的流程

（1）根据库存及销售情况，零售商利用条码阅读器获取准备采购的商品条码，并在终端机上输入订货材料。

（2）将订货材料通过网络传给批发商。

（3）批发商根据各零售商的订货信息及库存信息，形成订货信息，并传给供货商。

（4）供货商开出提货传票，并根据传票，同时开出提货单，实施提货，然后根据送货传票进行商品发货。

（5）批发商接收货物，并开出传票，拣货，送货。

（6）零售商收货，陈列，销售。

4.4.7 自动订货方式

随着商业化的迅速发展,电子订货系统因其方便高效的特点越来越受到人们的重视。而电子订货系统的标准化和网络化已经成了其发展的趋势。

(1) 要实施 EOS 系统,必须做一系列的标准化工作。如商品的统一代码,企业的统一代码,传票的标准格式,通信程序的标准格式以及网络资料的标准格式,等等。

(2) 要实施 EOS 系统,必须有稳定安全的专业网络。在贸易流通中,常常是按商品的性质划分专业的,如食品、医药、玩具、衣料等。因此形成了各个不同的专业,如日本各行业为了实现流通现代化的目标,分别制定了自己的标准,形成 VAN。目前已提供服务的有食品、日用杂品、医药品等专业。EOS 系统工作方式如图 4.8 所示。

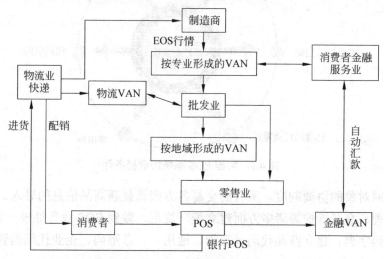

图 4.8 EOS 系统工作方式

EOS 系统已给贸易伙伴带来了巨大的经济效益和社会效益,专业化的网络和地区网络在逐步扩大与完善,交换的信息内容和服务项目都在不断增加,EOS 系统正趋于系统化、标准化和国际化。

4.4.8 自动订货系统的实施

影响 EOS 系统实施的因素主要包括如下方面。

1. 系统的现状

供应商、批发商和零售商信息化程度参差不齐,所以对新的 EOS 系统的适应能力也各不相同。通常信息化程度较高的企业,其内部的作业流程也比较合理,对新的作业方式有较强的适应能力。

2. 零售商的专业属性

零售商的专业属性是指零售商场所售商品信息的品类特征,专业属性将直接影响 EOS 的实施。

3. 系统的发展前景

实施单位是否有 EOS 系统化的体制或能力也是 EOS 系统运行维护的一个重要因素，EOS 系统在运行时需要多方面的沟通、协调，基本商品资料会经常更新，来自各供货商的报文非常频繁，需要随时更新商品数据库，因此维护商品数据库的正确性就非常重要。在考虑了上述因素后，实施 EOS 系统还应该考虑自动化发展方向，与供应商协调合作问题之后，做出整体规划。

实施 EOS 系统的前提条件如图 4.9 所示。

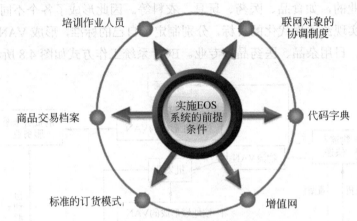

图 4.9 实施 EOS 系统的前提条件

（1）联网对象的协调制度。所有的交易各方应该就新商品信息的导入、促销处理、意外状况处理、登录维护等诸多方面建立统一规范，做到 EOS 业务处理一致性。

（2）代码字典。建立商品代码（自用、通用）、条形码、企业代码的管理体制，建立代码字典。

（3）增值网。根据企业信息化的性质、性能价格比以及交易伙伴参加情况来选择最合适的交易网。

（4）标准的订货模式。包括订货方式、订货时间、订货周期、订货人、EOS 终端、多店订货及设备操作程序。标准的订货模式是 EOS 实现网络信息交换的必要条件。

（5）商品交易档案。为了进行分单处理和绩效分析，应建立交易对象信息表。

（6）培训作业人员。实施 EOS 系统之前要对作业人员进行培训，包括维护、操作及意外处理等内容。

订单处理系统

订单处理系统根据功能分为自动报价系统和订单传送系统。自动报价系统根据用户询价输入实现报价的自动化；订单传送系统实现订单接收、确认及输入。

（1）自动报价系统。客户首先向系统输入客户名称、口令，登录报价系统，然后再输入询问的商品名称（或代码）、详细规格等。系统根据客户交易数据库，对该客户报价的历史资料库以及供应商的报价库，取得对客户此种商品的报价历史资料、折扣率、商品供应等信息,形成报价单并打印。销售主管核准后送客户或直接从网上传递报价单。

(2)订单传单系统。客户根据报价系统传给的报价信息,决定订货的数量、规格,形成正式的订单数据,然后转换成订购数据并进一步转换为内部订单格式,通过网络传给供货商。其中订单的发送和接收需要考虑订购数据的识别和法律效力问题。可采用数字签名的方式确认。

供货商接收订单后,由销售人员核查在客户指定的出货日期是否能够如期出货,此核查可以通过查询库存数据库等进行确认。数据确认即可转入待出货订单数据库中,并相应地修改库存信息。若销售人员经核查无法满足订单需求,可由其余客户进行协调,可选择分批交货或延迟交货,然后根据协调结果修改订单数据文件。

销售人员核查客户的订单应付账是否超过公司对客户所规定的信用额度,超出额度应由销售主管核准后再输入订单数据或退订。

本 章 小 结

本章介绍了企业物流采购战略,并对采购战略进行分类;介绍了采购流程设计、采购战略任务和作用以及采购战略管理。采购首先是一项购买活动。这项活动非常重要,采购成本占物流管理的20%左右,采购的支出会占销售金额的40%~60%。许多采购决策都会影响供应渠道中物流活动的效率,所以,制定好采购战略及采购战略管理很重要。

现代企业面临着需求多样化和个性化的双重挑战,需要物料的采购和供应环节能够满足生产过程对物料柔性(多样化)和刚性(质量)的需求。采购流程运行的成功与否将直接影响到企业生产、销售的最终产品的定价情况和整个供应链的最终获利情况。

经济全球化使采购行业发生了巨大的变革。采购从传统的方式转为自动订货方式,现代化的采购管理帮助企业提升竞争能力。

思考与练习

一、填空题

1. 所谓采购,一般是指从多个对象中选择购买自己所需要的物品。这里所谓对象,既可以是_____、_____、_____,也可以是物品。

2. B2B 在线采购战略是实现网络采购的_____,_____进行的向下定价或反向拍卖。

3. 企业采购必须_____、_____,保证需求又不浪费。为此,企业必须把采购与需求紧密结合起来,做到_____、_____、_____。

4. 在市场经济中,由于_____、_____等,都会使这种交换活动发生时间、空间上的分离,从而增加资金的风险。

5. JIT 订单驱动采购是指供应商在需要的时间,_____,_____,向需方(制造商)提供需要的物料。

二、判断题

1. 在制造业中，企业的采购资金占最终产品销售额的 10%～20%，这意味着采购成本的降低将对企业利润的增加产生重要的影响，其增加利润的效果要远远大于在其他方面采取的措施。（　）
2. 生产企业在实施 JIT 采购时，不需要供应商的配合与支持。（　）
3. 企业要从确保经济效益出发，对采购过程中的各种费用、成本、差价等进行核算，优选进货渠道和进货时机。（　）
4. 消费采购通常是指企业为了经营或生产所需产品和服务而付出一定价格同外部进行的业务活动。（　）
5. 采购计划协同，就是制造商或零售商将自己近期的采购计划定期下达给供应链上的上游供应商，供应商可以根据该采购计划进行安排和备货，提高了交货的速度。（　）
6. 交货的信息是整个供应链能否快速满足用户需求的一个必要条件。（　）
7. 采购战略管理是充分平衡企业内部和外部的优势，以双赢采购为宗旨，注重发展与供应商长期战略合作关系，是新经济形势下的采购管理新范式。（　）
8. 从供应的角度来说，采购是整体供应链管理中"下游控制"的主导力量。（　）
9. 间接采购成本的减少是指对原材料、零部件等的采购价格的控制和降低。（　）
10. 直接采购成本的控制和降低可以通过提高采购工作效率、定期谈判、优化供应商、实施本地化、与供应商共同开展改进项目等途径来达到。（　）

三、简答题

1. 什么是采购？
2. 什么是工业采购？
3. 什么是消费采购？
4. 什么是有形和无形采购？
5. 采购的原则是什么？
6. 采购的基本步骤与流程是什么？
7. 采购的任务和作用如何？

四、论述题

1. 简述电子订货系统工作过程。
2. 结合实际谈谈企业采购的发展趋势。
3. 简述影响 EOS 系统实施的因素。

五、案例分析

我国汽车行业的全球采购战略实施

目前，国际上各大汽车公司纷纷实行全球采购、全球生产、全球合作开发、全球销售的全球经营策略。而全球采购作为其重要的经营策略，提出以更少的资金采购质量最好、技术最先进、交货期最短的零部件为"最佳采购原则"。全球采购已经成为世界汽车巨头迅速提高竞争力的一条捷径，使企业间能够利用优势互补而获得共同发展的空间。

实行全球采购，是中国几大汽车生产企业的既定目标，但由于种种原因，一直是雷声大，雨点小。随着市场竞争压力的日益增强，大型汽车企业已等不及"入世"后再来做这件事了，上海大众也决定实行全球采购，业内人士分析这将会很快波及其他的大型合资企业，汽车业的原有格局将被打破。

据介绍，当前国际汽车业开展质量、价格大战，整车成本下降率 50%来自采购系统的变革。而中国的零部件企业比中国汽车生产企业更分散、更无序。每个国产车生产企业都有一个垂直分布的单一配套体系，由于缺乏竞争，使中国市场上某些汽车零部件的价格是国际市场价格的 2～3 倍。在中国加入 WTO 后，汽车零部件的关税将降到 10%以下，国外技术含量高、质优价廉的配件可能成为国内厂家的首选目标，像印度、巴西、墨西哥、韩国等地都长期列于国外各大汽车厂商的采购名单上。中国的汽车企业若想在与世界汽车巨头的竞争中取胜，除实行全球采购外，已别无选择。

除长安汽车厂之外，中国第一汽车集团公司（以下简称"一汽"）也组建了全新的采购部，改变过去分散采购的办法，实行集中统一采购以降低成本。因为"一汽"每年的采购费用超过 200 亿元，每降低 1%，可以降低采购成本 2 亿元，就等于增加了 2 亿元的效益。"一汽"的负责人表示，"一汽"将积极参与经济全球化，加强和国际知名跨国公司的合作，实现跟踪发展，成为其全球生产体系的有机部分，在此基础上实现平台共享、联合开发、全球采购。"一汽"与德国大众集团已有 13 年的合作历史，今后还将进一步加强合作。而"一汽"采购部的成立将推动"一汽"采购管理与国际接轨，为逐步实现全球采购做准备。

资料来源：李恒兴. 采购管理[M]. 北京：北京理工大学出版社，2011.

 **讨论**

1. 说明最佳采购原则主要体现在哪些方面？
2. 如何制定公司的采购战略？
3. 采购战略的重点内容是什么？

第 5 章

物流仓储战略

学习目标

通过本章的学习，了解仓储战略及库存、储存、储备概念的区别，了解存储系统的构成。掌握储存的功能，掌握仓库的种类和库存管理，了解仓储管理的主要基础概念，掌握仓储管理在国民经济中的地位和作用，掌握商品储存合理化的实施措施。

关键术语

仓储战略　存储系统规划　仓库布局　库存控制

远程仓储在亚洲

　　远程仓储已在越来越多的跨国企业中成为一种节约成本、方便营运的运作方式。如今到亚洲采购已成为一种趋势：越来越多的公司不再像以前那样把货物进口后储存在本国仓库中备用，而是充分利用当地的低成本和廉价劳动力，把货物存放在亚洲的仓库里，随后直接运到客户手中。专家估计，通过在亚洲原产地附近存储货物，可以使美国进口商在仓储和货物搬运方面的成本节省 20%～30%，同时把货物分拣、包装、拼箱等物流服务项目也放到亚洲，更可以节约一笔开支。

　　从上海外高桥保税区的上海物流中心的发展可以看出这一趋势愈演愈烈。该中心 2009 年为施乐、埃克森美孚、西门子这样的跨国企业建设了面积达 45 万平方英尺的仓库设施。该中心预计，2010 年平均每月所处理的货盘数将从去年的 3 000 个增长至 1.2 万个。使用该仓库的美国公司将从 5 家增至 20 家到 30 家。尽管有些货主仍坚持自己在亚洲设立仓库，但大部分企业已把仓储业务外包给像美国 Consolidation 公司这样的第三方物流公司。该公司称其设在深圳盐田港的仓库容量 5 年内已从 17 万平方英尺增长到 50 万平方英尺；常年利用率达 75%。Accessory Network 公司主要进口箱包、皮带和其他服饰附件，该公司利用的就是 Consolidation 公司位于盐田的仓库，同时 Consolidation 公司还为它分拣和包装货物，Accessory Network 公司预计这样为公司节约了 20%～30% 的库存成本。

　　研究发现，越来越多的零售商把仓储放在亚洲，一旦客户需要，就随时运送出去。而且这样做，对跨国企业还有一个好处：一旦供应商在货物销售方面出现变化，企业可以最快做出反应，及时调整库存，而不必像以往那样把货物再从美国运送回亚洲。对那些从事季节性商品采购的进口商来说，这种"远程仓储"的方式尤为有利。比如，进口商可以让生产厂家在比较空闲的12月生产出万圣节用的面具，然后存上大半年，到需要时运到美国。货主还可以一次性以优惠价订下大批量货物，存放在廉价的"远程仓库"里。不过，要想有效地管理这样一个"远程仓库"，信息技术非常关键，不仅需要高水平的数据可视系统，而且应对需求有准确的预测。只有这样，货主才可以放心地把货物存放在生产地附近，并能随时对之进行遥控。

资料来源：刘军. 系统工程[M].北京：清华大学出版社，2011.

思考

1. 为什么国际上一些跨国公司选择亚洲作为远程仓库，你认为采用远程仓库对企业经营效益有何利弊？
2. 你对仓库变革有哪些好建议？

5.1 仓储战略概述

5.1.1 仓储战略的概念

仓储是利用仓库存放、储存未即时使用的物品的行为。仓储的战略角色转变是：从长期储存原材料及产成品到以较短周转时间、较低存货率、较低成本和较好的顾客服务为内容的物流目标。仓储能为原材料、工业货物和生产成品产生时间效用。

仓储战略涉及物权、数量、规模、储量和位置，也就是说，仓库应该是什么类型、设置多少、每个有多大、储存什么产品、在哪里建造等。

仓储包含了三方面内容，即储存、管理、储藏。其中储存是仓储战略规划中重要的部分。我国物流术语定义：储存(storing)是指保护、管理、储藏物品。储存是为消除物品在流通过程中供给和需求在时间上的差别而提供的服务。这种时间上的差别表现在许多方面，在社会分工和专业化生产的条件下，为保证社会再生产过程的顺利进行，如生产环节中上游工序与下游工序在节奏上不同，当上游工序节奏较快，而下游工序节奏较慢时，就会产生两道工序之间的产生性储存。又如，农产品生产的季节性和消费的无季节性造成的消费性储存。储存又是物流活动的重要支柱，如物品在流动过程中换乘运输工具时，由于运输工具之间的不匹配，而造成的运输性储存等。因此，没有物品储备，就没有物品流通的保证。正是有了这种储备，才保证了生产过程、流通过程和供需活动有序、不断地进行。

5.1.2 储存的分类

根据储存目的的不同，可以把储存分为以下几种。

1. 生产性储存

生产性储存，是指由于生产工艺过程或者生产组织过程的某些不确定性，所导致的在局部生产节点，发生的特定物料的供给大于需求状态。生产性储存通常出现在生产流水线的附近,或者在生产厂区的内部。生产性储存有如下特点。

(1) 储存物品的种类与产品及其生产工艺密切相关。
(2) 储存的物品批量小,品种多。
(3) 储存的物品多数是半成品和在制品,还有少量的原辅料。
(4) 生产工序越多,储存的品种越多。
(5) 生产性储存通常发生在制造型企业内,属于生产物流的一部分。

如图 5.1 所示,为产生生产性储存的各个环节。图中三角形框中所示的内容都是储存的发生地,由此可以看出,在设计生产工艺过程中,如果能够增加直接配送的环节,就可以减少存储数量。

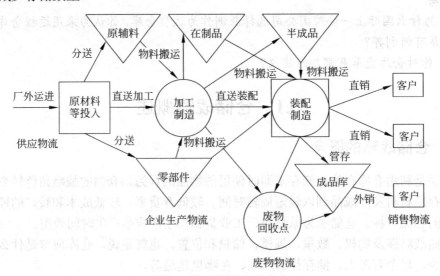

图 5.1 生产性储存的产生

2．采购性储存

采购性储存,是指由于采购节奏和批量与生产或者销售节奏和批量上的差异,而形成的物品流动的暂时停滞。采购性储存的对象通常是季节性较强的产品,主要是农产品,也可能是供应批量较大而生产和销售批量较小的产品。

3．销售性储存

销售性储存,是指企业由于销售节奏和批量与生产节奏和批量的不一致,生产较快或批量较大,而销售较慢或批量较小,从而导致的储存。

4．增值性储存

增值性储存,是指生产出来的商品在消费之前,根据市场上消费者对产品的偏好,再对商品进行最后的加工改造或流通加工,以提高商品的附加值、促进销售。

5．流通衔接性储存

流通衔接性储存,是指物品从生产地到消费地的流通过程中,中途需要经过集、疏环几节,还可能需要换乘不同的运输工具,为了有效地利用各种运输工具,降低运输过程中的作业难度,实现经济、规模运输,物品需要在仓库里进行存放、候装、配载、包装、成组、分装和配送等作业。

6. 政策性储存

政策性储存，是指由于政策的需要而产生的储存，常见的如生产资源储存，包括煤炭储存、石油储存等；重要生活资源储存，如粮食、棉花、布匹等储存。

7. 投机性储存

投机性储存，是指企业根据对市场的判断故意囤积一些产品或者原料，待这些产品或者原料的市场价格上涨以后出售，获得利润。

5.1.3 仓库的功能

仓库主要有如下四方面的功能：

1. 保管功能

保管物品是仓库最基本的功能。有的物品暂时存储，是指那些消耗较快需要及时补给的物品。有的物品长期存储，一般是安全库存或缓冲库存，也可以是战略物资库存。

2. 移动功能

移动功能一般包括以下步骤：收货验货、搬运放置、加工包装和拣选配送等。如图 5.2 所示。

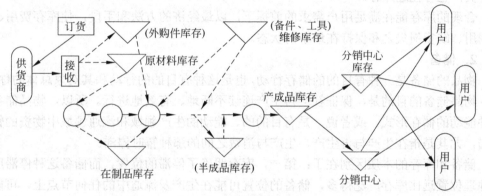

图 5.2 仓库的移动功能

3. 信息传递功能

例如，通过使用电子数据交换系统（EDI）或条码技术，来提高仓库物品的信息传递速度和准确性，通过互联网及时地了解仓库的使用情况和物品的存储情况。

4. 加工/延期加工

加工/延期加工功能，是指把产品的最后一道工序一直推迟到需求该产品时为止。例如，HP（惠普）公司生产的打印机销往世界各地，由于发往世界不同地方的打印机，在说明书、电源、包装材料等方面都有特殊要求，如果在生产过程中就完成最终发送到客户的包装，则会出现某些包装的产品缺货，而另一些包装的产品货物积压的情况。HP 公司针对此类问题采用延后处理模式，将包装环节放在配送中心进行，销售部门在收到客户订单后，通知配送中心，再根据客户要求，选择相应的说明材料、电源和包装材料，完成最终产品的生产工序。

5.1.4 几个容易混淆的概念

在物流科学体系中，经常涉及库存、储备及储存这几个概念，而且经常被混淆。三个概念虽有共同之处，但仍有区别，认识这个区别有助于理解物流中"储存"的含义和以后要遇到的零库存概念。

1. 库存

库存是指企业在生产经营过程中为销售或耗用而储备的物品。一般来讲，库存是处于储存状态的物品，但广义的库存还包括处于制造加工状态和运输途中的物品。

库存按其作用，可分为以下三种类型，即周转库存、安全库存和转运库存。

（1）周转库存（cycle inventory），又称基本储存（base stock），是在订货过程中必须持有的平均存货。补给过程中在完成周期之初，存货储备处于最高水平，日常的顾客需求不断地"抽取"存货，直至该储备水平降低为零。在存货储备还没有降低为零时之前，一项补给订货就会启动，于是，在还没有发生缺货之前将会完成储备。

（2）安全库存（safety stock），是指防止不确定因素对每个物流设施的影响而进行的储备。

（3）转运库存（transit inventory）是指正在转移或等待转移的、储备在运输工具中的存货，也称在途库存。

合理的库存能在满足用户需求的前提下，以最经济的方法和手段，使库存费用、订货费用、缺货损失之和保持在最小的状态。

2. 储备

物品的储备是一种有目的的储存行动，也是这种有目的的行动和其对象总体的称谓。

物品储备的目的是，保证社会再生产连续不断地、有效地进行。所以，物品储备是一种能动的储存形式，或者说，是有目的的、能动的生产领域和流通领域中物资的暂时停滞，尤其是指在生产与再生产，生产与消费之间的那种暂时停滞。

储备和库存的本质区别在于：第一，库存明确了停滞的位置，而储备这种停滞所处的地理位置远比库存广泛得多，储备的位置可能在生产及流通中的任何节点上，可能是仓库中的储备，也可能是其他形式的储备。第二，储备是有目的的、能动的、主动的行动，而库存有可能不是有目的的，有可能完全是盲目的。

3. 储存

储存是包含库存和储备在内的一种广泛的经济现象，是一切社会形态都存在的经济现象。在任何社会形态中，对于不论什么原因形成停滞的物品，也不论是什么种类的物品在没有进入生产加工、消费、运输等活动之前或在这些活动结束之后，总是要存放起来的，这就是储存。这种储存不一定在仓库中也不一定具备储备的要素，而是在任何位置，也有可能永远进入不了再生产和消费领域。但在一般情况下，储存和储备两个概念是不做区分的。储存、储备与库存之间的关系如表 5.1 所示。

物流中的"储存"是一个非常广泛的概念，物流学要研究的就是包括储备、库存在内的广义的储存概念。和运输的概念相对应，储存是以改变"物"的时间状态为目的的活动，以克服产需之间的时间差异来获得更好的效用。

表 5.1 储存、储备与库存之间的关系

储存	仓储管理	收货、检验、分拣、保管、拣选、出货	储存管理：对确定的库存（动态、静态）进行管理
	库存控制	对库存品种、数量、金额、地区方式和时间等的控制	储存决策：确定储存组合（什么、多少、何时、哪里）等

5.1.5 物资存储系统的构成

各个企业的物资管理机构及其业务工作既有着各种相同的外部条件，又有不同的内部特征，确实是千差万别的，但是把各种物资存储活动看作一个系统来研究，该系统与外部环境的关系是具有一定的共性的。在研究物资存储系统时，一般采取抽象模拟的方式，把具体问题典型化。这样一方面便于进行定性和定量分析，另一方面又便于总结经验，把实践上升到理论，进一步加强对存储系统的理论研究。

1．存储系统的输出

为了满足生产的需要，需要将库存物资不断地发往需用单位，这称为存储系统的输出。输出的方式有间断式和连续式。

需用单位每次提出的需求量可能是确定性的，也可能是随机性的。如某工厂每月需要钢材 10 吨是固定不变的，而对机器零部件的需要量却是每月都在变，如 1 月需要 40 个，2 月需要 55 个，3 月需要 30 个等。可以根据大量的统计数据，找到需求量满足的规律性。

2．存储系统的输入

库存物资由于不断地输出而减少，必须进行及时补充，库存的补充就是库存的输入。它可以通过订货或者是自己组织生产来达到目的。需求量往往是外界提出的，因而库存的输出难以控制和掌握，而库存输入的很多因素则可以自己来控制。这些因素主要是补充库存的时间以及补充的数量。为保持库存，需要进行订货，从开始订货到进货有一段时间。因此，为保证及时供应，就要提前订货，提前的时间称为"提前订货时间"。提前订货时间可以是确定的，也可以是随机性的。

5.2 仓储分析策略

5.2.1 存储系统费用分析

费用是存储管理的一个重要经济指标，存储系统必须按最经济的原则运行。

企业的仓库一般可以分为原材料和半成品库、产成品库两类。为了建立库存模型的需要，必须了解各类仓库存储费用的构成情况。

1．订货费

对供销企业来说，订货费是指为补充库存，办理一次订货发生的有关费用，包括订货过程中发生的订购手续费、联络通信费、人工核对费、差旅费、货物检查费、入库验收费等。当生产企业自行组织生产时，订货费相当于组织一次生产所必须的工具安装、设备调整、试车、材料安排等费用。订货费一般说来与订购或生产的数量无关或基本无关。

在确定订货费时，对具体问题要具体分析，但必须注意不能将搬运费、管理费等平均分摊到每一件货物上去，这样，就使订货费和一次订购的数量有关了。

在年消耗量固定不变的情况下，一次订货量越大，订货次数就越少，每年所花费的总订货费就越少。因此，从订货费角度来看，订货批量越大越好。

2. 保管费

保管费一般是指每存储物资单位时间所需花费的费用。这一项费用中，只计入与库存物资数量成正比的部分，凡与存储物资数量无关的不变费用不计算在内。有时存储费还经常用每存储1元物资单位时间所支付的费用来表示，称为保管费率。

保管费包括存储物资所占用资金的利息、物资的存储损耗、陈旧和跌价损失、存储物资的保险费、仓库建筑物及设备的修理折旧费、保险费、存储物资的保养费、库内搬运设备的动力费、搬运工人的工资等。在以上保管费成分中，利息支出所占比重较大，以工业贷款月利率0.6‰计算，存储百万元物资一年，仅利息就需支付7.2万元。由此可见，控制存储物资数量，加速物资周转的意义。

由于订货量越大，平均库存量就越大，从而存储费支出越大。因此，从存储费角度来看，订货批量越大越不好。

3. 缺货损失费

缺货损失费一般是指由于中断供应影响生产造成的损失赔偿费，包括生产停工待料，或者采取应急措施而支付的额外费用，以及影响利润、信誉和损失费等。衡量缺货损失费有两种方式，当缺货费与缺货数量的多少和缺货时间的长度成正比时，一般以缺货一件为期一年（付货时间延期一年），造成的损失赔偿费来表示；另一种是缺货费仅与缺货数量有关而与缺货时间长短无关，这时以缺货一件造成的损失赔偿费来表示。

由于缺货损失费涉及丧失信誉带来的损失，所以它比存储费、订货费更难于准确确定，有时一旦发生缺货，所造成的损失是无法弥补的。对不同的部门、不同的物资，缺货费的确定有不同的标准，要根据具体要求分析计算，将缺货造成的损失数量化。

仓库绝对不缺货，从理论上讲是可以的，但在实际中是不可能的，实际中为保证不缺货而保持过大的存储量也是不经济的。当缺货损失费难以确定时，一般以用户需求得到及时满足的百分比大小来衡量存储系统的服务质量，称为服务水平。

从缺货损失费角度考虑，存储量越大，缺货的可能性就越小，因而缺货损失费也就越少。

以上由订货费、存储费、缺货损失费的意义可以知道，为了保持一定的库存，要付出保管费；为了补充库存，要付出订货费；当存储不足发生缺货时，要付出缺货损失费。这三项费用之间是相互矛盾、相互制约的。保管费与所存储物资的数量和时间成正比，如降低存储量、缩短存储周期，自然会降低存储费；但缩短存储周期，就要增加订货次数，势必增大订货费支出；为防止缺货现象发生，就要增加安全库存量，这样就在减少缺货损失费支出的同时，保管了存储费开支。因此，我们要从存储系统总费用最小的前提出发进行综合分析，寻求一个合适的订货批量及订货间隔时间。

一般在进行存储系统的费用分析时，是不必考虑所存储物资价格的，但有时由于订购批量大，物资的价格有一定的优惠折扣；在生产企业中，如果生产批量达到一定的数量，产品的单位成本也往往会降低。这时，进行费用分析就需考虑物资的价格。

5.2.2 存储策略

1. 存储策略的概念

由于存储具有多种形式，必须根据物资需求及订购的特点，采取不同的方法来控制存储。确定存储系统何时进行补充（订货）及每次补充（订货）的数量就是存储策略。

为做好存储系统控制，首先要积累有关物资需求的历史统计资料，掌握计划期的生产消耗情况，预测计划期的物资需求量规律；其次要了解不同物资的提前订货时间；最后分析与存储有关的各项费用，做出合理的存储策略。

存储策略是由存储系统的管理人员做出的，因此，采用何种策略，既决定于所存储物资本身，又带有一定的人为因素。

1）订货批量

存储系统根据需求，为补充某种物资的存储量而向供货厂商一次订货或采购的数量称为订货批量。

2）报警点

报警点又称订货点（s）。该点库存量和提前订货时间是相对应的，当库存量下降到这一点时，必须立即订货，当所订的货物尚未到达并入库之前，存储量应能按既定的服务水平满足提前订货时间的需求。

3）安全库存量

安全库存量又称保险储备量。由于需求量和提前订货时间都可能是随机变量，因此，提前订货时间也是随机变量，其波动幅度可能大大超过其平均值，为了预防和减少这种随机性造成的缺货，必须准备一部分库存，这部分库存称为安全库存量。只有当出现缺货情况时才动用安全库存量。

4）最高库存量

在提前订货时间可以忽略不计的存储模型中，S 指每次到货后所达到的库存量。当存在提前订货时，指发出订货要求后，库存应该达到的数量，由于此时并未实际到货，所以该最高库存量又称名义库存量。

5）最低库存量

最低库存量一般是指实际的库存最低数量。

6）平均库存量

平均库存量（Q）是指库存保有的平均库存量。当存在报警点 s 时，平均库存量为 $Q=1/2Q+s$。

7）订货间隔期

订货间隔期是指两次订货的时间间隔或订货合同中规定的两次进货之间的时间间隔。

8）记账间隔期

记账间隔期是指库存记账制度中的间断记账所规定的时间，即每隔 R 时间，整理平时积欠下来的发料原始凭据，进行记账，得到账面结存数以检查库存量。

2. 常用的存储策略

1）定量订购制

定量订购制泛指通过公式计算或经验求得报警点和每次订货量，并且每当库存量下降到一定点时，就进行订货的存储策略。通常使用的有定货量与报警点制，即（Q、s）制；最高库存量与报警点制，即（S、s）制；间隔监控制，即（R、S、s）制等。

（1）（Q、s）制库存控制策略。采用这种策略需要确定订货批量 Q 和报警点两个参数。（Q、s）属于连续监控制（又称永续盘点制），即每供应一次就结算一次账，得出一个新的账面数字并和报警点（s）进行比较，当库存量达到 s 时，就立即以 Q 进行订货。

（2）（S、s）制库存控制策略。这种策略是（Q、s）制的改进，需要确定最高库存量（S）及报警点（s）两个参数。（S、s）制属于连续监控制，每当库存量达到或低于 s 时，就立即订货，使订货后的名义库存量达到 S，因此，每次订货的数量 Q 是不固定的。

（3）（R、S、s）制库存控制策略。这种策略需要确定记账间隔期 R、最高库存（S）和报警点（s）三个参数。（R、S、s）制属于间隔监控制，即每隔 R 时间整理账面，检查库存，当库存等于或低于 S 时，应立即订货，因每次实际订购批量是不同的，当检查实际库存量高于 s 时，不采取订货措施。

2）定期订购制

定期订购制即每经过一段固定的时间间隔 T（称订购周期）就补充订货使存储量达到某种水平的存储策略。常用的有（T、S）制。

（T、S）制库存控制策略需要确定订购间隔期（T）和最高库存量（S）两个参数。属于间隔监控制，即每隔 T 时间检查库存，根据剩余存储量和估计的需求量确定订货量 Q，使库存量恢复到最高库存量（S）。

5.2.3 存储模型类型

存储模型有如下分类：

1. 确定型与随机型模型

凡需求量、提前订货时间为确定已知的存储问题所构成的存储模型为确定型，上述二者之一或全部为随机变量的存储问题构成的存储模型为随机型。

例如，商店经销某种日用品，该日用品的需求量服从某一随机分布规律。则该日用品的存储模型就是随机型的；又如修路需某种型号的水泥，其每日需求量基本上是固定的，供货水泥厂货源充足，用料单位组织进料运输，因此可以认为需求量、提前订货时间均为确定已知的，该种水泥的存储模型就是确定型。

在确定型存储模型中，又可分为需求不随时间变化和需求随时间变化两种类型；同样，随机型存储模型也可根据需求量是否随时间变化分为两类。

事实上，所谓绝对的确定型是不存在的。在实际存储问题中，D、t 多多少少总会有一些波动。一般来说，设随机变量 x 的均值为 $\bar{x}$，标准差为 σx，只要变异系数 $C_x = \sigma x \sqrt{x}$，小于 0.1~0.2，随机变量就可以当作确定型变量来对待。实际中，如生产企业按物资消耗定额核定的物资需求量，基本建设工程中按设计预算得到的物资需求量，有固定可靠供销关系的物资的提前订货时间等,都可以本着这个原则进行分析处理。

2. 单品种与多品种库存模型

一般地,将数量大、体积大且占用金额多的物资单独设库管理,称为单品种库。如木材、水泥、焦炭、煤等,这类库存往往占用大量资金,要采用比较精细的方法来计算其存储控制参数。

有些物资是多品种存放在一个仓库里的称为多品种库。如钢材库、电器元件库、配件库、有色金属库等。多品种库的存储不可能逐一计算每种物资的库存控制参数,可以将库存物资按其占用金额进行 ABC 分类存储管理。由于流动资金定额一般是按仓库下达的,所以多个品种物资存放在一个仓库时,往往存在资金约束及仓库容积约束,这样的存储模型称为带约束的存储问题。

3. 单周期与多周期存储模型

有的物资必须购进后一次全部供应或售出,否则就会造成经济损失,这类存储问题的模型称为单周期存储模型,如报纸、年历等时令性物品以及防洪、防冻季节性物资构成的模型。

有的物资多次进货多次供应,形成进货—供应消耗—再进货—再供应消耗,周而复始地形成多周期特点的存储问题的模型称为多周期存储模型。

5.2.4 仓储系统分析

1. 仓库系统概述

仓库是保管、储存物品的建筑物和场所的总称,是生产、流通等领域重要的短暂缓冲场所,对调节物品供需之间的时间差起着重要作用。从不同角度出发,仓库可按不同方式分类,如表 5.2 所示。

表 5.2　仓库的一般分类

分 类 依 据	类　　别
使用性质	营业仓库、自备仓库、公用仓库等
保管温湿度条件	普通仓库、冷藏仓库、恒温仓库等
职能、货物保税等	储藏仓库、流通仓库、专用仓库等
建筑类型	平房仓库、多层仓库、地下仓库等
建筑物所用建筑材料	钢架混凝土仓库、钢筋混凝土仓库、钢结构仓库等
仓库建筑物的库内形态	一般平地面仓库、货架仓库、自动化立体仓库等

2. 仓库周边系统

1) 仓库周边系统构成

仓库周边系统设计主要包括货物出库时的装货作业、货物入库时的卸货作业与运输子系统的合理衔接等;其目的是提高货物出入库的效率,实现系统接口处科学合理的作业环境,节约作业时间,消除系统瓶颈。

仓库出入库装卸搬运作业系统一般由叉车、吊车、传输带等装卸搬运设备和站台、登车桥、装卸升降台等要素构成。

2）仓库周边系统的设计原则和影响因素
(1) 满足实际需要、因地制宜的原则。
(2) 装卸搬运作业省力化原则。
(3) 物品装卸搬运的活性理论原则。搬运活性指数分为5级，即

4级——正在装卸搬运的物品
3级——放置于装卸搬运机械上，可以随时移动的物品
2级——被置于箱内，便于叉车或其他机械作业的物品
1级——捆好或集装后的物品
0级——散堆在地面上的物品

(4) 标准化原则指严格按照国际通用标准进行设计。

出入库装卸搬运系统设计的主要影响因素如表5.3所示。

表 5.3 出入库装卸搬运系统设计的主要影响因素

因 素	要 素	主要影响内容
出入库货物性质	种类、价值、形态、重量、体积等	出入库装卸系统设施布局与设备选用
运输工具	包括汽车、火车、船舶、飞机、管道，以及车（船、飞机）的类型等	装卸站台的设计与设备选用
仓库类型	温度、安全、湿度等	工业用门的选用，站台与内部设施的一致性
仓库位置	港口、机场、公（铁）路货站等	站台与运输工具的匹配性，站台系统的承重能力，速度要求等

5.2.5 自动化立体仓库系统分析

1. 自动化立体仓库概述

自动化立体仓库也称为立库、高层货架仓库、自动仓储（automatic storage & retrieval system，AS/RS）。它是一种用高层立体货架（托盘系统）储存物资，用计算机控制管理和用自动控制堆垛运输车进行存取作业的仓库。仓库的功能从单纯地进行物资的储存保管，发展到担负物资的接收、分类、计量、包装、分拣配送、存档等多种功能。这有助于实现高效率物流和大容量储藏，并且能适应现代化生产和商品流通的需要。

2. 自动化立体仓库的构成

自动化立体仓库是机械和电气、强电控制和弱电控制相结合的设施。从系统角度考虑，它一般由货物储存、货物存取和传送、计算机控制和管理三大系统组成，还有与之配套的供电系统、空调系统、消防报警系统、称重计量系统、信息通信系统等。

(1) 货物储存系统。货物储存系统一般由立体货架的货格（托盘或货箱）组成。货架按照排、列、层组合形成立体仓库储存系统。

(2) 货物存取和传送系统。货物存取和传送系统承担货物存取、出入仓库的功能，它由有轨或无轨堆垛机、入库输送机、装卸机械等组成。

(3) 计算机控制和管理系统。采用计算机控制和管理，主要是针对堆垛机、出入库

输送机械进行控制,可以根据自动化立体仓库的具体情况,采取不同的控制方式。管理主要是针对货物信息。有的仓库只采取对存取堆垛机、出入库输送机的单台 PLC(可编程控制器)控制,机与机无联系;有的仓库对各单台机械采取联网控制的方式。更高级的自动化立体仓库的控制系统采用集中控制、分离式控制和分布式控制,进行分级控制。

3. 自动化立体仓库的分类

自动化立体仓库是不直接进行人工处理而使用自动化搬运和输送设备储存及取出货物的仓库系统,其分类如表 5.4 所示。

表 5.4 自动化立体仓库的分类

分类依据	类别	内容
建筑形式	整体式	仓库内货架与建筑物连成一体,既储存货物,又是建筑物的支撑要素之一
	分离式	货架与建筑物是分离的,互相独立存在
使用条件	普通库	主要是从温度角度来区别,即常温或常湿库
	低温库	室温在 0℃以下的储存货物的自动化立体仓库
	高温库	室温在 40℃以上的储存货物的自动化立体仓库
	防爆库	具有防爆条件的自动化立体仓库
用途	生产型	企业为保持正常生产而建的自动化立体仓库
	流通型	以衔接生产和流通为主要目的的自动化立体仓库
货物存取形式	单元货架式	在货架上存取货物以单元货物形式进行
	拣选货架式	可分为巷道内和巷道外分拣,以及人工或自动分拣
货架构造形式	单元货格式	货架分排,纵向上分多列,形成多货格式进行存取
	贯通式	分为重力式货架仓库和梭式小车式货架仓库
	旋转式	分为水平旋转货架式和垂直旋转货架式
	移动货架式	货架由电动货架组成,可对货架的分离或合拢进行控制
生产和流通中的作用	独立型	"离线"仓库,在操作流程等方面相对独立
	半紧密型	其操作流程、仓库的管理等与生产系统有一定关系
	紧密型	"在线"仓库,与生产系统密切联系

4. 自动化立体仓库的优点

(1)能大幅增加仓库高度,并且充分利用仓库面积与空间,从而减少占地面积。

(2)便于实现仓库的机械化、自动化,从而提高出入库效率,降低物流成本。

(3)提高仓库管理水平。借助计算机管理能有效地利用仓库储存能力,便于清点盘存,合理减少库存,更能节约流动资金。

(4) 由于采用货架储存，并结合计算机管理，可以容易地实现先进先出的出入库原则，防止由于储存原因造成的货物损失。

(5) 立体仓库采用自动化技术后，能适应黑暗、有毒、低温等特殊场合的需要。

(6) 自动化仓库都有仓储信息管理系统（WMS），数据及时准确，便于企业领导随时掌握库存情况，并且根据生产及市场状况及时对企业规划做出调整，从而提高生产的应变能力和决策能力。

5.3 仓储系统规划与设计

仓储系统的规划与设计关系到企业商品的流转速度、流通费用、企业对顾客的服务水平、服务质量以及仓储的运作效率，最终影响企业的利润。因此是物流系统规划中一个很关键的部分。

5.3.1 仓储及其作用

1．什么是仓储

仓储作为物流系统中物资供应的一个重要组成部分，是各种物资周转、储备的关键环节，担负着物资管理的多项业务职能。这从其定义上就可以看出来。

所谓仓储，就是在特定的场所储存物品的行为。其中，"仓"也称为仓库，是存放物品的建筑物和场地，它可以是房屋建筑、大型容器，也可以是洞穴或者特定的场地等，一般具有存放和保护物品的功能；而"储"则用来表示收存以备使用，具有收存、保管、交付使用的功能。

2．仓储的作用

一般而言，现代仓储管理不仅要保管好库存物资，做到数量准确、质量完好、确保安全、收发迅速、面向生产，还要服务周到、降低费用、加速资金周转。所以，在经济尤其是物流生活中，仓储管理发挥着越来越大的作用。

(1) 对现代经济建设来说，现代仓储管理是保证社会再生产顺利进行的必要条件，是国家满足急需特需物资的保障。如果失去了仓储储备，就难以应付突发的自然灾害、战争等人力不可抗拒的情况，就难以保证国家的安全和社会的稳定。

(2) 对流通领域来说，现代仓储管理是平衡市场供求关系、稳定物价的重要条件，是物资供销管理工作的重要组成部分，还是保持物资原有使用价值的重要手段。

(3) 对企业经营来说，仓储可以调节在采购、生产、销售环节之间由于供求品种及数量的不一致而发生的变化，使企业经营的环节中相对独立的经济活动连接起来，起到润滑剂的作用。

5.3.2 仓储系统的规划

1．仓储系统和规划概述

仓储系统规划是实现物流合理化的必要步骤。仓储系统规划在于运用专业技术能力，统计运算分析仓储各作业需求，将仓储各关联系统做最适合的搭配组合，以建立适合的运作系统。仓储系统规划主要包括仓储作业区域的需求功能规划、作业程序与信息系统架构的规划、区域布置规划、仓储区域规模的确定、仓储设备的规划与选用等。

2．仓储系统的规划原则

仓储系统的规划原则不是一成不变的，要视具体情况而定。在特定场合下，有些原则是互相影响，甚至是互相矛盾的。为了做出最好的设计，有必要对这些原则进行选择和修改。

1）系统简化原则

要根据物流标准化做好包装和物流容器的标准化，把杂货、粮食、饮料、食盐、食糖、饲料等散装货物、外形不规则货物组成标准的储运集装单元，实现集装单元与运输车辆的载重量、有效空间尺寸的配合、集装单位与装卸设备的配合、集装单位与仓储设施的配合，这样做有利于仓储系统中各个环节的协调配合，在异地中转等作业时，不用换装，提高通用性、减少搬运作业时间、减轻物品的损失、损坏，从而节约费用；同时也简化了装卸搬运子系统，降低系统的操作和维护成本，提高系统的可靠性，提高仓储作业的效率。

2）平面设计原则

如无特殊要求，仓储系统中的物流都应在同一平面上实现，从而减少不必要的安全防护措施；减少利用率和作业效率较低、能源消耗较大的起重机械，提高系统的效率。

3）物流和信息流的分离原则

现代物流是在计算机网络支持下的物流，如果不能实现物流和信息流的尽早分离，就要求在物流系统的每个分、合节点均设置相应的物流信息识别装置，这势必造成系统的冗余，增加系统的成本；如果能实现物流和信息流的尽早分离，将所需信息一次识别出来，再通过计算机网络传到各个节点，即可降低系统的成本。

4）柔性化原则

仓库的建设和仓储设备的购置，需要大量的资金。为了保证仓储系统高效工作，需要配置针对性较强的设备，而社会物流环境的变化，又有可能使仓储货物品种、规格和经营规模发生改变。因此，在规划时，要注意机械和机械化系统的柔性和仓库扩大经营规模的可能性。

5）物料处理次数最少原则

不管是以人工方式还是自动方式，每一次物料处理都需要花费一定的时间和费用。通过复合操作，或者减少不必要的移动，或者引入能同时完成多个操作的设备，就可减少处理次数。

6）最短移动距离，避免物流线路交叉原则

移动距离越短，所需的时间越少，费用就越低；避免物流线路交叉，即可解决交叉点物流控制和物流等待时间问题，有利于保持物流的畅通。

7）成本与效益平衡原则

在建设仓库和选择仓储设备时，必须考虑投资成本和系统效益原则。在满足仓储作业需求的条件下，尽量降低投资。

5.3.3 仓储合理化设计

1. 仓储合理化的含义

仓储合理化的含义，就是用最经济的仓储管理来实现仓储的功能，仓储的功能是满足物品的储存需要以实现储存物品的时间效用等。因此，仓储管理中降低成本以满足客户需求的仓储量是衡量仓储管理合理化的一个原则。仓储合理化主要以下列标志体现，如表 5.5 所示。

表 5.5 仓储合理化标志

标志类型	仓储合理化内容
质量标志	仓储管理中对物品科学的保管保养，保证物品具有使用价值，这是实现仓储合理化的基本要求。为此，应通过仓储质量控制和管理来保证仓储质量
数量标志	仓储管理中的物品数量控制体现出整个仓储管理的科学化与合理化程度。一个合理的仓储数量应该是满足需求并做到成本最低
时间标志	在保证仓储功能实现的前提下，寻求一个合理的储存时间。要求仓储管理中，物品的管理应该处于动态的、不断周转状态下。资金的周转率高，运作的成本就低。因此，仓储的时间标志反映出仓储的动态管理程度
结构标志	存储物品之不同品种、不同规格、不同花色的仓储数量的比例关系，可以对仓储合理性进行判断
费用标志	仓租费、维护费、保管费、损失费、保险费和资金占用利息支出费用等，都能从实际费用上判断储存的合理与否
分布标志	指不同地区仓储的数量比例关系，反映满足需求的程度和对整个物流的影响

2. 仓储总体构成

仓储作业通常由生产作业区、辅助作业区、行政生活区、库内运输道路、停车场和绿化区构成。

1）生产作业区

生产作业区是库区仓储活动发生的主要场所，主要包括以装卸、储存、转运货物为主要业务的货场、货棚、仓库、装卸平台等和由道路、码头、铁路专用线为主要组成的交通系统。

2）辅助作业区

辅助作业区为仓储的主要业务提供各项服务，如设备维修、各种物料和机械的存放、垃圾处理等。主要建筑物包括维修加工及动力车间、工具设备库、车库、油库、变电室等。

3）行政生活区

行政生活区是仓储行政管理机构和生活区域。具体包括办公楼、警卫室、化验室、宿舍和食堂等。行政生活区与生产作业区应分开，并保持一定距离，以保证仓库的安全及行政办公和居民生活的安静。

4）库内运输道路

商品出入库和库内搬运要求库内、外交通运输线相互衔接，并与库内各个区域有效连接。仓库交通运输布置得是否合理，对于仓库组织仓储作业和有效地利用仓库面积都产生很大的影响。

5) 停车场和绿化区

停车场和绿化区设置要遵照相应的法律法规并使不同区域所占面积与仓库总面积保持适当的比例。例如，停车场面积必须保证商品接收、发运需要，绿化区面积不少于30%等。

3. 仓库结构设计

仓库的结构，对于实现仓储功能起着非常重要的作用。设计时，要从以下方面考虑：

1) 平房建筑和多层建筑仓库的结构设计

仓库的结构从出入库作业的合理化方面来看，尽可能采用平房建筑。这样，储存物品就不必上下移动，因为利用电梯将储存产品从一个楼层搬运到另一个楼层费时费力，而且电梯往往也是物品流转中的一个瓶颈。但在城市商业中心区，土地有限或者昂贵，为了充分利用土地，采用多层建筑成为最佳选择。采用多层楼库时，要特别重视对货物上下楼的通道设计。

2) 仓库出入口和通道

仓库出入口的位置和数量是由建筑物主体结构和面积、库内货物堆码形式、出入库作业流程和次数以及仓库职能等因素所决定的。出入库口尺寸的大小是由卡车是否出入库内，以及所用叉车的种类、尺寸、台数、出入库次数、保管货物尺寸大小所决定的。库房内的通道是保证库内作业顺畅的基本条件，通道应延伸至每一个货位，使每一个货位都可以直接进行作业。通道需要通直平整，减少转弯和交叉。

3) 立柱间隔

库房内的立柱是出入库作业的障碍，会导致保管效率低下，因而立柱应尽可能减少。但当平房仓库梁的长度超过25米时，建无柱仓库有困难，则可设梁间柱，使仓库成为有柱结构。对于在开间方向上的壁柱，可以每隔5～10米设一根，由于这个距离仅和门的宽度有关，库内又不显露出柱子，因此和梁间柱相比，在设柱方面比较简单。但是在开间方向上的柱间距必须与隔墙、防火墙的位置，门、库内通道的位置，天花板的宽度或是库内开间的方向设置的卡车停车站台长度等相匹配。

4) 天花板的高度

由于实现了仓库的机械化、自动化，因此现在对仓库天花板的高度也提出了很高的要求。即使用叉车的时候标准提升高度是3米，而使用多段式高门架的时候要达到6米。另外，从托盘装载货物的高度来看，包括托盘的厚度在内，密度大且不稳定的货物，通常以1.6米为标准。以其倍数（层数）来看，1.2米/层×4层=4.8米，1.6米/层×3层=4.8米，因此，托盘货架仓库的天花板高度最低应该是5～6米。

5) 地面

不同构造的地面会有不同的耐压强度，地面承载力也会不同。地面承载力必须根据承载货物的种类或堆码高度具体研究。通常，一般平房普通仓库1平方米地面承载力为2.5～3吨，其次是2～2.5吨，多层仓库随层数增高，地面承受负荷能力减小，一层为2.5～3吨，二层为2～2.5吨，三四层为1.5～2吨，五层以上为1～1.5吨甚至更小。地面的负荷能力是由保管货物的重量以及所使用的装卸机械的总重量、楼板骨架的跨度等所决定的。流通仓库的地面承载力,还必须保证重型叉车作业的足够受力。

5.3.4 仓库布局

1. 仓库布局的含义

仓库布局是指将一个仓库的各个组成部门,如库房、货棚、货场、辅助建筑物、铁路专用线、库内道路、附属固定设备等,在规定范围内,进行平面和立体的统筹规划、合理安排,最大限度地提高仓库的储存和作业能力,并降低各项费用。

2. 仓库布局原则

(1) 尽可能采用单层设备,这样造价低,资产的平均利用率也高。

(2) 使货物在出入库时单向和直线运动,避免逆向操作和大幅度变向的低效率运作。

(3) 在物料搬运设备大小、类型、转弯半径的限制下,尽量减少通道所占用的空间。

(4) 尽量利用仓库的高度,可以多使用高层货架或使用托盘来多层堆放以提高储存量,增加可利用空间。

(5) 要适应现代仓储的需求,尽量配置高效的物料搬运设备及操作流程,以提高生产效率。

(6) 实施有效的存储计划,确保储存空间有效利用。

3. 仓库总体布局的要求

1) 要适应仓储企业的生产流程,有利于实现仓储作业的优化

(1) 单一的物流方向。仓库内商品的卸车、验收、存放地点之间的安排,必须适应仓储生产流程,按一个方向流动。

(2) 最短的运距。应尽量减少迂回运输,专用线的布置应在库区中部,并根据作业方式、仓储商品品种、地理条件等,合理安排库房,专用线要与主干道相对应。

(3) 最少的装卸环节。减少在库商品的装卸搬运次数和环节,商品的卸车、验收、堆码作业最好一次完成。

(4) 最大的利用空间。仓库总平面布置是立体设计,应有利于商品的合理存储和充分利用库位。

2) 有利于提高仓储经济效益

要因地制宜,充分考虑地形、地址条件,合理确定库房的位置和朝向,仓库位置应便于货物的入库、装卸和提取,库内区域划分明确、布局合理,为货物的储存保管创造良好的环境,提供适宜的条件。

3) 有利于保证安全生产和文明生产

(1) 要符合消防规定,要有防火、防盗、防水、防爆设施,同时要为发生险情时创造方便的救援条件。

(2) 应符合卫生和环境要求,既满足库房的通风、日照等,又要考虑环境绿化、文明生产,有利于职工身体健康。

4. 仓库内部货区布局设计

仓库货区布局,是指根据仓库场地条件、仓库业务性质和规模、物资储存要求以及技术设备的性能和使用特点等因素,对仓库各组成部分,如存货区、理货区、配送备货

区、通道以及辅助作业区等，在规定的范围内进行平面和立体的合理安排与布置，最大限度地提高仓库的储存能力和作业能力，并降低各项仓储作业费用。仓库的货区布局和规划，是仓储业务和仓库管理的客观需要，其合理与否直接影响各项工作的效率和储存物资的安全。因此，不但建设新仓库时要重视仓库货区的合理布置，随着技术的进步和作业情况的变化，也应重视对老仓库进行必要的改造。

5．合理进行库位分区

库位分区是解决货物如何放、放在哪里的问题，是仓库作业的基础，分区是否合理将直接影响仓库作业的效率。

按照仓储作业的功能特点以及 ISO 9000 国际质量体系认证的要求，仓库内部库位一般分为以下四个区域：

（1）预备储区。预备储区用于暂存处于检验过程中的货物，有进货暂存区和出货暂存区之分。预备储区中不但应对货物的品质有所保护，而且对于货物分批、分类的隔离也要落实执行。此区域一般采用黄色的标志以区别于其他状态的货物。

（2）保管储区。保管储区的货物大多以中长期状态进行保管，是整个仓储中心的管理重点所在。此区域一般采用绿色的标志以区别于其他状态的货物。

（3）待处理区。待处理区用于储存不具备验收条件或质量不能确认的货物，一般采用白色的标志以区别于其他状态的货物。

（4）不合格品区。不合格品区用于储存质量不合格的货物。

5.3.5 货区布置方法

1．平面布置

平面布置是指对货区内的货垛、通道、垛间距、收发货区等进行合理的规划，并正确处理它们的相对位置。平面布置的形式可以概括为垂直式和倾斜式。

1）垂直式布置

垂直式布置，是指货垛或货架的排列与仓库的侧墙互相垂直或平行，具体包括横列式布置、纵列式布置和纵横式布置。

（1）横列式布置。横列式布置是指货垛或货架的长度方向与仓库的侧墙互相垂直。这种布局的主要优点是：主通道长且宽，副通道短，整齐美观，便于存取查点，如果用于库房布局，还有利于通风和采光，如图 5.3 所示。

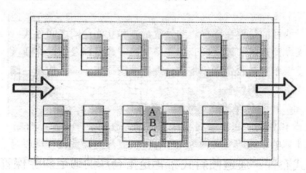

图 5.3　横列式布置

（2）纵列式布置。纵列式布置是指货垛或货架的长度方向与仓库侧墙平行。这种布局的优点主要是仓库平面利用率较高，但存取货物不方便，如图5.4所示。

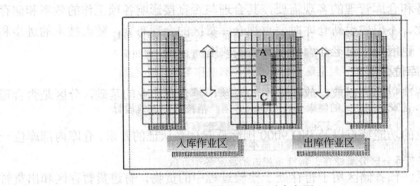

图 5.4　纵列式布置

（3）纵横式布置。纵横式布置是指在同一保管场所内，兼有横列式布置和纵列式布置可以综合利用两种布置的优点。如图 5.5 所示。

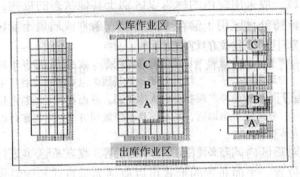

图 5.5　纵横式布置

2）倾斜式布置

倾斜式布置是指货垛或货架与仓库侧墙或主通道成 60°、45° 或 30° 夹角。具体包括货垛倾斜式布置和通道倾斜式布置。

（1）货垛倾斜式布置。货垛倾斜式布置是横列式布置的变形，它是为了便于叉车作业、缩小叉车的回转角度、提高作业效率而采用的布置方式，如图 5.6 所示。

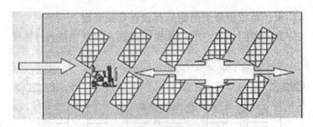

图 5.6　货垛倾斜式布置

（2）通道倾斜式布置。通道倾斜式布置是指仓库的通道斜穿保管区，把仓库划分为具有不同特点的作业区，如大量存储和少量存储的保管区等，以便进行综合利用。这种布置形式使仓库内形式复杂,货位和进出库路径较多。

2. 空间布置

空间布置是指库存货物在仓库立体空间上的布置,其目的在于充分有效地利用仓库空间。进行空间布置时,首先要考虑的是储存货物的存储形式,包括存储货物的位置、尺寸与数量;其次要合理地放置柱、梁、通道,以增加空间使用率;最后要注意保管空间的有效利用,即向上发展、有效利用平面、采用自动仓库等。

空间布置的主要形式有:就地堆码、上货架存放、加上平台、空中悬挂等。货架存放物品有很多优点,概括起来有以下几个方面。

(1) 便于充分利用仓库空间,提高库容利用率,扩大存储能力。

(2) 物品在货架里互不挤压,有利于保证物品本身和其包装完整无损。

(3) 货架各层中的物品,可随时自由存取,便于做到先进先出。

(4) 物品存入货架,可防潮、防尘、某些专用货架还能起到防损、防伤、防盗、防破坏的作用。

3. 货物布置

(1) 根据物品特性分区分类储存,将特性相近的物品集中存放。

(2) 将货物进行 ABC 分类,A 类货物尽量布置于靠近走道或门口的地方,C 类货物尽量置于仓库的角落或较偏僻的地方,B 类货物则置于 A 类和 C 类货物之间的地方。

(3) 将单位体积大、单位质量大的物品存放在货架底层。

(4) 将同一供应商或者同一客户的物品集中存放,以便于进行分拣配货作业。

4. 库内非保管场所布置

仓库内货架和货垛所占的面积为保管面积或使用面积,其他则为非保管面积。应尽量扩大保管面积,缩小非保管面积。非保管面积包括通道、墙间距、收发货区、库内办公地点等。

1) 通道

库房内的通道,分为运输通道(主通道)、作业通道(副通道)和检查通道。

运输通道供装卸搬运设备在库内行走,其宽度主要取决于装卸搬运设备的外形尺寸和单元装载的大小。运输通道的宽度一般为 1.5~3 米。

2) 墙间距

墙间距的作用是使货物和货架与库墙保持一定的距离,避免物品受库外温湿度的影响,同时也可作为检查通道和作业通道。墙间距一般宽度在 0.5 米左右,当兼作业通道时,其宽度需增加一倍。

3) 收发货区

收发货区是供收货、发货时临时存放物品的作业用地。收发货区的位置应靠近库门和运输通道,可设在库房的两端或适中的位置,并要考虑收货发货互不干扰。收发货区面积的大小,则应根据一次收发批量的大小、物品规格品种的多少、供货方和用户的数量、收发作业效率的高低、仓库的设备情况、收发货的均衡性、发货方式等情况确定。

4) 库内办公地点

管理人员的办公室设在库内特别是单独隔成房间是不合理的,既不经济又不安全,所以办公地点最好设在库外。

5.3.6 货位编号

1. 货位编号概念

货位即货物存放的位置。货位编号，就是在分区分类的基础上，将仓库的库房、货场、货棚及货架等存放货物的场所，划分为若干货位，然后按照储存地点和位置的排列，采用统一标记编上顺序号码，并做出明显标志，以方便仓库作业的管理方法。

货位编号在保管工作中具有重要的作用，它能提高收发货作业效率，而且有利于减少差错。货位编号就好比货物在库的"住址"，做好货位编号工作应根据不同的仓库条件、货物类别和批量整零情况，合理进行货位划分及序号编排，以符合"标志设置要适宜、标志制作要规范、编号顺序要一致、段位间隔要恰当"的基本要求。

2. 货位编号的方法

货位编号应按照统一的规则和方法进行。使用统一的形式、统一的层次和统一的含义编排。

1）仓库内存储场所的编号

仓库内的储存场所若有库房、货棚、货场，则可以按一定的顺序（自左向右或自右向左），各自连续编号。库房的编号一般写在库房的外墙上或库门上，字体要统一、端正，色彩鲜艳、清晰醒目、易于辨认。货场的编号一般写在场地上，书写的材料要耐摩擦、耐雨淋、耐日晒。货棚编号书写的地方，则可根据具体情况而定，总之应让人一目了然。

2）库房、货棚内货位的编号

对于库房、货棚的货位，在编号时，应对库房和货棚有明显区别，可加注"库""棚"等字样，或加注"K""P"字样。"K""P"分别是"库""棚"拼音的第一个大写字母。对于多层库房，常采用"三位数编号""四位数编号"或"五位数编号"，如图 5.7 所示。

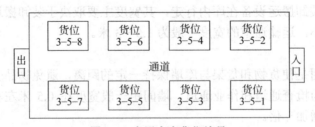

图 5.7　多层库房货位编号

3）货场内货位的编号

货场内货位布置方式不同，其编号的方式也不同。货位布置的方式一般有横列式和纵列式两种。横列式，即货位与货场的宽平行排列，可采用横向编号。

纵列式，即货位与货场的宽垂直排列，常采用纵向编号。无论横向编号还是纵向编号，编号的具体方法一般有两种：一是按照货位的排列，先编成排号，再在排号内按顺序编号；二是不编排号，采取自左至右和自前至后的方法，按顺序编号。如图 5.8 所示。

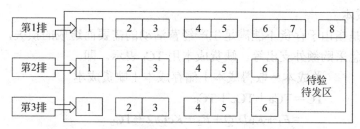

图 5.8 货场内横列式货位编号（分排）示意图

4）货架上各货位的编号

可先将库房内所有的货架，以进入库门的方向，自前到后按排进行编号，继而对每排货架的货位按层位进行编号。顺序应是从上到下，从左到右，从里到外。如图 5.9 所示。

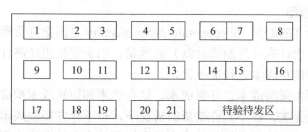

图 5.9 货场内横列式货位编号（不分排）示意图

5.3.7 仓储成本分析

1. 取得成本

取得成本是指为取得存货而支出的成本。取得成本又可以分为订货成本和购置成本，前者是指取得订单的成本，与订货次数有关；后者是存货本身的价值。因此取得成本为

$$TCa = F_1 + KaD/Q + DU \tag{5.1}$$

式中：TCa——取得成本（元）；

　　　F_1——订货固定成本（元）；

　　　Ka——每次订货的变动成本（元）；

　　　D——年需求量（件）；

　　　Q——每次订货量（件）；

　　　U——单价（元/件）。

2. 储存成本

储存成本是指企业为保持存货而发生的成本，如仓储费用资金的利息等。储存成本可以分为变动成本和固定成本两类，前者与库存数量的多少有关，后者与存货数量无关。因此储存成本为

$$TCc = F_2 + KcQ/2 \tag{5.2}$$

式中：TCc——储存成本（元）；

　　　F_2——固定储存成本（元）；

　　　Kc——单位变动储存成本（元/件）。

3. 缺货成本

缺货成本是指由于存货不能满足生产经营活动的需要而造成的损失,如失销损失、信誉损失、紧急采购额外支出等。缺货成本用 TC_b 表示。即

总成本＝取得成本＋储存成本＋缺货成本

$$TC=TCa+TCc+TC_b$$
$$=F_1+KaD/Q+F_2+KcQ/2+TC_b \quad (5.3)$$

如果存货量大,可以防止因缺货造成的损失,减少缺货成本,但相应要增加储存成本;反之,如果存货量小,可以减少储存成本,但相应会增加订货成本和缺货成本。存货管理的目标是使存货的总成本达到最小,即确定经济批量。

5.3.8 仓储成本控制方法

1. 经济批量模型

经济订货批量(EOQ),即 economic order quantity 是固定订货批量模型的一种,可以用来确定企业一次订货(外购或自制)的数量。当企业按照经济订货批量来订货时,可实现订货成本和储存成本之和最小化。

存货成本主要由采购成本、订货成本、储存成本和短缺成本构成。其中,采购成本与存货的订购批量无关,在不允许缺货的情况下,也不存在短缺成本。所以,与存货采购次数和每次采购的订购批量相关的成本只有订货成本和储存成本两种。如果在一定时期内,企业需求的存货总是固定的,那么,存货的订购批量越大,储存的存货就越多,储存成本就会越高,但由于订货次数减少,则会使订货成本降低;反之,减少存货的订购批量,会使储存成本随之减少,但由于订货次数增加,订货成本会上升。由此可见,存货的订货成本与储存成本与存货的采购批量密切相关,并且呈反方向变动。这样,就可以找到一个使订货成本与储存成本之和最低的采购批量,这就是经济订购批量。存货的经济订购批量可以用图 5.10 表示。

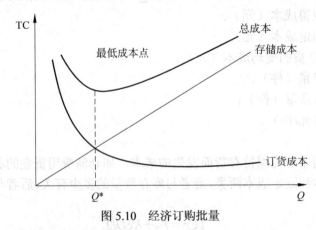

图 5.10 经济订购批量

2. 经济订购批量的基本数学模型

存货的经济订购批量可以用数学模型来表示。

假设存在以下基本前提:

（1）企业一定时期内存货的总需求是可以准确预测的。
（2）存货的耗用是均衡的。
（3）不允许出现缺货情况。
（4）存货的价格稳定，并且不存在数量折扣。
（5）存货的订购数量和订购日期完全由企业自行决定并且当存货数量降为零时，下一批存货能马上一次到位。
（6）仓储条件和所需资金不受限制。

在符合以上基本前提下，可以计算存货的总成本、经济订购批量与经济订购批次。

$$平均库存量 = \frac{Q}{2} \tag{5.4}$$

$$全年订货次数 = \frac{A}{Q} \tag{5.5}$$

$$全年订货成本 = B \times \frac{A}{Q} \tag{5.6}$$

$$全年储存成本 = C \times \frac{Q}{2} \tag{5.7}$$

$$存货总成本\ TC = B \times \frac{Q}{2} + C \times \frac{A}{Q} \tag{5.8}$$

式中：A——全年存货总需求量；
Q——每批订购批量；
B——每次订货的订货成本；
C——单位存货年储存成本；
TC——全年存货的订货成本与存储成本之和。

根据存货总成本公式，求 TC 对 Q 的导数得：

$$Q^* = \sqrt{\frac{2AB}{C}} \tag{5.9}$$

3. 经济订购批量决策步骤

经济订购批量一般按下列步骤进行决策：

（1）按照存货经济订购批量的基本模型计算无数量折扣情况下的经济订购批量及其存货总成本。

（2）不同数量折扣下的优惠价格，计算不同批量下的存货总成本。

（3）比较经济订购批量与不同批量下的存货总成本，总成本最低的批量就是最佳订购批量。

【例】 某公司全年需要甲零件 8 000 件，采购价格为每件 50 元，每次订货成本为 40 元，每件年储存成本为 4 元，供应商规定，如果一次订货达 500 件，可以得到 1% 的价格折扣，要求确定该公司采购甲零件的经济订购批量。

首先，计算无价格折扣情况下的经济订购批量和存货总成本。

经济订购批量为：

$$Q = \sqrt{\frac{2AB}{C}} = \sqrt{\frac{2 \times 8\,000 \times 40}{4}} = 400（件）$$

存货总成本为：

$$TC = \frac{400}{2} \times 4 + \frac{8\,000}{400} \times 40 + 8\,000 \times 50 = 401\,600（元）$$

其次，计算有价格折扣情况下的存货总成本为

$$TC = \frac{500}{2} \times 4 + \frac{8\,000}{500} \times 40 + 8\,000 \times 50 \times (1-1\%) = 397\,640（元）$$

所以，每次订购500件时，存货的总成本可以降低，因此，经济订购批量是500件。

5.3.9 仓储成本控制的重要性和原则

在物流企业中存货占有较大的比重，因此物流企业的仓储成本控制是一项非常重要的工作，库存物资数量并非越多越好，虽然库存物资数量越多，越能满足生产和消费的需要，却占用大量的资金，仓储保险费用也较多，显然是极不经济的，因此，物流企业仓储成本控制具有极其重要的意义。

1．仓储成本控制的重要性

（1）仓储成本控制是企业增加盈利的"第三利润源"，直接服务于企业的最终目标。增加利润是企业的目标之一，也是社会经济发展的原动力。无论在什么情况下，降低成本都可以增加利润。在收入不变的情况下，降低成本可使利润增加；在收入增加的情况下，降低成本可使利润更快增长；在收入下降的情况下，降低成本可抑制利润的下降。

（2）仓储成本控制是企业持续发展的基础，把仓储成本控制在同类企业的先进水平上，才有迅速发展的基础。仓储成本降低了，可以削减售价以扩大销售，销售扩大后经营基础稳定了，才有力量提高产品质量、创新产品设计、寻求新的发展。许多企业陷入困境的重要原因之一，是在仓储成本失去控制情况下，一味地在扩大生产和开发新产品上冒险，一旦市场萎缩或决策失误，企业没有抵抗能力，很快就垮下去了。同时，仓储成本一旦失掉，就会造成大量的资金沉淀，严重影响企业的正常生产经营活动。

2．仓储成本控制的原则

1）政策性原则

（1）质量和成本的关系。不能片面追求降低储存成本，而忽视储存物资的保管要求和保管质量。

（2）国家利益、企业利益和消费者利益的关系。降低仓储成本从根本上说对国家、企业、消费者都是有利的，但是如果在仓储成本控制过程中采用不适当的手段，就会损害国家和消费者的利益。

（3）全面性原则。由于仓储成本涉及企业管理的方方面面，因此成本控制要进行全员控制、全过程控制、全方位控制。

2）经济原则

经济原则主要强调推行仓储成本控制而发生的成本费用支出不应超过因缺少控制而丧失的收益。和销售、生产、财务活动一样，任何仓储管理工作都要讲求经济效益。为

了建立某项严格的仓储成本控制制度，需要一定的人力或物力支出，但这种支出不应太大，不应超过建立这项控制制度所能节约的成本。

经济原则要求仓储成本控制要能起到降低成本、纠正偏差的作用，并具有实用、方便、易于操作的特点。经济原则要求在仓储成本控制中贯彻"例外原则"。对正常储存成本费用支出可以从简控制，而特别关注各种例外情况。

3）分级归口管理原则

企业的仓储控制成本目标，要层层分解、层层归口、层层落实，落实到各环节、各小组甚至个人，形成一个仓储成本控制系统。一般来说控制的范围越小越好，因为这样可使各有关责任单位明确责任范围，使仓储成本控制真正落到实处。

4）权责利相结合原则

落实到每个环节、小组或个人的目标成本，必须与他们的责任大小、控制范围相一致，否则成本控制就不可能产生积极的效果。

5）例外管理原则

那些不正常的，不符合常规的问题称为"例外问题"。根据成本效益原则，仓储成本控制应将精力集中在非正常金额较大的例外事项上。解决了这些问题，就等于解决了关键问题，仓储目标成本的实现就有了可靠的保证，仓储成本控制的目的也就实现了。

5.4 库存控制策略

5.4.1 库存控制概述

1．库存的意义

库存频繁出现在仓库、堆场、商店库房、运输设备和零售商店的货架上。持有这些库存每年耗费的成本占其价值的 20%～40%。因此，对物流中的库存控制已成为企业成本管理的重要内容之一，也是企业降低物流成本的一个重要方面。所以，企业通过控制库存来降低资金占用、资金成本、存储费用，增加盈利有着重要的作用。

2．库存类型

按照企业库存管理的目的不同，必要的库存可以分为以下几种类型。

1）运转库存

运转库存又称经常库存，是指为了满足日常需求而建立的库存。这种库存是不断变化的，当物品入库时到达最高库存量，随着生产消耗或销售，库存量逐渐减少，直到下一批物品入库前降到最小。这种库存的补充是按一定的规则反复进行的。

2）安全库存

安全库存，是指为了防止由于不确定因素（如突发性大量订货或供应商延期交货）影响订货需求而准备的缓冲库存。

3）加工和运输过程库存

加工库存是指处于加工或等待加工而处于暂时储存状态的货物。

运输过程的库存是指处于运输状态（在途）而暂时处于储存状态的货物。

4）季节性库存

季节性库存是指为了满足特定季节中出现的特定需求而建立的库存，或指对季节性生产的货物在出产的季节大量收储所建立的库存。

5）促销库存

促销库存是指为了应付企业促销活动产生的预期销售增加而建立的库存。

6）时间效用库存

时间效用库存是指为了避免货物价格上涨造成损失，或者为了从货物价格上涨中获利而建立的库存。

7）沉淀库存或积压库存

沉淀库存或积压库存是指因货物品质变坏或损坏，或者是因没有市场而滞销的货物库存，还包括超额储存的库存。

5.4.2 影响库存的因素

1. 需求的性质

需求性质的不同对库存管理决策有着决定性的影响。它们表现为以下几种情况：

1）需求确定或不确定

若需求是确定而已知的，则可只在需求发生时准备库存，库存的数量根据给定的计划确定；若需求是不确定的，则需要保持经常储备量，以供应随时发生的需求。

2）需求有规律变化或随机变动

需求虽有变动但其变动存在着规律性，如季节性变动，则有计划地根据变动规律，在旺季到来之前准备较多的库存储备以备销售增长的需要。若需求变动没有一定的规律，呈现为随机性变化，就需要设置经常性库存，甚至准备一定的保险储备量来预防突然发生的需求。

3）独立性需求或相关性需求

需求的独立性或相关性是指某种物品的需求与其他物品的需求互不相关或相互依赖。相关性需求一般根据某项相关需求计划直接推算该物品的供货数量和时间。独立性需求是企业所不能控制的，它们随机发生，只能用预测的方法而无法精确计算。在确定供货数量和时间上主要考虑成本上的经济性。本章讨论的库存物品主要是独立性需求的物品。

4）需求的可替代性

有些物品可由其他物品替代，它们的库存量就可以定得少些，万一发生缺货也能用替代品来满足需要。对于没有替代品的物品，则必须保持较多的库存才能保证预期的供应需求。

2. 提前期

提前期是指从订购或下达生产指令时间开始，到物品入库的时间周期。在库存控制中，都是根据库存量将要消耗完的时间，提前订货，以避免在订货到达之前发生缺货。显然这与订单处理时间、物品在途时间以及该物品的日常用量有关。

3. 自制或外购

所需要的物品是自制还是外购，也影响库存的决策。若从外部采购，应着重从经济性,即节约成本的要求来确定它们的供货数量和供货次数。若属于本厂自制,则不但要考虑成本的经济,还需要考虑生产能力的约束、生产各阶段的节奏性等因素来确定供货的数量和时间。

4. 服务水平

服务水平指的是由库存满足用户需求的百分比。如果库存能够满足全部用户的全部订货需要,则其服务水平为 100%。若 100 次订货,只能满足 90 次,则服务水平为 90%,相应地这时的缺货概率为 10%。服务水平一般是由企业领导部门根据经营的目标和战略而规定的。服务水平的高低影响到库存水平的选择,服务水平要求高,就需要较多的储备来保证。

5. 管理水平

通过仓储与库存的管理,可以减少库存失误。分析造成库存的失误性原因,有利于加强仓储与库存的管理。

5.4.3 库存控制方法

1. 定量订购方法

定量订购是指预先规定一个订购点,当实际储备量降到订购点时,就按固定的订购数量(每次订购数量一般用经济批量法确定)提出订购。运用这种方法,每次订购的数量不变,而订购时间由材料物资需要量来决定。

定量库存控制的关键是正确确定订购点,即提出订购时的储备量标准。如果订购点偏高,将会增加材料物资储备及其储存费用;如果订购点偏低,则容易发生供应中断。确定订购点时需要考虑四个因素:一是经济订购批量的大小;二是订货提前量;三是超常耗用量;四是保险储备量。

计算公式如下:

订购点量=订购时间×平均每日耗用量+保险储备量

保险储备量=(预计日最大耗用量-每天正常耗用量)×订购提前期日数

上式的订购时间是指提出订购到物资进厂所需的时间。

难点例释:某企业乙种物资的经济订购批量为 950 吨,订购间隔期为 30 天,订购时间为 10 天,平均每日正常需用量为 50 吨,预计日最大耗用量为 70 吨,订购日的实际库存量为 800 吨,保险储备量为 200 吨,订货余额为零。则:

订购点库存量=10×50+(70-50)×10=700(吨)

也就是说,当实际库存量超过 700 吨时,不考虑订购;而降低到 700 吨时,就应及时按规定的订购批量 950 吨提出订购。

这种方法的优点是手续简单,管理方便,缺点是物资储备控制不够严格。因此,它一般适用于企业的耗用量较少、用途固定、价值较低、订购时间较短的物资。

2. 定期订购方法

定期订购是指预先定一个订购时间,按照固定的时间间隔检查储备量,并随即提出订购,补充至一定数量。所以,这种方法订购时间固定,而每次订购数量不确定,按照实际储备量情况而定。计算公式如下:

$$\text{订购量} = \text{平均每日需用量} \times (\text{订购时间} + \text{订购间隔}) + \text{保险储备量} -$$
$$\text{实际库存量} - \text{订购余额}$$

订购时间间隔是指相邻两次订购日之间的时间间隔；实际库存量为订购日的实际库存数量，订货余额是过去已经订购但尚未到货的数量。订购时间间隔是指两次订购日之间的时间间隔；实际库存量为订购日的实际库存数量；订货余额是过去已经订购但尚未到货的数量。

在上例中，订购量 $= 50 \times (10+30) + 200 - 800 = 1\,400$（吨）

这种订货方式的优点是对物资储备量控制严格，它既能保证生产需要，又能避免货物超储。缺点是手续麻烦，每次订货都得去检查库存量和订货合同，并计算出订货量，它一般适用于企业必须严格管理的重要货物。

5.4.4 库存管理分类方法——ABC 分类管理

1. ABC 分类管理的概念

ABC 分类法就是一种依据一定的原则对众多事物进行分类的方法。

ABC 分类管理（ABC classification）是"将库存物品按品种和占用资金的多少分为特别重要的库存（A 类）、一般重要的库存（B 类）和不重要的库存（C 类）三个等级，然后针对不同等级分别进行管理与控制"。它在一定程度上可以压缩企业库存总量、节约资金的占用、优化库存的结构、节省管理的精力。

2. ABC 分类管理的原理

任何一个库存系统都必须指明何时发出订单，订购数量为多少。然而，大多数库存系统要订购的物资种类非常多，因此，对每种物资都采用模型来进行控制有些不切实际。为了有效地解决这一问题，可用 ABC 分类法把物品分成以下三类：

A 类：金额大的物品。

B 类：金额中等的物品。

C 类：金额较小的物品。

金额的大小是衡量物资重要程度的尺度，也就是说，一种价格虽低但用量极大的物资可能不比价格虽高但用量极少的物资重要。

3. 库存 ABC 的分类标准

ABC 分类的标准主要有两个：①金额标准；②品种数量标准。其中金额标准是最基本的，品种数量标准仅作为参考。

一般 A 类存货的年占用金额占总库存金额的 70%左右，其品种数却只占总库存数的 10%左右；B 类存货的年占用金额占总库存金额的 20%左右，其品种数却只占总库存数的 20%左右；C 类存货的年占用金额占总库存金额的 10%左右，其品种数却只占总库存数的 70%左右。如图 5.11、图 5.12 所示。

A 类库存的特点是金额巨大，但品种数量较少；B 类库存的金额一般，品种数量相对较多；C 类库存的品种数量相对较多，但金额却很小。一般而言，三类库存的金额比重大致为 A：B：C＝0.7：0.2：0.1，而品种数量比重大致为 A：B：C＝0.1：0.2：0.7。可见，由于 A 类库存占用企业绝大部分资金，只要能够控制好 A 类库存，基本上也就不会出现较大的问题。同时，由于 A 类库存品种相对较少，企业完全有能力按照每一个品种进行管理。B 类库存金额相对较小，企业不必像对待 A 类库存那样花费太多的精力。同时，由于 B、C 类库存的品种远远大于 A 类库存，企业通常没有能力对每一品种进行具体控制。因此，可以通过划分类别的方式进行管理。

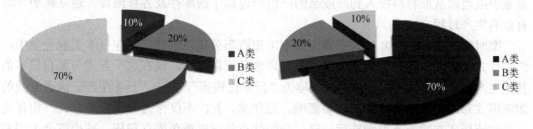

图 5.11　ABC 分类法物品品种比例　　　　图 5.12　ABC 分类法物品金额比例

4．ABC 分类法在库存管理中的应用

通过对库存进行 A、B、C 分类，可以使企业分清主次，采取相应的对策进行有效的管理控制。企业在组织经济订货批量、储存期分析时，对 A、B 类库存可以分别按品种、类别进行。对 C 类库存只需要加以灵活掌握即可，一般不必进行上述各方面的测算与分析。此外，企业还可以运用 ABC 分类法将库存区分为 A、B、C 类，通过研究各类消费品的消费档次、倾向等，对各档次的库存需要进行估算，并购进相应的库存，从而使企业的采购与销售建立在市场调查的基础上，提高库存的管理水平（图 5.13）。

图 5.13　ABC 管理应用

二 八 理 论

ABC 分析法，在日本被称为"二八理论"，也称为"20∶80 的法则"。其来源是按一般的经验，20% 商品的销售额往往要占整个销售额的 80%。

发现这一规律的是意大利的经济学家帕累托。他研究了 19 世纪英国的人口资产分布后，发现存在 20% 的收益阶层拥有 80% 的财富的不平衡现象；其他经济活动也有类似情况。

5.4.5 JIT 库存控制法

JIT（just in time）也叫准时制。它的基本思想是："只有需要的时候，按需要的量，生产所需的产品。"其核心是追求一种无库存生产系统，或使库存达到最小，它是出发点是减少或消除从原材料投入到产成品的产出全过程中的库存及各种浪费，建立起更平滑有效的生产过程。

准时制是20世纪80年代中期由日本丰田汽车公司首创的，并在日本工业企业中广泛推行并形成关于库存优化管理的一种新理念和管理方法，现在这一方式与源自日本的其他生产、流通方式一起被西方企业称为"日本化模式"，其中，日本生产、流通企业的物流模式对欧美的物流产生了重要影响，近年来，JIT 不仅作为一种生产方式，也作为一种物流模式在物流界得到推行。准时制的优点是可以避免库存积压，减少资金占用利息，还可以节省仓库建设投资和仓库管理费用。其基本原理是：

（1）产品生产按照生产流程，各工序之间紧密配合，严格按生产进度时间表规定的生产节拍进行。

（2）根据市场需要，以最终产品的生产数量为基础，推动各有关工序的生产活动，按生产流程相反方向，计算各工序每天需要的零部件和材料的品名与数量。

（3）各道工序严格按下道工序的需要进行生产，并准时将完成的在制品交下道工序。因此，在各道工序上，最多有一天的在制品库存，或甚至等于零。

（4）外购零部件和材料严格按各工序需用数量由协作厂和供应商在每天开工前准时送达指定的生产线。因此，在各道工序，外购零部件和材料最多有一天的库存，甚至等于零。

实行准时生产制度，厂内物资流通与产品生产流程在时间和数量上同步进行、密切配合，使原材料、零部件、在制品和产品的库存降到最低限度，接近于零。

5.4.6 MRP 管理法

1. MRP 管理法的基本原理

MRP 管理法的基本原理是由主生产进度计划（MPS）和主产品的层次结构逐层逐个地求出主产品所有零部件的出产时间、出产数量，这个计划也叫作货物需求计划；其中，如果零部件靠企业内部生产的，需要根据各自的生产时间长短来提前安排投产时间，形成零部件投产计划；如果零部件需要从企业外部采购的，则要根据各自的订货提前期来确定提前发出各自订货的时间、采购的数量，形成采购计划。投产计划进行生产和按照采购计划进行采购，就可以实现所有零部件的出产计划，从而不仅能够保证产品的交货期，而且还能够降低原材料的库存，减少流动资金的占用。

2. MRP 管理法的过程

货物需求计划是根据主生产进度计划（MPS）、产品的结构文件（BOM）和库存文件形成的。

1) 主产品

主产品就是企业用以供应市场需求的产成品。例如，汽车制造厂生产的汽车，电视机厂生产的电视机,都是各自企业的主产品。

2)主产品的结构文件

主产品的结构文件主要反映主产品的层次结构、所有零部件的结构关系和数量组成。根据这个文件,可以确定主产品及其各个零部件的需要数量、需要时间和它们相互间的装配关系。

3)主生产进度计划

主生产进度计划主要描述主产品及由其结构文件决定的零部件的出产进度,表现为各时间段内的生产量,有出产时间、出产数量或装配时间、装配数量等。

4)产品库存文件

产品库存文件包括主产品和其他所有零部件的库存量、已订未到量和已分配但还没有提走的数量。制订货物需求计划有一个指导思想,就是要尽可能减少库存。产品优先从库存物资中供应,仓库中有的就不再安排生产和采购,仓库中有但数量不够的,只安排不够的那一部分数量投产或采购。

5)制造任务单和采购订货单

由货物需求计划再制订产品投产计划和产品采购计划,根据产品投产计划和采购计划组织物资的生产和采购,生产制造任务单和采购订货单,交制造部门生产或交采购部门采购。

3. MRP 管理法的应用条件

应用 MRP 库存管理必须有一定的基础条件,最重要的基础条件有三点:一是企业应用了 MRP 管理系统,二是企业有良好的供应商管理,三是要及时更新数据库。

如果企业没有应用 MRP 系统,就谈不上进行 MRP 库存管理。不运行 MRP 系统,货物的需求计划就不可能由相关性需求转换成独立性需求。没有 MRP 系统生成的计划订货量,MRP 库存管理就失去了依据。

应用 MRP 库存管理需要有良好的供应商管理作为基础。在 MRP 库存管理中,购货的时间性要求比较严格,如果没有严格的时间要求,那么 MRP 库存管理也就失去了意义。如果没有良好的供应商管理,不能与供应商建立起稳定的客户关系,则供货的时间性要求很难实现。

本 章 小 结

本章介绍了仓储战略的内容及构成、仓储分析策略、仓储系统规划与设计及库存策略。仓储是物流的重要基本功能,它和运输一起构成物流的核心基本功能。储存行为通常发生在仓库、堆场等地点,也可能发生在特定的运输工具和生产流水线的某些环节中。库存控制方法主要讲述了库存基本理论和库存系统控制模型,即经济订货批量模型、定量订货模型、定期订货模型。

思考与练习

一、填空题

1．储存是为_____在时间上的差别而提供的服务。
2．_____，是指由采购节奏和批量与生产或者销售节奏和批量上的差异，而形成的物品流动的暂时停滞。
3．_____，是指为防止不确定因素对每个物流设施的影响而进行的储备。
4．_____是存储系统根据需求，为补充某种物资的存储量而向供货厂商一次订货或采购的数量。
5．JIT 也叫准时制。它的基本思想是："_____。"

二、判断题

1．流通性储存，是指由于生产工艺过程或者生产组织过程的某些不确定性，所导致的在局部生产节点，发生的特定物料的供给大于需求状态。（　　）
2．在年消耗量不固定的情况下，一次订货量越大，订货次数就越少，每年所花费的总订货费就越少。（　　）
3．由于需求量和提前订货时间都可能是随机变量，因此，提前订货时间也是随机变量，其波动幅度可能大大超过其平均值，为了预防和减少这种随机性造成的缺货，必须准备一部分库存，这部分库存称为最高库存量。（　　）
4．在提前订货时间可以忽略不计的存储模型中，S 指每次到货后所达到的库存量。当存在提前订货时，指发出订货要求后，库存应该达到的数量，由于此时并未实际到货，所以又称安全库存量。（　　）
5．一般来说，将数量不大、体积大且占用金额多的物资单独设库管理，称为单品种库。（　　）
6．存储是保管、储存物品的建筑物和场所的总称，是生产、流通等领域的重要的短暂缓冲场所，对调节物品供需之间的时间差起着重要作用。（　　）
7．普通储存系统一般由立体货架的货格（托盘或货箱）组成。货架按照排、列、层组合形成立体仓库储存系统。（　　）
8．空间布置是指库存货物在仓库立体空间上的布置，其目的在于充分有效地利用仓库空间。（　　）
9．运输通道供装卸搬运设备在库内行走，其宽度主要取决于装卸搬运设备的外形尺寸和单元装载的大小。运输通道的宽度一般为 1.5～3m。（　　）
10．取得成本是指企业为保持存货而发生的成本，如仓储费用资金的利息等。（　　）

三、简答题

1．仓储战略涉及的内容有哪些?
2．库存作用的双重性表现在哪些方面?
3．ABC 管理法有什么特点?其基本原理是什么?
4．什么是 JIT 库存控制?
5．MRP 管理法的应用条件有哪些?

四、论述题

1. 简述定量订购法。
2. 试述定期定购法。
3. 试述 ABC 分类管理法。

五、案例分析

从英迈公司仓储管理得到的启示

2000 年一年英迈公司全部库房只丢了一根电缆。半年一次的盘库，由伞证公司做第三方机构检验，前后统计结果只差几分线，陈仓损坏率为 0.3%，运作成本不到营业总额的 1%。这些都发生在全国拥有 15 个仓储中心，每天库存货品上千种，价值可达 5 亿元人民币的英迈公司身上。它们是如何做到的呢？通过参观英迈中国在上海的储运中心，可以发现英迈中国运作部具有强烈的成本概念和服务意识。

一、几个数字

一毛二分三：英迈库存中所有的货品在摆放时，货品标签一律向外，而且没有一个倒置，这是在进货时就按操作规范统一摆放的，目的是出货和清点库存时查询方便。运作部曾经计算过，如果货品标签向内，由一个熟练的库房管理人员操作，将其恢复至标签向外，需要 8 分钟，这 8 分钟的人工成本就是一毛二分三。

3 千克：英迈的每一个仓库中都有一本重达 3 千克的行为规范指导，细到怎样检查销售单、怎样装货、怎样包装、怎样存档、每一步骤在系统上的页面是怎样的等，在这本指导上都有流程图，有文字说明，任何受过基础教育的员工都可以从规范指导中查询和了解到每一个物流环节的操作规范，并遵照执行。在英迈的仓库中，只要有动作就有规范，操作流程清晰的观念为每一个员工所熟知。

5 分钟：统计和打印出英迈上海仓库或全国各个仓库的劳动力生产指标，包括人均收货多少钱，人均收货多少行（多少单，其中人均每小时收到或发出多少行订单是仓储系统评估的一个重要指标），只需要 5 分钟。在 Impulse 系统中，劳动力生产指标统计适时在线，随时可调出。而如果没有系统支持，这样的一个指标统计至少得花费一个月。

10 厘米：仓库空间是经过精确设计和科学规划的，甚至货架之间的过道也是经过精确计算的，为了尽量增大库存使用面积，只给运货叉车留出了 10 厘米的空间，叉车司机的驾驶必须稳而又稳，尤其是在转弯时，因此，英迈的叉车司机都要经过此方面的专业培训。

20 分钟：在日常操作中，仓库员工从接到订单到完成取货，规定时间为 20 分钟。因为仓库对每一个货位都标注了货号标志，并输入 Impulse 系统中，Impulse 系统会将发货产品自动生成产品货号，货号与仓库中的货位一一对应，所以仓库员工在发货时就像邮递员寻找邮递对象的门牌号码一样方便快捷。

4 小时：一次，由于库房经理的网卡出现故障，无法使用 Impulse 系统，结果他在库房中寻找了 4 小时，也没有找到他想找的网络工作站。依赖 Impulse 系统对库房进行高效管理，已经成为库房员工根深蒂固的观念。

1 个月：英迈的库房是根据中国市场的现状和生意的需求而建设的，投入要求恰如其分，目标清楚，能支持现有的经销模式并做好随时扩张的准备。每个地区的仓库经理都被要求能够在 1 个月之内完成一个新增仓库的考察、配置与实施，这都是为了更快地启动物流支持系统。在英迈的观念中，如果人没有做好准备，有钱也没用。

二、几件小事

（1）英迈库房中的很多记事本都是收集已打印的纸张装订而成，即使是各层经理也不例外。

（2）所有货物进出库房都须严格按照流程进行，每个员工必须明确，不得违反操作流程，即使有总经理的签字也不可以例外。

（3）货架上的货品号码标识用的都是磁条，采用的原因同样是节约成本，以往采用的是打印标识纸条，但因为进仓货品经常变化，占据货位的情况也不断改变，用纸条标识灵活性差，而且打印成本也很高，采用磁条后问题得到了根本性解决。

（4）英迈要求与其合作的所有货运公司在运输车辆的箱壁上必须安装薄木板，以避免因为板壁不平而使运输货品的包装出现损伤。

（5）在英迈的物流运作中，厂商的包装和特制胶带都不可再次使用，否则，视为侵害客户权益。因为包装和胶带代表着公司自身知识产权，这是法律问题。如有装卸损坏，必须运回原厂，并出钱请厂商再次包装。而由英迈自己包装的散件产品，全都统一采用印有其指定国内代理怡通公司标识的胶带进行包装，以分清责任。

三、仅仅及格

提起英迈，在分销渠道中都知道其最大优势是运作成本，而这一优势又往往被归因于其采用了先进的 Impulse 系统。但从以上描述中可看出，英迈运作优势的获得并非看起来那样简单，而是对每一个操作细节不断改进，日积月累而成。从所有的操作流程来看，成本概念和以客户需求为中心的服务观念贯穿始终，这才是英迈竞争力的核心所在。英迈中国的系统能力和后勤服务能力在英迈国际的评估体系中仅被打了 62 分，刚刚及格。据介绍，在美国专业物流市场中，英迈国际能拿到 70~80 分。

作为对市场销售的后勤支持部门，英迈运作部认为，真正的物流应是一个集中运作体系，一个公司能不能围绕新的业务，通过一个订单把后勤部门全部调动起来，是一个核心问题。产品的覆盖面不见得是公司物流能力的覆盖面，物流能力覆盖面的衡量标准是应该经得起公司业务模式的转换，换了一种产品仍然能覆盖到原有的区域，解决这个问题的关键是建立一整套物流运作流程和规范体系，这也正是大多数国内物流企业所欠缺的物流服务观念。

资料来源：侯玉梅，许良. 物流工程[M]. 北京：清华大学出版社，2011.

 讨论

1. 从英迈公司中国物流的运作我们得到什么启示？
2. 你认为英迈运作的优势究竟源于什么？

第 6 章

配送与运输战略管理

学习目标

通过本章的学习，了解配送战略和运输战略；熟悉配送运输系统特点、影响因素；掌握配送运输基本作业流程、配送车辆装载作业技术；熟悉车辆调度方法；掌握配送运输线路优化设计方法。

关键术语

配送战略　运输战略　车辆调度　车辆集载　线路优化设计

沃尔玛的配送运作

沃尔玛是全球最大的零售商，其集中配送中心是相当大的，而且都位于一楼，使用一些传送带，让这些产品能够非常有效地流动，不需要重复对它进行处理，都是一次性的。沃尔玛所有的系统都是基于一个 UNIX 的配送系统，并采用传送带，采用非常大的开放式平台，还采用产品代码，以及自动补发系统和激光识别系统，由此沃尔玛节省了相当多的成本。其配送中心的职能如下。

（1）转运。沃尔玛把大型配送中心所进行的商品集中以及转运配送的过程叫作转运，大多是在一天当中完成进出作业。

（2）提供增值服务。沃尔玛配送中心还提供一些增值服务，例如，在服装销售前，需要加订标签，为了不损害产品的质量，加订标签需要在配送中心采用手工进行比较细致的操作。

（3）调剂商品余缺，自动补进。每个商品都需要一定的库存，比如软饮料、尿布等。沃尔玛的配送中心可以做到这一点，每一天或者每一周他们根据这种稳定的库存量的增减来进行自动的补进。这些配送中心可以保持 8 000 种产品的转运配送。

（4）订单配货。沃尔玛配送中心在对于新开业商场的订单处理上，采取这样的方法：在这些新商场开业之前，沃尔玛要对这些产品进行最后一次检查，然后运输到这些新商场，沃尔玛把这项工作称为新商场开业的订单配货。

沃尔玛公司作为全美零售业年销售收入第一的著名企业，素以精确掌握市场、快速传递商品和最好地满足客户需要著称，这与沃尔玛拥有自己庞大的物流配送系统并实施了严格有效的物流配送管理制度有关，因为它确保了公司在效率和规模成本方面的最大竞争优势，也保证了公司顺利地扩张。沃尔玛现代化的物流配送体系，表现在以下几个方面：设立了运作高效的配送中心；采用先进的配送作业方式；实现配送中心自动化的运行及管理。沃尔玛物流配送体系的运作具体表现为：注重与第三方物流公司形成合作伙伴关系；挑战"无缝点对点"物流系统；自动补发货系统；零售链接系统。

资料来源：李联卫. 物流案例与实训[M]. 北京：化学工业出版社，2009.

思考

为什么沃尔玛能做到"每日低价"？难道仅仅是因为其规模大吗？

6.1 配送与运输战略概述

6.1.1 配送与运输概述

1. 配送概念

配送（distribution），是指在经济合理区域范围内，根据用户要求，对物品进行拣选、加工、包装、分割及组配等作业，并按时送达指定地点的物流活动。即按照用户的订货要求，在配送中心或其他物流节点进行货物配备，并以最合理的方式送交用户。配送是物流体系的一个缩影，是物流的一项终端活动，它使物流服务更加贴近市场、贴近消费者。配送活动及其作业流程如图 6.1 和图 6.2 所示。

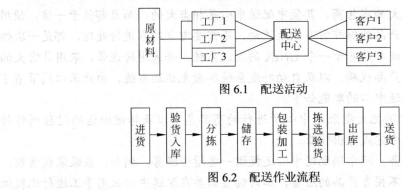

图 6.1　配送活动

图 6.2　配送作业流程

2. 配送与运输

从配送活动的实施过程来看，配送包括"配"和"送"两方面的活动。"配"是对货物进行集中、分拣和组配，"送"是将货物送达指定地点或用户手中。配送与运输相比较，如表 6.1 所示。

3. 配送的特点

（1）配送是从物流节点至用户的一种送货形式。其特殊性表现为：从事送货活动的是专业流通企业，而不是生产企业；配送是"中转"型送货，而工厂送货一般是直达型送货（直接送到用户手中），而且是生产什么送什么，配送是用户需要什么送什么。

（2）配送不是单纯的运输或输送，而是运输与其他活动共同构成的组合体。而且配送所包含的那一部分运输，在整个运送过程中是处于"二次运输""支线运输""终端运输"的位置。

表6.1 配送与运输的比较

比较项目	配　送	运　输
移动距离	短距离、少量货物的移动	长距离、大量货物的移动
服务功能	"配"与"送"的结合；货物送交客户	纯粹是"送"；节点间的货物移动
运输工具	主要采用汽车运输	使用多种交通工具
货物特点	多品种、小批量、多批次的货物	少品种、大批量货物
价值取向	服务优先	效率优先

（3）配送不是广义概念的组织物资订货、签约、进货及对物资处理分配的供应，而是以供应者送货到户式的服务性供应，是一种"门到门"的服务。

（4）配送是在全面配货基础上完全按用户的要求，包括种类、品种搭配、数量、时间等方面的要求所进行的运送，是"配"和"送"的有机结合形式。

配送、发送

"运输"是指物品在物流渠道中，在各网点之间移动的活动。其中，一般把向顾客交货时的近距离、少量的运输，叫作配送、发送。用于配送的运输工具，几乎都是卡车。但是在仓库、物流中心等网点内，物品的移动，称为搬运，以示与运输相区别。

6.1.2 配送的类型

根据不同的分类标准，配送可以划分为不同的类型。

1. 按照配送主体进行分类

1）生产企业配送

生产企业配送即以生产企业的成品库或设在各地的配送中心为据点，由生产企业自己组织的配送活动。

2）分销商配送

为了不断扩充自己的市场，生产企业在各地发展了自己的地方产品代理，作为自己的分销商，并且委托这些分销商实施对零售网点的分销商配送，提高对零售网点的服务水平，同时，可以让生产企业集中精力搞好产品的生产与研发工作。

3）连锁店集中配送

建立自己的配送中心，强化集中配送的能力，是连锁店提高竞争力的重要途径。集中配送具有很大的竞争优势，有助于集成采购批量，降低采购成本，节约配送费用，而且可以使各门店的商品存货降到很低的水平，乃至实现零库存。同时，也使配送服务质量具有很强的可控性。

4）社会配送中心配送

随着社会分工的发展，出现了专门从事商品配送服务的配送中心。配送中心的设施及工艺流程是根据配送需要专门设计的，所以配送能力强，配送距离远，配送品种多，配送数量大。由于为众多的企业、众多的产品提供配送服务，社会配送中心能够实现较强的规模经济性。

2. 按照配送时间和数量进行分类

1）定时配送

定时配送是指按照规定的时间进行货物配送。定时配送的时间间隔可长可短，可以是数天，也可以是几小时。定时配送由于时间固定，便于制订配送计划，安排配送车辆及送货人员，也便于安排接货人员及设备。

2）定量配送

定量配送是指在一定的时间范围内，按照规定的品种和数量进行货物配送。这一配送方式由于每次配送品种和数量固定，不但可以实现提前配货，而且可以按托盘、集装箱及车辆的装载能力有效地提高配送的效率，降低配送费用。

3）定时定量配送

定时定量配送是上述两种配送方式的综合，即按照规定的时间、规定的品种和数量进行货物配送。这种配送方式计划性很强，但适合的客户对象较窄，要求具有货物需求非常稳定的特点。

4）定时定路线配送

定时定路线配送是指在规定的运行路线上，按照所要求的运行时间表进行货物配送。例如，邮政部门的普通邮件投递就是采用这种配送方式。在客户相对集中地区，采用这种配送方式有利于安排配送车辆及人员，对客户而言，有利于安排接货力量，但一般配送的品种、数量不宜太多。

5）即时配送

即时配送是指完全根据客户提出的配送要求，采取对货物的品种、数量、时间提供一种随要随送的配送方式。由于这种配送方式要求的时限很快，因此，对配送的组织者提出了较高的要求。对客户而言，它具有很高的灵活性，可以使客户实现安全存货的零库存。

3. 按照配送专业化程度进行分类

1）专业化配送

专业化配送是指专门针对某一类或几类货物的配送方式，如图书配送、鲜奶配送等。专业化配送有利于发挥专业化分工的优势，按照不同配送货物的特殊要求优化配送设施、配送车辆，提高配送的效率，确保配送货物的品质。如鲜奶配送要求配备相应的冷藏设备和冷藏车辆。

2）综合化配送

综合化配送是指同时针对多种类型的货物的配送方式。综合化配送可以使客户只要与少数配送组织者打交道就可以满足对众多货物的需要，可以简化相应的手续。但当不同产品的性能、形状差别很大时，配送组织者的作业难度较大。

6.1.3 配送的业务组织

配送业务的组织一般是按照功能要素展开的,其基本流程如图 6.3 所示。

图 6.3 配送基本业务流程

具体到不同类型、不同功能的配送中心或物流节点的配送活动,其流程可能有些不同,而且不同的商品,由于其特性不一样,其配送流程也会有所区别。如食品类商品由于其种类繁多,形状特性不同,保质保鲜要求也不一样,所以通常有不同的配送流程,如图 6.4 所示。

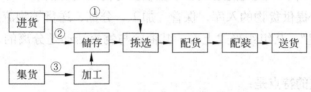

图 6.4 食品类商品的三种配货流程

第①类商品如海鲜产品、鱼、肉类制品等,由于保质期短,保鲜要求高,集货后不经过储存立即分拣配货、配装后送达客户。

第②类商品如矿泉水、方便食品等,由于保质期较长,储存保管后再按客户订单要求组织配送。

第③类商品如速冻食品、大包装进货食品、成衣等应按商品特性经过配送加工后再组织配送。

6.1.4 配送的结构模式

1. 商流、物流一体化的配送模式

商流、物流一体化的配送模式又称为配销模式,其模式结构如图 6.5 所示。

图 6.5 商流、物流一体化的配送模式

商流、物流一体化的配送模式对于行为主体来说,由于其直接组织货源及商品销售,因而配送活动中能够形成资源优势,扩大业务范围和服务对象,同时也便于向客户提供特殊的物流服务,满足客户的不同需求。但这种模式对于组织者的要求较高,需要大量资金和管理技术的支持。

2. 商流、物流相分离的配送模式

商流、物流相分离的配送模式结构如图 6.6 所示。

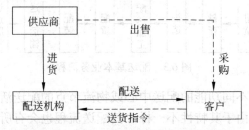

图 6.6　商流、物流相分离的配送模式

在这种配送模式下，配送的组织者不直接参与商品交易活动，即不参与商流过程，它只是专门为客户提供货物的入库、保管、加工、分拣、送货等物流服务，其业务实质上属于"物流代理"。从组织形式上看，其商流与物流活动是分离的，分属不同的行为主体。

这种配送模式的特点是：

（1）配送企业的业务活动单一，有利于专业化的形成，提高了物流服务的水平。

（2）配送企业占用资金相对较少，易于扩大服务范围和经营规模。

（3）配送企业只提供物流代理服务，企业收益主要来自服务费，经营规模较小。

这种模式的主要缺点就是配送机构不直接掌握货源，其调度和调节能力较差，另外对客户的依赖性强，容易因客户的销售不畅而导致自身配送规模的下降，经营的主动性差。

6.1.5　配送战略

配送战略是在采用上述配送模式和服务方式的基础上，为了既能满足用户需求，又不致增加太多成本而采取的具体措施。可供选择的主要战略有混合战略、转运策略、延迟策略、集运策略、差异化战略和合并战略。

1. 混合战略

混合战略是指配送业务的一部分由企业自身来完成。这种战略的基本思想是：如果配送活动全部由企业自身完成或者完全外包给第三方，就易形成规模经济，使管理简化，但也可能由于产品品种多样、规格不一、销量不等等情况而造成规模不经济。因此采用混合战略，合理安排完成企业自身的配送和外包给第三方的配送，能使配送成本最低。

2. 转运战略

转运是指为了满足应急需要，在同一层次的物流中心之间进行货物调度的运输。这种情况常常是由于预测不准确而进行配送以后，各需求点上的商品不能符合实际需求，需要进行调整而发生的商品运输。转运是零售层次上最常采用的补救办法。

3. 延迟战略

在现代信息技术支持下的物流系统中，人们借助信息技术快速获得需求信息，可使产品的最后制造和配送延期在收到客户的订单后再进行，从而使不合适的生产和库存被减少或消除。这种推迟生产或配送的行为就是延迟，前者称为生产延迟，后者称为物流延迟。本书指物流延迟，实际是指运输延迟和配送延迟。

显然，物流延迟对配送系统的结构、配送系统的功能和目标都会产生积极的影响。延迟改变了配送系统的预估特性，如对生产企业零部件的"零库存"配送就是应用延迟技术的结果。

4. 集运战略

由于"二律背反"原理，一种物流技术的应用会产生一些有利的优势，但同时也会带来不足，延迟技术也是如此。延迟克服了预估造成的库存量大的不足，但同时会影响运输规模效益的实现。集运则是为了在延迟技术下继续维持运输规模效益而采用的一种技术。

所谓集运，是指为了增大运输规模，采取相应措施使一次装运数量达到足够大的运输策略。集运通常采用的措施有：在一定区域内集中小批量用户的货物进行配送、在有选择的日期对特定的市场送货、联营送货或利用第三方物流公司提供的物流服务，使运输批量增大。

5. 差异化战略

差异化战略的指导思想是：产品特征不同，顾客服务水平也不同。当企业有多种产品时，不能对所有产品都按统一标准的顾客服务水平进行配送，而应按产品的特点、销售水平来设置不同的库存、不同的运输方式以及不同的储存地点。例如，沃尔玛公司共有六种形式的配送中心，即干货配送中心、食品配送中心、山姆会员店配送中心、服装配送中心、进口商品配送中心以及出口商品配送中心，根据产品种类及服务方式的不同进行差异化配送。

6. 合并战略

合并战略包含两个层次：一是配送方法上的合并，二是共同配送。

（1）配送方法上的合并。企业在安排车辆完成配送任务时，要充分利用车辆的容积和载重量，做到满载满装。由于产品品种繁多，不仅包装形态、储运性能不一，在容重方面也相差甚远。不论是容重大的货物使容积空余很多，还是容重小的货物未达到车辆载重量，这两种情况都造成了浪费。实行合理的轻重装配、容积大小不同的货物搭配装车，可以取得更好的效果。

（2）共同配送。共同配送也称共享第三方物流服务，指多个客户联合起来共同由一个第三方物流公司来提供配送服务。它是在配送中心统一计划、统一调度的情况下展开的。

共同配送是实现高度集约化的首选。共同配送整合了所有参与企业的商品资源，整合了客户和第三方物流的车辆和库房资源，同时也整合了所有参与企业的配送线路资源。

6.1.6 运输战略

运输战略包括对运输方式(自营或外包)、运输载体和运输路线的决策,如果是外包运输,还涉及承运人的选择。这里主要介绍运输主体的决策和运输方式的选择。

1. 运输主体的决策

企业可以选择自营运输或外包运输。自营运输是指企业自己购买车辆为自己提供运输服务;外包运输是企业以支付租金的方式,租用第三方车辆来实现运输职能,或直接由第三方为企业提供运输服务。影响自营或外包决策的因素有很多,主要包括下面几个方面:

1) 一次性投资

自营运输意味着企业必须承担运输车辆及其附属设施设备的购买成本、司机的雇用成本及培训费用、信息系统的安装成本等,这将占用企业较大比例的资金,对企业资金周转造成很大影响。选择外包运输则可以避免一次性大量资金的投入,降低企业固定资产的比重,只需根据运输需求量的多少支付相应金额的租金。因此,在选择自营或外包时,应考虑一次性投资的回报期和资金的时间成本。

2) 对物品控制和管理的力度

当选择外包运输策略,特别是由第三方提供运输服务时,企业对所运输物品的控制和管理能力便减弱了,难以实现对货物的实时监控、追踪和调配功能,这时容易出现货损、货差和送货不及时等现象,影响客户满意度。而企业自营运输则一般不会出现上述问题,企业对运输途中的车辆及物品有充分的控制能力,且使用企业自己的司机还有助于打造企业品牌,宣传企业形象,提高客户服务水平。因此,在选择自营或外包策略时,企业需要考虑对物品控制和管理力度的重要性以及运输与客户服务水平之间关系的密切程度。

3) 运输技术的专业性

由于物品的多样性和运输条件的复杂性,车辆的配载、送货批次安排以及行驶路线的选择等,往往需要专业的技术性支持,尤其是 GPS(全球卫星定位系统)、GIS(地理信息系统)和网络通信技术等先进设施设备和技术的支持。企业将运输外包给专业的第三方物流企业,便可以充分地利用其专业的运输技术,更好地完成运输职能;然而如果企业采取自营的方式,则不可能拥有像第三方那样优越的运输条件,即使可以购买,也必须付出高额的成本。因此,在选择自营或外包的运输方式时,企业还应考虑所运货物对专业性设施设备和技术的要求。

4) 运输工具的利用率

同一品类货物的运输,必然有高峰期和低谷期,企业若选择使用自营运输策略,如果满足高峰时的运输需求,在处于运输低谷期时,运力将产生大量剩余,导致运输工具的利用率较低。而使用外包策略则可以完全避免这一状况,企业可以随时根据运输需求量租用车辆,保证自身成本范围内车辆较高的利用率。因此,在选择自营或外包方式时,企业还必须考虑到所运货物的需求波动性对运输工具利用率的影响。

2. 运输方式的选择

在铁路、公路、水运、航空、管道及多式联运等运输方式中，如何选择适当的运输方式对于物流运作是一个非常重要的问题。一般来讲，应该在既定的客户服务水平和一定的物流服务成本之间找到一个平衡点。

选择运输方式时，通常是在保证运输安全的前提下再衡量运输时间和运输费用，在到货时间得到满足时再考虑费用低的运输方式。当然，计算运输费用不能单凭运输费率的高低，而应该对运输过程中发生的各种费用以及其他环节费用的影响进行综合分析。

6.2 配送运输车辆调度

6.2.1 配送运输概述

1. 配送运输概念

配送运输是指将被订购的货物使用汽车或其他运输工具从供应点送至顾客手中的活动。

2. 配送运输特点

1）时效性

确保在客户指定的时间内交货是客户最重视的因素，也是配送运输服务性的充分体现。配送运输是从客户到交货的最后环节，也是最容易引起时间延误的环节。影响时效性的因素有很多，除配送车辆故障外，所选的配送线路不当、中途客户卸货不及时等均会造成时间上的延误，因此，必须在认真分析各种因素的前提下，用系统化的思想和原则，有效协调，综合管理，合理地选择配送线路、配送车辆、送货人员，使每位客户能在其所期望的时间收到期望的货物。

2）安全性

配送运输的宗旨是将货物完好无损地送到目的地。影响安全性的因素有货物的装卸作业、运送过程中的机械震动和冲击及其他意外事故、客户地点及作业环境、配送人员的素质等，这些都会影响配送运输的安全性，因此，在配送运输管理中必须坚持安全性的原则。

3）沟通性

配送运输是配送的末端服务，它通过送货上门服务直接与客户接触，是与客户沟通最直接的桥梁，代表着公司形象和信誉，在沟通中起着非常重要的作用，所以，必须充分利用配送运输活动中与客户沟通的机会，巩固和发展公司的信誉，为客户提供更优质的服务。

4）方便性

配送以服务为目标，以最大限度地满足客户要求为优先，因此，应尽可能地让顾客享受到便捷的服务。通过采用高弹性的送货系统，如紧急送货、顺道送货与退货、辅助资源回收等，为客户提供真正意义上的便利服务。

5）经济性

实现一定的经济利益是企业运作的基本目标，因此，对合作双方来说，以较低的费用，完成配送作业是企业建立双赢机制加强合作的基础。

3．影响配送运输的因素

影响配送运输效果的因素很多。动态因素，如车流量变化、道路施工、配送客户的变动、可供调动的车辆变动等；静态因素，如配送客户的分布区域、道路交通网络、车辆运行限制等。各种因素互相影响，很容易造成送货不及时、配送路径选择不当、贻误交货时间等问题。因此，对配送运输的有效管理极为重要，否则不仅影响配送效率和信誉，而且将直接导致配送成本的上升。

6.2.2 配送运输的基本作业程序

1．划分基本配送区域

为使整个配送有一个可循的基本依据，应先将客户所在地的具体位置做系统统计，并将其作业区域进行整体划分，将每一客户囊括在不同的基本配送区域之中，以作为下一步决策的基本参考。例如，按行政区域或依交通条件划分不同的配送区域，在这一区域划分的基础上再做弹性调整来安排配送。

2．车辆配载

由于配送货物品种、特性各异，为提高配送效率，确保货物质量，在接到订单后，首先必须将货物依特性进行分类，再分别选取不同的配送方式和运输工具，如按冷冻食品、速食品、散装货物、箱装货物等分类配载；其次配送货物也有轻重缓急之分，必须按照先急后缓的原则，合理组织运输配送。

3．暂定配送先后顺序

在考虑其他影响因素，做出确定的配送方案前，应先根据客户订单要求的送货时间将配送的先后作业次序做一概括的预订，为后面车辆积载做好准备工作。计划工作的目的是保证达到既定的目标，所以，预先确定基本配送顺序既可以有效地保证送货时间，又可以尽可能提高运作效率。

4．车辆安排

车辆安排要解决的问题是安排什么类型、吨位的配送车辆进行最后的送货。一般企业拥有的车辆有限，当本公司车辆无法满足要求时，可使用外雇车辆。在保证配送运输质量的前提下，是组建自营车队，还是以外雇车为主，则须视经营成本而定，成本分析如图6.7所示。

曲线1表示外雇车辆的运送费用随运输量的变化情况；曲线2表示自有车辆的运送费用随运输量的变化情况。当运输量小于A时，外雇车辆费用小于自有车辆费用，所以应选用外雇车辆；当运输量大于A时外雇车辆费用大于自有车辆费用，所以应选用自有车辆。但无论自有车辆还是外雇车辆，都必须事先掌握有哪些车辆可供调派并符合要求，即这些车辆的容量和额定载重是否满足要求；其次，安排车辆之前，还必须分析订单上货物的信息，如体积、重量、数量等对装卸的特别要求，综合考虑各方面因素的影响，做出最合适的车辆安排。

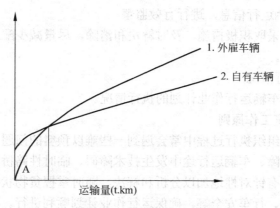

图 6.7　经营成本分析

5．选择配送线路

知道了每辆车负责配送的具体客户后，如何以最快的速度完成对这些货物的配送，即如何选择配送距离短、配送时间短、配送成本低的线路，这需根据客户的具体位置、沿途的交通情况等做出优先选择和判断。除此之外，还必须考虑有些客户或其所在地的交通环境对送货时间、车型等方面的特殊要求，如有些客户不在中午或晚上收货，有些道路在高峰期实行特别的交通管制等。

6．确定最终的配送顺序

做好车辆安排及选择最好的配送线路后，依据各车负责配送的具体客户的先后，即可将客户的最终派送顺序加以确定。

7．完成车辆积载

明确了客户的配送顺序后，接下来就是如何将货物装车，以什么次序装车的问题，即车辆的积载问题。原则上，知道了客户的配送顺序先后，只要将货物依"后送先装"的顺序装车即可。但有时为了有效利用空间，可能还要考虑货物的性质（怕震、怕压、怕撞、怕湿）、形状、体积及重量等做出弹性调整。此外，对于货物的装卸方法也必须依照货物的性质、形状、重量、体积等来做具体决定。

6.2.3　车辆运行调度

车辆运行调度是配送运输管理一项重要的职能，是指挥监控配送车辆正常运行、协调配送生产过程以实现车辆运行作业计划的重要手段。

1．车辆运行调度工作的内容

1）编制配送车辆运行作业计划

编制配送车辆运行作业计划包括编制配送方案、配送计划、车辆运行计划总表、分日配送计划表、单车运行作业计划等。

2）现场调度

根据货物分日配送计划、车辆运行作业计划和车辆动态分派配送任务，即按计划调派车辆，签发行车路单；勘察配载作业现场，做好装卸车准备；督促驾驶员按时出车；督促车辆按计划送修进保。

3）随时掌握车辆运行信息，进行有效监督

如发现问题，应采取积极措施，及时解决和消除，尽量减少配送生产中断时间，使车辆按计划正常运行。

4）检查计划执行情况

检查配送计划和车辆运行作业计划的执行情况。

2．车辆运行调度工作原则

车辆运行计划在组织执行过程中常会遇到一些难以预料的问题，如客户需求发生变化、装卸机械发生故障、车辆运行途中发生技术障碍、临时性路桥阻塞等。针对以上情况，需要调度部门要有针对性地加以分析和解决，随时掌握货物状况、车况、路况、气候变化、驾驶员状况、行车安全等，确保运行作业计划顺利进行。车辆运行调度工作应贯彻以下原则。

1）坚持从全局出发，局部服从全局的原则

在编制运行作业计划和实施运行作业计划过程中，要从全局出发，抓住重点、统筹兼顾，运力安排应贯彻"先重点、后一般"的原则。

2）安全第一、质量第一原则

在配送运输生产过程中，要始终把安全工作和质量管理放在首要位置。

3）计划性原则

调度工作要根据客户订单要求认真编制车辆运行作业计划，并以运行计划为依据，监督和检查运行作业计划的执行情况，按计划配送货物，按计划送修送保车辆。

4）合理性原则

要根据货物性能、体积、重量、车辆技术状况、道路桥梁通行条件、气候变化、驾驶员技术水平等因素合理调派车辆。在编制运行作业计划时，应科学合理地安排车辆的运行路线，有效地降低运输成本。

3．车辆调度方法

车辆调度的方法有多种，可根据客户所需货物、配送中心站点及交通线路的布局不同而选用不同的方法。简单的运输可采用定向专车运行调度法、循环调度法、交叉调度法等。如果配送运输任务量大，交通网络复杂时，为合理调度车辆的运行，可运用运筹学中线性规划的方法，如最短路线法、表上作业法、图上作业法等。

1）图上作业法

图上作业法是将配送业务量反映在交通图上，通过对交通图初始调运方案的调整，求出最优配送车辆运行调度方法。运用这种方法时，要求交通图上没有货物对流现象，以运行路线最短、运费最低或行程利用率最高为优化目标。其基本步骤如下。

（1）绘制交通图。根据客户所需货物汇总情况、交通线路、配送点与客户点的布局，绘制出交通示意图。

难点例释：设有 A_1、A_2、A_3 三个配送点分别有化肥 40 吨、30 吨、30 吨，需送往四个客户点 B_1、B_2、B_3、B_4，而且已知各配送点和客户点的地理位置及它们之间的道路通阻情况，可据此制出相应的交通图，如图 6.8 所示。

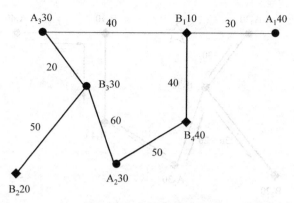

图 6.8 运距运量交通图

（2）将初始调运方案反映在交通图上。任何一张交通图上的线路分布形态无非为成圈与不成圈两类。对于不成圈的，A_1，B_2 的运输，可按"就近调运"的原则，很容易得出调运方案。其中（$A_1 \to B_4$70 千米）<（$A_3 \to B_4$80 千米），（$A_3 \to B_2$70 千米）<（$A_2 \to B_2$110 千米），先假定（$A_1 \to B_4$），（$A_3 \to B_2$）运输。对于成圈的，A_2、A_3、B_1 所组成的圈，可采用破圈法处理，即先假定某两点（A_2 与 B_4）不通（破圈，如图 6.9 所示），再对货物就近调运，（$A_2 \to B_3$）（$A_2 \to B_4$），数量不够的再从第二点调运，即可得出初始调运方案。在绘制初始方案交通图时，凡是按顺时针方向调运的货物调运线路（如 A_3 至 B_1、B_1 至 B_4、A_2 至 B_3），其调运箭头线都画在圈外，称为外圈；反之，其调运箭头线（A_3 至 B_3）都画在圈内，称为内圈，或者两种箭头相反方向标注也可。

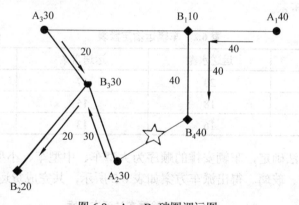

图 6.9 $A_2 \to B_4$ 破圈调运图

（3）检查与调整。面对交通图上的初始调运方案，首先，分别计算线路的全圈长、内圈长和外圈长（圈长即指里程数），如果内圈长和外圈长都分别小于全圈长的一半，则该方案即为最优方案；否则，即为非最优方案，需要对其进行调整。全圈长（$A_2 \to A_3 \to B_1 \to B_2$）为 210 千米，外圈（$A_3 \to B_1$40 千米、$B_1 \to B_4$40 千米、$A_2 \to B_3$60 千米）长为 140 千米，大于全圈长的一半，显然，需要缩短外圈长度。调整的方法是在外圈（若内圈长大于全圈长的一半，则在内圈）上先假定运输量最小的线路两端点（A_3 与 B_1）之间不通，再对货物就近调运，可得到调整方案如图 6.10 所示。然后，再检查调整方案的内圈长与外圈长是否都分别小于全圈长的一半。如此反复至得出最优调运方案为止。计算可得内圈长为 70 千米，外圈长为 100 千米，均小于全圈长的一半，可见，该方案已为最优方案。

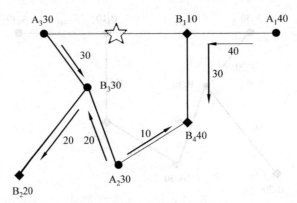

图 6.10 A_3 与 B_1 破圈调运图

2) 经验调度法和运输定额比法。

在有多种车辆时，车辆使用的经验原则为尽可能使用能满载运输的车辆进行运输。如运输 5 吨的货物，安排一辆 5 吨载重量的车辆运输。在能够保证满载的情况下，优先使用大型车辆，且先载运大批量的货物。一般而言，大型车辆能够保证较高的运输效率和较低的运输成本。

难点例释：某建材配送中心，某日需运送水泥 580 吨、盘条 400 吨和不定量的平板玻璃。该中心有大型车 20 辆，中型车 20 辆，小型车 30 辆。各种车每日只运送一种货物，运输定额如表 6.2 所示。

表 6.2 车辆运输定额表 （单位：吨/日·辆）

车辆种类	运送水泥	运送盘条	运送玻璃
大型车	20	17	14
中型车	18	15	12
小型车	16	13	10

根据经验派车法确定，车辆安排的顺序为大型车、中型车、小型车。货载安排的顺序为：水泥、盘条、玻璃。得出派车方案如表 6.2 所示，共完成货运量 1 080 吨。

表 6.3 经验派车法派车方案 （单位：吨/日·辆）

车辆种类	运送水泥	运送盘条	运送玻璃	车辆总数
大型车	20		14	20
中型车	10	10	12	20
小型车		20	10	30
货运量/吨	580	400		

对于以上车辆的运送能力可以按表 6.3 计算每种车运送不同的定额比。

其他种类的定额比都小于 1，不予考虑。在表 6.4 中小型车运送水泥的定额比最高，因而要先安排小型车运送水泥；再由中型车运送盘条；剩余的由大型车完成。得表 6.5 的派车方案，共完成运量 1 106 吨。

表 6.4　车辆运输定额比　　　　　　　　　　（单位：吨/日·辆）

车辆种类	运水泥/运盘条	运盘条/运玻璃	运水泥/运玻璃	…
大型车	1：18	1：21	1：43	
中型车	1：2	1：25	1：5	
小型车	1：23	1：3	1：6	

表 6.5　定额比优化派车法　　　　　　　　　（单位：吨/日·辆）

车辆种类	运送水泥车辆数	运送盘条车辆数	运送玻璃车辆数	车辆总数
大型车	5	6	9	20
中型车		20		20
小型车	30			30
货运量	580	400	126	

6.2.4　影响配送运输合理化的因素

影响配送运输合理化的因素包括外部因素和内部因素两个方面。

1．外部因素

（1）交通运输网络布局及交通流状况。配送运输主要发生在城市内部及城市间经济里程半径 50～350 千米范围内的运输活动，服务区域内的道路交通布局及交通流状况决定了配送运输的成本、速度及服务的一致性。

（2）配送中心规划布点。配送中心在区域内的规划布点在一定程度上决定了配送运输的距离、时间、服务的客户服务范围，布点不合理可能产生迂回运输和过远运输等不合理运输，会影响配送运输的成本和服务水平。

2．内部因素

（1）运输距离。在配送过程中，运输时间、货损、运费、车辆或船舶周转等运输的若干技术经济指标，都与运输距离有一定的比例关系。因此，运距长短是配送运输是否合理的一个最基本因素，缩短运距既具有宏观的社会效益，也具有微观的企业效益。

（2）运输环节。每增加一次运输环节，不但会增加起运的运费和总运费，而且必然要增加运输的附属活动，如装卸、包装等，各项技术经济指标也会因此下降。所以，减少运输环节，尤其是同类运输工具的环节，对合理运输有促进作用。

（3）运输工具。各种运输工具都有其使用的优势领域，对运输工具进行优化选择，按运输工具特点进行装卸运输作业，最大限度地发挥所用运输工具的作用，是运输合理化的重要一环。

（4）运输时间。在全部配送时间中，运输时间占较大部分，因而运输时间的缩短对整个流通时间的缩短有决定性作用。此外，运输时间短，有利于运输工具的加速周转，充分发挥运力的作用；有利于运输线路通过能力的提高，对运输合理化有很大贡献。

（5）运输费用。运费在全部配送成本中占很大比例，运输费用的降低，无论对客户来讲还是对配送中心来讲，都是运输合理化的一个重要指标。运费的判断，也是各种合理化配送是否行之有效的最终判断依据之一。

6.2.5 配送运输合理化

1. 不合理配送运输的表现形式

1) 迂回运输

由于道路交通网络的纵横交错及车辆的机动性、灵活性，在配送中心与送货地点之间，往往有不同的运输路径可供选择。凡不经过最短路径的绕道运输，均称为迂回运输。

2) 过远运输

过远运输是一种舍近求远的配送运输，多发生在多点配送中。在配送作业规划时，当有多个配送据点时，不就地或就近获取某种物资，却舍近求远，拉长运输距离，造成运力浪费。造成过远运输这一不合理现象的原因可能很复杂，其中配送中心规划布点是影响因素之一。另外，配送中心对供应商的选择及商品采购计划的不合理也可能会造成过远运输。

3) 重复运输

同一批货物运抵目的地后没有经任何加工和必要的作业，又重新装运到别处的现象称为重复运输。多发生在配送过程中多余的中转、倒装、虚耗装卸的费用，造成非生产性停留，增加了货物作业量，延缓了送货速度，增加了货损，也增加了费用。

4) 无效运输

无效运输是指被运输的货物没有进行合理的配送加工作业，造成货物杂质较多，或包装过度、物流容器等辅助工具的不合理，使运输能力浪费于不必要物资的运输，造成运能的浪费。

5) 运输方式及运输工具选择不当

未考虑各种运输工具的优缺点，而进行不适当的选择，所造成的不合理运输即运输方式及运输工具选择不当。常见有以下几种形式：

(1) 违反水陆分工使用，弃水走陆的运输。弃水走陆是指从甲地到乙地的货物运输，有铁路、水路、公路等多种运输方式可供选择，但是将适合水路或水陆联运的货物改为用铁路或公路运输，从而使水运的优势得不到充分发挥。

(2) 铁路短途运输。不足铁路的经济运行里程却选择铁路进行运输。

(3) 水运的过近运输。不足船舶的经济运行里程却选择水运进行运输。

(4) 载运工具选择不当，实载率过低造成运力的浪费。

2. 合理配送运输措施

1) 推行一定综合程度的专业化配送

通过采用专业设备、设施和操作程序，取得较好的配送效果，并降低配送综合化的复杂程度及难度，从而追求配送合理化。

2) 推行加工配送

通过将加工与配送相结合，充分利用本来应有的中转，而不增加新的中转来求得配送合理化。同时，加工借助配送，目的更明确，而且与客户的联系更紧密，避免了盲目性。这两者的有机结合，投入增加不多，却可追求两个优势、两个效益，是配送合理化的重要经验。

3）推行共同配送

共同配送其实质就是在同一个地区，许多企业在物流运作中互相配合，联合运作，共同进行理货、送货等活动的一种组织形式。通过共同配送，可以最近的路程、最低的配送成本来完成配送，从而追求配送合理化。

4）实行送取结合

配送企业与用户建立稳定的协作关系。配送企业不仅是用户的供应代理人，而且还是用户的储存据点，甚至是其产品的代销人。在配送时，将用户所需的物资送到，再将该用户生产的产品用同一车运回，这种产品也成了配送中心的配送产品之一，或者为生产企业代存代储，免去了其库存包袱。这种送取结合，使运力充分利用，也使配送企业功能有更大的发挥，从而追求配送合理化。

5）推行准时配送系统

准时配送是配送合理化的重要内容。配送做到了准时，用户才有资源把握，才可以放心地实施低库存或零库存，才可以有效地安排接货的人力、物力，以追求最高效率的工作。另外，保证供应能力，也取决于准时供应。

6）推行即时配送

即时配送是最终解决用户企业所担心的供应间断问题，大幅度提高供应保证能力的重要手段。即时配送是配送企业快速反应能力的具体化，是企业配送能力的体现。即时配送成本较高，但它是整个配送合理化的重要保证手段。此外，用户实现零库存，即时配送也是其重要的保证手段。

7）推行产地直接配送

配送产地直送化将有效缩短流通渠道，优化物流过程，大幅度降低物流成本。特别是对于大批量、需求量稳定的货物，产地直送的优势将更加明显。

8）实现区域配送

配送的区域扩大化趋势突破了一个城市的范围，发展为区间、省间，甚至是跨国的更大范围的配送，即配送范围向周边地区、全国乃至全世界辐射。配送区域扩大化趋势将进一步带动国际物流，使配送业务向国际化方向发展。

9）实现配送的信息化、自动化

配送信息化就是直接利用计算机网络技术重新构筑配送系统。信息化是其他先进物流技术在配送领域应用的基础。配送作业的自动化突破了体力劳动和手工劳动的传统模式，出现了大量自动化程度相当高的自动化立体仓库，大大提高了配送效率。

10）提倡多种配送方式最优组合

每一种配送方式都有其优点，多种配送方式和手段的最优化组合，将有效地解决配送过程、配送对象、配送手段等复杂问题，以求得配送效益最大化。

小故事

一对农民工夫妻来到北京打工，他们俩逛街时发现了一条财路——给北京市的摩托车修理店配送零部件。他们先是和几家修理店谈了一下，然后再去联系了摩托车配件经销商（选择了离自己租的房子最近的一家，以便进货方便），回家后他们盘算了一下，由于资金不是很充裕，买不起现代化的交通工具，只能用自行车或三轮车组织配送，而且每个维修店相距不是很近，因此也不可能一下就给太多的维修店配货。他们于是决定按照以下步骤开始配送工作。

第一，划定离地铁车站相对较近的十多个修理店作为首批服务对象。

第二，购买一部三轮车去配件经销商处进货。

第三，每天下午坐地铁去统计每个维修店所需的零部件，然后回家用三轮车组织进货。

第四，第二天男农民工就用三轮车把所需配送的零部件拉到地铁站，放在车厢中。然后和妻子按照预计好的地铁站进行播种式配货（按照地铁站站台的先后顺序把货物配送到离地铁站近的指定摩托车维修店）。

利用这种先圈定配送对象，再利用地铁进行配送的方式进行配送活动体现了配送组织的灵活性，也符合了他们的实际情况。后来，他们的业务越来越大，开始把以每个地铁站为中心的配送半径扩大，并增加了不少旧自行车以提高配送速度，最后他们终于注册了自己的物流公司，并在汽车、摩托车零部件配送领域站稳了脚跟。

故事折射出了配送合理化的高明手段。实际上，选择合理化的、适合实际的运输配送组织形式是降低单位运输配送成本、提高车辆利用率、缩短运输配送时间的关键。

11）提高运输工具实载率

实载率有两个含义：一是单车实际载重与运距之乘积和核定载重与行驶里程之乘积的比率。这在安排单车、单船运输时，是作为判断装载合理与否的重要指标。二是车船的统计指标，即一定时期内车船实际完成的物品周转量（以吨千米计）占车船载重吨位与行驶千米乘积的百分比。在计算车船行驶的公里数时，不但包括载货行驶路程，也包括空驶行程。

提高实载率的意义在于：充分利用运输工具的额定能力，减少车船空驶和不满载行驶的时间，减少浪费，从而求得运输的合理化。配送的优势之一就是将多个客户需要的物品和一家需要的多种物品实行配装，以达到容积和载重的充分合理运用。与以往自家提货或一家送货车辆的回程空驶的状况相比，这是运输合理化的一个进展。在铁路运输中，采用整车运输、整车拼装、整车分卸及整车零卸等具体措施，都是提高实载率的有效途径。

12）减少动力投入，增加运输能力

减少动力投入，增加运输能力的要点是少投入，多产出，走高效益之路。配送运输的投入主要是能耗和载运工具的初始投资，在现有的运输能力基础上，大力发展节能型车辆、使用低成本能源可以在一定程度上降低单位运输成本，达到配送运输合理化的目的。

13）充分合理地利用社会运力，发展合作化配送运输

配送中心使用自有车辆，自我服务，其规模有限，难以形成规模经济效益，经常会出现空驶、亏载等浪费现象。以合同经营或合作经营方式充分合理地利用社会运输资源，可以在一定程度上降低配送中心设备投入，提高载运工具的利用率，从而达到降低配送运输成本的目的。

14）合理规划配送运输线路，运用科学的方法进行运力调度

配送是在合理的区域内进行的短距离运输，配送线路规划是配送运输业务管理的重要内容，合理的线路规划可以减少空驶，缩短运输总里程，提高配送运输的送达速度，提高配送的服务水平。

6.3 配送车辆积载规划

6.3.1 影响配送车辆积载因素

1. 货物特性因素

若轻泡货物，由于车辆容积的限制和运行限制（主要是超高），而无法满足吨位，则造成吨位利用率降低。

2. 货物包装情况

若车厢尺寸不与货物包装容器的尺寸成整倍数关系，则无法装满车厢。如货物宽度80厘米，车厢宽度220厘米，将会剩余60厘米。

3. 不能拼装运输

应尽量选派核定吨位与所配送的货物数量接近的车辆进行运输，或按有关规定而必须减载运行，比如有些危险品必须减载运送才能保证安全。

4. 由于装载技术的原因，造成不能装足吨位

由于装载技术原因不能确定合理的堆码层次以及方法，不能充分利用运输工具空间，造成运能浪费，吨位不足。

6.3.2 车辆积载的原则

1. 轻重搭配的原则

车辆装货时，必须将重货置于底部，轻货置于上部，避免重货压坏轻货，并使货物重心下移，从而保证运输安全。

2. 大小搭配的原则

货物包装的尺寸有大有小，为了充分利用车厢的内容积，可在同一层或上下层合理搭配不同尺寸的货物，以减少箱内的空隙。

3. 货物性质搭配原则

拼装在一个车厢内的货物，其化学性质、物理属性不能互相抵触。如不能将散发臭味的货物与具有吸臭性的食品混装；不将散发粉尘的货物与清洁货物混装。

4. 合理化原则

（1）到达同一地点的适合配装的货物应尽可能一次积载。

（2）确定合理的堆码层次及方法。可根据车厢的尺寸、容积，货物外包装的尺寸来确定。

（3）装载时不允许超过车辆所允许的最大载重量。

（4）装载易滚动的卷状、桶状货物，要垂直摆放。

（5）货与货之间，货与车辆之间应留有空隙并适当衬垫，防止货损。

（6）装货完毕，应在门端处采取适当的稳固措施，以防开门卸货时，货物倾倒造成货损。

（7）尽量做到"后送先装"。

6.3.3 提高车辆装载效率的具体办法

（1）研究各类车厢的装载标准，根据不同货物和不同包装体积的要求，合理安排装载顺序，努力提高装载技术和操作水平，力求装足车辆核定吨位。

（2）根据客户所需要的货物品种和数量，调派适宜的车型承运，这就要求配送中心根据经营商品的特性，配备合适的车型结构。

（3）凡是可以拼装运输的，尽可能拼装运输，但要注意防止差错。

箱式货车有确定的车厢容积，车辆的载货容积为确定值。设车厢容积为 V，车辆载重量为 W。现要装载质量体积为 R_a、R_b 的两种货物，使车辆的载重量和车厢容积均被充分利用。

设：两种货物的配装重量为 W_a、W_b

$$\begin{cases} W_a + W_b = W \\ W_a \times R_a + W_b \times R_b = V \end{cases} \tag{6.1}$$

$$W_a = \frac{V - W \times R_b}{R_a - R_b} \tag{6.2}$$

$$W_b = \frac{V - W \times R_a}{R_b - R_a} \tag{6.3}$$

难点例释：某仓库某次需运送水泥和玻璃两种货物，水泥质量体积为 0.9 立方米/吨，玻璃是 1.6 立方米/吨，计划使用的车辆的载重量为 11 吨，车厢容积为 15 立方米。试问如何装载使车辆的载重量能力和车厢容积都被充分利用？

设：水泥的装载量为 W_a，玻璃的装载量为 W_b。

其中：V=15 立方米，W=11 吨，R_a=0.9 立方米/吨，R_b=1.6 立方米/吨

$$W_a = \frac{V - W \times R_b}{R_a - R_b} = \frac{15 - 11 \times 1.6}{0.9 - 1.6} = 3.71 \text{ 吨}$$

$$W_b = \frac{V - W \times R_a}{R_b - R_a} = \frac{15 - 11 \times 0.9}{1.6 - 0.9} = 7.29 \text{ 吨}$$

该车装载水泥 3.71 吨，玻璃 7.29 吨时车辆到达满载。

通过以上计算可以得出两种货物的搭配使车辆的载重能力和车厢容积都得到充分的利用。但其前提条件需是：车厢的容积系数介于所要配载货物的容重比之间。如所需要装载的货物的质量体积都大于或小于车厢容积系数，则只能是车厢容积不满或者不能满足载重量。当存在多种货物时，可以将货物比重与车辆容积系数相近的货物先配装，剩下两种最重和最轻的货物进行搭配配装。或者对需要保证数量的货物先足量配装，再对不定量配送的货物进行配装。

6.3.4 配送车辆装载与卸载

1. 装卸的基本要求

装载卸载总的要求是"省力、节能、减少损失、快速、低成本"。

1)装车前应对车厢进行检查和清扫

因货物性质不同,装车前需对车辆进行清洗、消毒,必须达到规定要求。

2)确定最恰当的装卸方式

在装卸过程中,应尽量减少或根本不消耗装卸的动力,利用货物本身的重量进行装卸。如利用滑板、滑槽等。同时应考虑货物的性质及包装,选择最适当的装卸方法,以保证货物的完好。

3)合理配置和使用装卸机具

根据工艺方案科学地选择并将装卸机具按一定的流程合理地布局,以达到搬运装卸的路径最短。

4)力求减少装卸次数

物流过程中,发生货损货差的主要环节是装卸,而在整个物流过程中,装卸作业又是反复进行的,从发生的频数来看,超过其他环节。装卸作业环节不仅不增加货物的价值和使用价值,反而有可能增加货物破损的概率和延缓整个物流作业速度,从而增加物流成本。

5)防止货物装卸时的混杂、散落、漏损、砸撞

特别要注意有毒货物不得与食用类货物混装,性质相抵触的货物不能混装。

6)防止货损货差

装车的货物应数量准确,捆扎牢靠,做好防丢措施;卸货时应清点准确,码放、堆放整齐,标志向外,箭头向上。

7)提高货物集装化或散装化作业水平

成件货物集装化,粉粒状货物散装化是提高作业效率的重要手段。所以,成件货物应尽可能集装成托盘系列、集装箱、货捆、货架、网袋等货物单元再进行装卸作业。各种粉粒状货物尽可能采用散装化作业,直接装入专用车、船、库。不宜将散装化作业的粉粒状货物也可装入专用托盘、集装箱、集装袋内,提高货物活性指数,便于采用机械设备进行装卸作业。

8)做好装卸现场组织工作

装卸现场的作业场地、进出口通道、作业流程、人机配置等布局设计应合理,使现有的和潜在的装卸能力充分发挥或发掘出来。避免由于组织管理工作不当造成装卸现场拥挤、紊乱现象,以确保装卸工作安全顺利完成。

2. 装卸的工作组织

货物配送运输工作的目的在于不断谋求提高装卸工作质量及效率、加速车辆周转、确保物流效率。因此,除了强化硬件之外,在装卸工作组织方面也要给予充分重视,做好装卸组织工作。

1)制定合理的装卸工艺方案

用"就近装卸"方法或用"作业量最小"法。在进行装卸工艺方案设计时应该综合

考虑，尽量减少"二次搬运"和"临时放置"，使搬运装卸工作更合理。

2）提高装卸作业的连续性

装卸作业应按流水作业原则进行，工序间应合理衔接，必须进行换装作业的，应尽可能采用直接换装方式。

3）装卸地点相对集中或固定

装载、卸载地点相对集中，便于装卸作业的机械化、自动化，可以提高装卸效率。

4）力求装卸设施、工艺的标准化

为了促进物流各环节的协调，就要求装卸作业各工艺阶段间的工艺装备、设施与组织管理工作相互配合，尽可能减少因装卸环节造成的货损货差。

3．装车堆积

装车堆积是在具体装车时，为充分利用车厢载重量、容积而采用的方法。一般是根据所配送货物的性质和包装来确定堆积的行、列、层数及码放的规律。

1）堆积的方式

堆积的方式有行列式堆码方式和直立式堆码方式。

2）堆积应注意的事项

（1）堆码方式要有规律、整齐。

（2）堆码高度不能太高。车辆堆装高度一是受限于道路高度限制；二是道路运输法规规定，如大型货车的高度从地面起不得超过 4 米；载重量 1 000 千克以上的小型货车不得超过 2.5 米；载重量 1 000 千克以下的小型货车不得超过 2 米。

（3）货物在横向不得超出车厢宽度，前端不得超出车身，后端不得超出车厢的长度为：大货车不超过 2 米；载重量 1 000 千克以上的小型货车不得超过 1 米；载重量 1 000 千克以下的小型货车不得超过 50 厘米。

（4）堆码时应重货在下，轻货在上；包装强度差的应放在包装强度好的上面。

（5）货物应大小搭配，以利于充分利用车厢的载容积及核定载重量。

（6）按顺序堆码，先卸车的货物后码放。

4．绑扎

绑扎是配送发车前的最后一个环节，也是非常重要的环节。是在配送货物按客户订单全部装车完毕后，为了保证货物在配送运输过程中的完好，以及为避免车辆达到各客户点卸货开箱时发生货物倾倒，而必须进行的一道工序。

1）绑扎要点

（1）绑扎端点要易于固定而且牢靠。

（2）可根据具体情况选择绑扎形式。

（3）应注意绑扎的松紧度，避免货物或其外包装损坏。

2）绑扎的形式

（1）单件捆绑。

（2）单元化、成组化捆绑。

（3）分层捆绑。

（4）分行捆绑。

(5) 分列捆绑。
3) 绑扎的方法
（1）平行绑扎。
（2）垂直绑扎。
（3）相互交错绑扎。

6.4 配送车辆优化设计

1. 配送线路设计

配送线路设计就是整合影响配送运输的各种因素，适时适当地利用现有的运输工具和道路状况，及时、安全、方便、经济地将客户所需的商品准确地送达客户手中。在配送运输线路设计中，需根据不同客户群的特点和要求，选择不同的线路设计方法，最终达到节省时间、运距和降低配送运输成本的目的。

配送运输由于配送方法的不同，其运输过程也不尽相同，影响配送运输的因素很多，如车流量的变化、道路状况、客户的分布状况和配送中心的选址、道路交通网、车辆定额载重量以及车辆运行限制等。

2. 直送式配送运输

直送式配送运输，是指由一个供应点对一个客户的专门送货。从物流优化的角度来看，直送式客户的基本条件是其需求量接近于或大于可用车辆的额定重量，需专门派一辆或多辆车一次或多次送货。因此，直送情况下，货物的配送追求的是多装快跑，选择最短配送线路，以节约时间、费用，提高配送效率。即直送问题的物流优化，主要是寻找物流网络中的最短线路问题。

目前解决最短线路问题的方法有很多，现以位势法为例，介绍如何解决物流网络中的最短线路问题。已知物流网络如图 6.11 所示，各节点分别表示为 A、B、C、D、E、F、G、H、I、J、K，各节点之间的距离如图 6.11 所示，试确定各节点间的最短线路。

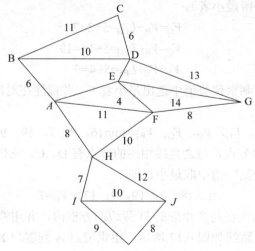

图 6.11 物流网络示意图

寻找最短线路的方法步骤如下：

第一步：选择货物供应点为初始节点，并取其位势值为"零"即 $V_I=0$。

第二步：考虑与 I 点直接相连的所有线路节点。设其初始节点的位势值为 V_I，则其终止节点 J 的位势值可按下式确定：

$$V_J = V_I + L_{IJ}$$

式中：L_{IJ}——I 点与 J 点之间的距离。

第三步：从所得到的所有位势值中选出最小者，此值即为从初始节点到该点的最短距离，将其标在该节点旁的方框内，并用箭头标出该联线 I—J，以此表示从 I 点到 J 点的最短线路走法。

第四步：重复以上步骤，直到物流网络中所有节点的位势值均达到最小为止。

最终，各节点的位势值表示从初始节点到该点的最短距离。带箭头的各条联线则组成了从初始节点到其余节点的最短线路。分别以各点为初始节点，重复上述步骤，即可得各节点之间的最短距离。

难点例释：在物流网络图 6.11 中，试寻找从供应点 A 到客户 K 的最短线路。

解：根据以上步骤，计算如下：

（1）取 $V_A=0$；

（2）确定与 A 点直接相连的所有节点的位势值：

$$V_B = V_A + L_{AB} = 0+6=6$$
$$V_E = V_A + L_{AE} = 0+5=5$$
$$V_F = V_A + L_{AF} = 0+11=11$$
$$V_H = V_A + L_{AH} = 0+8=8$$

（3）从所得的所有位势值中选择最小值 $V_E=5$，并标注在对应节点 E 旁边的方框内，并用箭头标出联线 AE。即

$$\min\{V_B, V_E, V_F, V_H\} = \min\{6, 5, 11, 8\} = V_E = 5$$

（4）以 E 为初始节点，计算与之直接相连的 D、G、F 点的位势值（如果同一节点有多个位势值，则只保留最小者）。

$$V_D = V_E + L_{ED} = 5+2=7$$
$$V_G = V_E + L_{EG} = 5+14=19$$
$$V_F = V_E + L_{EF} = 5+4=9$$

（5）从所得的所有剩余位势值中选出最小者 6，并标注在对应的节点 F 旁，同时用箭头标出联线 AB，即

$$\min\{V_B, V_H, V_D, V_G, V_F\} = \min\{6, 8, 7, 19, 9\} = V_B = 6$$

（6）以 B 点为初始节点，与之直接相连的节点有 D、C，它们的位势值分别为 16 和 17。从所得的所有剩余位势值中取最小，即

$$\min\{8, 7, 19, 9, 17\} = V_D = 7$$

将最小位势值 7 标注在与之相应的 D 旁边的方框内，并用箭头标出其联线 ED。如此继续计算，可得最优路线如图 6.12 所示，由供应点 A 到客户 K 的最短距离为 24。

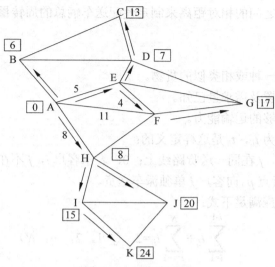

图 6.12 最优线路图

依照上述方法,将物流网络中的每一节点当作初始节点,并使其位势值等与"零",然后进行计算,可得所有节点之间的最短距离,如表 6.6 所示。

表 6.6 节点之间的最短距离

物流网结点	A	B	C	D	E	F	G	H	I	J	K
A	0	6	13	7	5	9	17	8	15	20	24
B	6	0	11	10	11	15	23	14	21	26	30
C	13	11	0	6	8	12	19	21	28	33	37
D	7	10	6	0	2	6	13	15	22	27	31
E	5	11	8	2	0	4	12	13	20	25	29
F	9	15	12	6	4	0	8	10	17	22	26
G	17	23	19	13	12	8	0	15	22	27	31
H	8	14	21	15	13	10	15	0	7	12	16
I	15	21	28	22	20	17	22	7	0	10	9
J	20	16	33	27	25	22	27	12	10	0	8
K	24	30	37	31	29	26	31	16	9	8	0

3. 分送式配送运输

分送式配送是指由一个供应点对多个客户的共同送货。其基本条件是同一条线路上所有客户的需求量总和不大于一辆车的额定载重量,送货时,由这一辆车装着所有客户的货物,沿着一条精心挑选的最佳路线依次将货物送到各个客户手中,这样既保证按时按量将用户需要的货物及时送到,又节约了车辆,节省了费用,缓解了交通紧张的压力,并减少了运输对环境造成的污染。分送式配送优化方法最常见的是节约法。

1)节约法的基本规定

利用里程节约法确定配送路线的主要出发点是,根据配送方的运输能力及其到客户之间的距离和各客户之间的相对距离来制定使配送车辆总的周转量达到或接近最小的配送方案。

假设条件：
（1）配送的是同一种或相类似的货物。
（2）各用户的位置及需求量已知。
（3）配送方有足够的运输能力。
（4）设状态参数为 t_{ij}，t_{ij} 是这样定义的：
$t_{ij}=\{1$，表示客户 i，j 在同一送货路线上；0，表示客户 i，j 不在同一送货线路上。$\}$
$t_{0j}=2$ 表示由送货点 p_0 向客户 j 单独派车送货。
且所有状态参数应满足下式：

$$\sum_{i=1}^{j-1} t_{ij} + \sum_{i=j+1}^{N} t_{ij} = 2 \quad (j=1,2,\cdots,N) \tag{6.4}$$

式中：N——客户数。

利用节约法制定出的配送方案除了使总的周转量最小外，还应满足：
（1）方案能满足所有客户的到货时间要求。
（2）不使车辆超载。
（3）每辆车每天的总运行时间及里程满足规定的要求。

2）节约法的基本思想

如图 6.13 所示，设 p_0 为配送中心，分别向用户 p_i 和 p_j 送货。p_0 到 p_i 和 p_j 的距离分别为 d_{0i} 和 d_{0j}，两个用户 p_i 和 p_j 之间的距离为 d_{ij}，送货方案只有两种即配送中心 p_0 向用户 p_i，p_j 分别送货和配送中心 p_0 向用户 p_i，p_j 同时送货，如图 6.13a 和图 6.13b 所示。比较两种配送方案：

方案 a 的配送路线为 $p_0 \to p_i \to p_0 \to p_j \to p_0$，配送距离为 $d_a = d_{1i} + d_{0j}$

方案 b 的配送路线为 $p_0 \to p_i \to p_j \to p_0$，配送距离为 $d_b = d_{0i} + d_{0j} + d_{ij}$

显然，d_a 不等于 d_b，我们用 s_{ij} 表示里程节约量，即方案 b 比方案 a 节约的配送里程：

$$S_{ij} = d_{0i} + d_{0j} - d_{ij} \tag{6.5}$$

根据节约法的基本思想，如果一个配送中心 p_0 分别向 N 个客户 p_j（$j=1,2,\cdots,N$）配送货物，在汽车载重能力允许的前提下，每辆汽车的配送线路上经过的客户个数越多，里程节约量越大，配送线路越合理。下面举例说明里程节约法的求解过程。

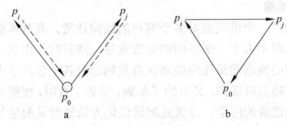

图 6.13 节约法

难点例释：某一配送中心 p_0 向 10 个客户 p_j（$j=1$，2，…，10）配送货物，其配送网络如图 6.14 所示。图中括号内的数字表示客户的需求量（T），线路上的数字表示两节点之间的距离。配送中心有 2 吨和 4 吨两种车辆可供使用，试制定最优的配送方案。

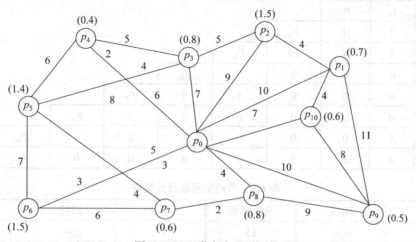

图 6.14　10 个客户配送网络

解：第一步：计算最短距离。根据配送网络中的已知条件，计算配送中心与客户及客户之间的最短距离，结果如表 6.7 所示。

表 6.7　计算最短距离

P_0										
10	P_1									
9	4	P_2								
7	9	5	P_3							
8	14	10	5	P_4						
8	18	14	9	6	P_5					
8	18	17	15	13	7	P_6				
3	13	12	10	11	10	6	P_7			
4	14	13	11	12	12	8	2	P_8		
10	11	15	17	18	18	17	11	9	P_9	
7	4	8	13	15	15	15	10	11	8	P_{10}

第二步：根据最短距离结果，计算出各客户之间的节约行程，结果如表 6.7 所示。计算节约里程 S_{ij}，结果如表 6.8 所示。

第三步：将节约 S_{ij} 进行分类，按从大到小的顺序排列，得表 6.9。

第四步：确定配送线路。从分类表中，按节约里程大小顺序，组成线路图。

（1）初始方案：对每一客户分别单独派车送货，结果如图 6.15 所示。

初始方案：配送线路 10 条

配送距离：S_0：148 千米（S_0 为初始方案的配送距离）

表 6.8 计算节约里程

P_1									
15	P_2								
8	11	P_3							
4	7	10	P_4						
0	3	6	10	P_5					
0	0	0	3	9	P_6				
0	0	0	0	1	5	P_7			
0	0	0	0	0	4	5	P_8		
9	4	0	0	0	1	2	5	P_9	
13	8	1	0	0	0	0	0	9	P_{10}

表 6.9 节约里程项目分类表

序号	路线	节约里程	序号	路线	节约里程
1	p_1p_2	15	13	p_6p_7	5
2	p_1p_{10}	13	13	p_7p_8	5
3	p_2p_3	11	13	p_8p_9	5
4	p_3p_4	10	16	p_1p_4	4
4	p_4p_5	10	16	p_2p_9	4
6	p_1p_9	9	16	p_6p_8	4
6	p_5p_6	9	19	p_2p_5	3
6	p_9p_{10}	9	19	p_4p_6	3
9	p_1p_3	8	21	p_7p_9	2
9	p_2p_{10}	8	22	p_3p_{10}	1
11	p_2p_4	7	22	p_5p_7	1
12	p_3p_6	6	22	p_6p_9	1

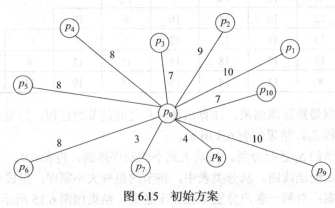

图 6.15 初始方案

配送车辆：2 吨×10

（2）修正方案 1：按节约里程 S_{ij} 由达到小的顺序，连接 P_1 和 P_2，P_1 和 P_{10}，P_2 和

P_3，得修正方案 1 和修正方案 1.1，如图 6.16、6.17 所示。

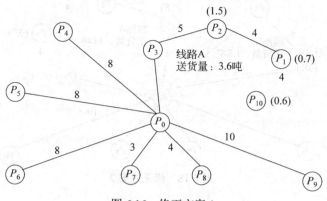

图 6.16　修正方案 1

修正方案 1.1

配送线路：10 条

配送距离：S_1：109 千米

配送车辆：2 吨×6+4 吨×1

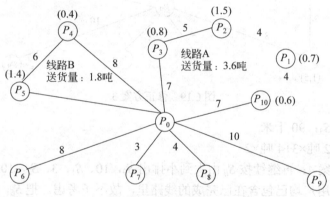

图 6.17　修正方案 1.1

（3）修正方案 2：在剩余的 S_{ij} 中，最大的是 S_3，4 和 S_4，5，此时 P_4 和 P_5 都有可能并入线路 A 中，但考虑到车辆的载重量及线路均衡问题，连接 P_4 和 P_5 形成一个新的线路 B，得修正方案 2，如图 6.18 所示。

修正方案 2

配送线路：6 条

配送距离：S_2：99 千米

配送车辆：2 吨×5+4 吨×1

（4）修正方案 3：接下来最大的 S_{ij} 是 S_1，9 和 S_5，6，由于此时 P_1 已属于线路 A，若将 P_9 并入线路 A，车辆会超载，故只将 P_6 点并入线路 B，得修正方案 3，如图 6.19 所示。

修正方案 3

配送线路：5 条

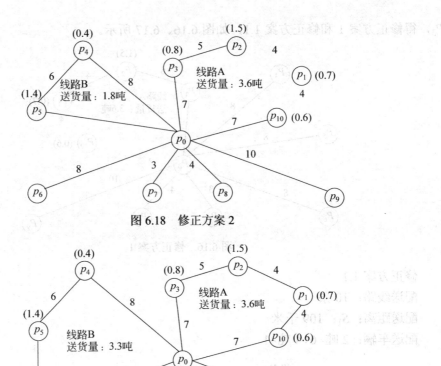

图 6.18　修正方案 2

图 6.19　修正方案 3

配送距离：S_3：90 千米

配送车辆：2 吨×3+4 吨×2

（5）修正方案 4：再继续按 S_{ij} 由大到小排出 S_9、10、S_1、3、S_2、10、S_2、4、S_3、6，由于与其相应的用户均已包含在已完成的线路里，故不予考虑。把 S_6、7 对应 P_7 点并入线路 B 中，得修正方案 4，如图 6.20 所示。

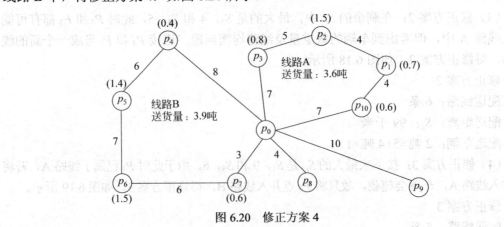

图 6.20　修正方案 4

修正方案4

配送线路：4条

配送距离：S_4：85千米

配送车辆：2吨×2+4吨×2

（6）最终方案：剩下的是 S_7，8，考虑到配送距离的平衡和载重量的限制，不将 p_8 点并入线路B中，而是连接 p_8 和 p_9，组成新的线路C，得到最终方案，如图6.21所示。这样配送方案已确定：共存在3条配送线路，总的配送距离为80千米，需要的配送车辆为2吨车一辆，4吨车3辆。3条配送线路分别为：

第一条配送线路A：$p_0 \to p_3 \to p_2 \to p_1 \to p_{10} \to p_0$，使用一辆4吨车。

第二条配送线路B：$p_0 \to p_4 \to p_5 \to p_6 \to p_7 \to p_0$，使用一辆4吨车。

第三条配送线路C：$p_0 \to p_8 \to p_9 \to p_0$，使用一辆2吨车。

最终方案：

配送线路：3条

配送距离：S_4：80千米

配送车辆：2吨×1+4吨×2

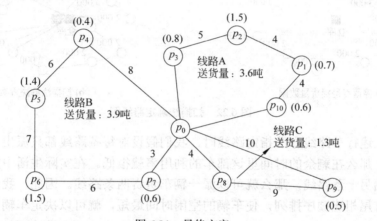

图6.21 最终方案

4．扫描法配送

1）基本原理

配送路线设计中的扫描法很简单，即使问题规模很大，也可以通过手工计算得出结果。如果利用计算机程序计算，能够很快求出结果，所需的计算机内存也不大。对于各类问题，该方法的平均误差率预计约在10%。如果我们需要很快得出结果，且只要求结果是合理的（而不是最优的），那么该误差水平还是可以接受的。实际上，调度员常常要在接到有关站点和各站点货运量最新数据后一小时内设计出路线。该方法的缺陷与路线构成方式有关。求解过程分为两步：第一步是分派车辆服务的站点；第二步是决定行车路线。因为整个过程分成两步，所以对诸如在途总运行时间和时间窗口等时间问题处理得不好。

2）基本步骤

（1）在地图上或者方格图中确定所在站点（含仓库）的位置。

（2）自仓库开始沿任一方向向外画一条直线。沿着顺时针或者逆时针方向旋转该直线到与某点相交。同时要考虑如果在某线路上再增加该站点，是否会超过车辆的载货能力？如果没有，继续旋转该直线直到与下一个站点相交。再次计算累计货运量是否超过车辆的运载能力（先使用最大的车辆）。如果超过，就去掉最后的站点，并确定路线。最后，从不包含在上一条路线中的站点，继续旋转以寻找新路线。直到所有点都被安排在路线中。

（3）排定各路线上没个站点的顺序，使行车路线最短。

难点例释：某公司从其所属仓库用货车到各客户点提货，然后将客户的货物运回仓库，以便集成大批量进行远程运输，全天的提货量如图6.22a）所示，我们给出了所有提货点和仓库。送货车每次可以运送10 000件货物。完成一次运行路线一般要一天时间。请确定：需要多少条路线；每条路线上有哪几个客户点；送货车辆服务有关客户点的顺序，按上面介绍的扫描法确定的路线图如图6.22b）所示。

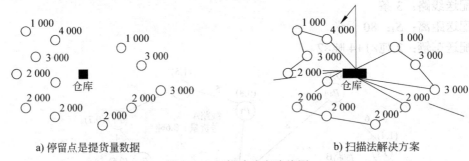

a) 停留点是提货量数据　　　　　　　　b) 扫描法解决方案

图6.22　扫描法确定路线图

利用上述行车路线方法指定路线时，我们假设对每条路线都只派出一部车，如果路线较短，那么在剩余的时间里这部车的利用率就很低。在实际生活中如果完成一条路线后开始另一条路线，那么就可以派一辆车负责两条路线。因此，我们可以将所有运输路线首尾相连顺序排列，使车辆的空闲时间最短，就可以决定车辆数，并排出配车计划。

假如某车有表6.10中的10条路线的发车时间和到达时间，如果我们每条线路安排一辆车，则需要10辆车；但我们发现，有些路线比较短，根本用不了一天，其实根本不用10辆车。那么，我们如何来制订合理的运输计划，使车辆最少？

表6.10　配车计划表

路线	发车时间	返回时间	路线	发车时间	返回时间
1	8:00AM	10:25AM	6	3:03PM	5:13PM
2	9:30AM	11:45AM	7	12:24PM	2:24PM
3	2:00PM	4:53PM	8	1:33PM	4:33PM
4	11:31AM	3:21PM	9	8:00AM	10:34AM
5	8:12AM	9:52AM	10	10:56AM	2:56pm

我们可以按下面的步骤来进行，这样我们就可以节约大量成本：

（1）将这些路线在一天内按时间进行排序：1、10、6 号线占了一天；9、4 号线占了一天；5、8 号线占了一天；2、7 号线占了一天；只有 3 号线占了半天。

（2）然后我们采用表 6.11 的样子画出来，这样我们就可以分配车了，从表 6.11 中可以看出只要 5 辆车就可以解决问题。最终少用了 5 辆车，节约了一半的成本。

表 6.11　最优运输计划安排表

车号\时间	上午					下午					
	8	9	10	11	12	1	2	3	4	5	6 PM
1 号车	1 号线					10 号线			6 号线		
2 号车		9 号线				4 号线					
3 号车	1 号线					1 号线					
4 号车		2 号线				7 号线					
5 号车								3 号线			

本 章 小 结

配送运输基本作业程序包括划分配送区域、车辆配载、车辆安排等作业环节。合理划分配送区域是其他作业程序的基础工作；车辆运输调度包括车辆调度内容、原则及调度方法，其中车辆调度方法是车辆调度工作重点，包括表上作业法、经验调度法和运输定额比法；配送车辆积载技术包括配送车辆积载原则、提高车辆装载效率的具体办法；配送线路优化技术包括直送式配送运输线路优化和分送式配送运输线路优化，重点是分送式配送运输线路优化。

在运输配送的组织过程中，一旦组织不当，就会造成重复运输、迂回运输、对流运输、过远运输、车辆利用率低下等问题。

思考与练习

一、填空题

1．配送，是指_____，根据用户要求，对物品进行_____、_____、_____、_____及组配等作业，并按时送达指定地点的物流活动。

2．_____。而且配送所包含的那一部分运输，在整个运送过程中是处于"二次运输""支线运输""终端运输"的位置。

3．配送的一般作业流程基本上是这样的一种运动过程：_____。

4．从接到客户订单开始到着手准备拣货之间的作业阶段，称为_____。

5．配送线路设计就是整合影响配送运输的各种因素，_____、_____、_____、_____将客户所需的商品准确地送达客户手中。

二、判断题

1．定时定量配送是指在规定的运行路线上，按照所要求的运行时间表进行货物配送。

2．定量是指完全根据客户提出的配送要求，采取对货物的品种、数量、时间提供一种随要随送的配送方式。（　　）

3．即时配送是指在一定的时间范围内，按照规定的品种和数量进行货物配送。（　　）

4．综合化配送是指专门针对某一类或几类货物的配送方式，如图书配送、鲜奶配送等。专业化配送有利于发挥专业化分工的优势，按照不同配送货物的特殊要求优化配送设施、配送车辆，提高配送的效率，确保配送货物的品质。（　　）

5．专业化配送是指同时针对多种类型的货物的配送方式。（　　）

6．延迟是指为了满足应急需要，在同一层次的物流中心之间进行货物调度的运输。（　　）

7．所谓转运，是指为了增大运输规模，采取相应措施使一次装运数量达到足够大的运输策略。（　　）

8．货物包装的尺寸有大有小，为了充分利用车厢的内容积，可在同一层或上下层合理搭配不同尺寸的货物，以减少箱内的空隙。（　　）

9．装载、卸载地点相对分散，便于装卸作业的机械化、自动化，可以提高装卸效率。（　　）

10．装车堆积是在具体装车时，为充分利用车厢载重量、容积而采用的方法。一般是根据所配送货物的性质和包装来确定堆积的行、列、层数及码放的规律。（　　）

三、简答题

1．配送运输具有哪些特点？
2．配送运输基本作业程序包括哪些环节？
3．车辆积载原则是什么？
4．如何提高车辆装载效率？
5．车辆运行调度原则是什么？

四、论述题

1．简述表上作业法的工作原理。
2．简述节约里程法基本原理。
3．简述扫描法基本原理。

五、案例分析

家乐福配送中心选址

根据经典的零售学理论，一个大卖场的选址需要经过几个方面的测算：第一，商圈里的人口消费能力。需要对这些地区进行进一步的细化，计算这片区域内各个小区详尽的人口规模和特征，计算不同区域内人口的数量和密度、年龄分布、文化水平、职业分布以及人均可支配收入等指标。家乐福的做法还会更细致一些，根据这些小区的远近程度和居民可支配的收入，再划定重要的销售区域和普通的销售区域。第二，需要研究这片区域内的城市交通和周边商圈的竞争情况。例如，家乐福古北店（上海）周围的公交线路不多，家乐福就干脆自己租用公交车辆在一些固定的小区穿行，方便这些距离较远的居民上门一次性购齐一周的生活用品。当然未来潜在的销售区域会受到很多竞争对手的挤压，所以家乐福也会将未来所有的竞争对手计算进去。

资料来源：杨杨. 物流系统规划与设计[M]. 北京：电子工业出版社，2013.

 讨论

1. 配送中心选址需要注意什么问题？
2. 对于配送合理化你有何好建议？

第 7 章

第三方物流战略

学习目标

通过本章的学习,掌握物流资源、企业核心竞争力的定义;掌握制定第三方物流战略规划的步骤和方法。学会物流市场调查分析的方法和技能。能够正确进行第三方物流企业服务市场定位。

关键术语

第三方物流战略　　物流资源　　战略规划　　市场定位

美国凯利伯物流公司的战略规划

美国凯利伯物流公司设立的物流中心为客户提供如下服务:

1. JIT 物流计划。该公司通过建立先进的信息系统,为供应商提供培训服务及管理经验,优化了运输路线和运输方式,降低了库存成本,减少了收货人员及成本,并且为货主提供了更多更好的信息支持。

2. 合同制仓储服务。该公司推出的此项服务减少了货主建设仓库的投资,同时通过在仓储过程中采用 CAD 技术、执行劳动标准、实行目标管理和作业监控来提高劳动生产率。

3. 全面运输管理。该公司开发了一套专门用于为客户选择最好的承运人的计算机系统对零星分散的运输作业进行控制,减少回程车辆放空,管理进向运输;可以进行电子运单处理,可以对运输过程进行监控等。

4. 生产支持服务。该公司可以进行如下加工作业:简单的组装、合并与加固、包装与再包装 JIT 配送、贴标签等。

5. 业务过程重组。该公司使用一套专业化业务重组软件,可以对客户的业务运作过程进行诊断,并提出专业化的业务重组建议。

6. 专业化合同制运输。提供灵活的运输管理方案,提供从购车到聘请驾驶员直至优化运输路线的一揽子服务,降低运输成本,提供一体化的、灵活的运输方案。

思考:
建立物流中心可以提供什么服务?

建立物流中心意义何在？

资料来源：谢翠梅. 仓储与配送管理实务. 北京：北京交通大学出版社，2013.

7.1 物流资源市场分析

7.1.1 物流市场环境调查

市场调查与分析是企业经营决策一个不可缺少的部分，物流企业市场调查的目的是了解经济环境，识别行业发展趋势，洞察客户需求动态，了解竞争格局，从而挖掘市场机会，定位物流服务核心利益点，构建企业竞争优势，制定企业经营战略。

市场环境是各类企业都要面对的环境，大致可归纳为政治环境、社会文化环境、经济环境、技术环境、自然环境等方面。企业经营战略是根据企业经营环境制定的，市场环境的变化决定着企业的发展方向及应采取的措施。

市场环境调查主要是通过各种途径和方法了解国家的经济发展状况，相关的经济政策法规，物流发展趋势，技术更新的前景，政治及生态的趋势问题，金融状况，可利用的社会资源。

1. 政治环境

影响企业经营的政治环境包括三个因素：国家政治体制、政局的稳定性和政策的稳定性；国家与国家之间的政治关系；国家的法律体系，如宪法、民事诉讼法、刑法、公司法、破产法、劳动法、环境保护法、专利法、合同法、消费者权益保护法等。

2. 经济环境

经济环境是指国家经济的总体状况，主要包括如下内容：国民生产总值及其增长速度、市场规模、市场体系和市场运行机制、经济政策及国家的货币和物价总水平的稳定性。

国民生产总值及其增长速度可以反映一个国家的富裕程度和经济发展总水平、经济发展情况；市场规模是一个国家的市场总容量；健全的市场体系包括商品市场、资金市场、劳动力市场、技术市场、房地产市场和信息市场；一个时期内国家的经济政策和产业政策对企业经营会产生巨大的影响。

3. 社会文化环境

社会文化环境包括一个国家或地区居民的受教育程度和文化水平、宗教信仰、风俗习惯、审美观点、价值观念等。

4. 技术环境

社会的技术进步影响着企业的物质条件，进而影响着企业活动的效率。现代科技促进了企业物流装备的现代化，提高了物流企业的管理水平，给物流企业带来了新的发展机会和发展动力。

5. 自然环境

自然环境是指一个国家或地区的客观环境因素。自然资源包括地表资源、地下资源等。

沿海有利于发展外向型经济，内地可充分利用资源；城市基础设施好、市场容量大，乡村工业基础设施差，市场小；离交通干线近有利于原材料、产品的运输。对环境的研究可以提高物流企业决策的正确性、及时性、稳定性。

7.1.2 物流资源的含义及物流资源调查的范围

1．物流资源的含义

物流资源是一个广义与狭义相结合的概念。广义的物流资源是指所有可用于现代物流生产和经营活动之中的后备手段或支持系统，包括运作资源、客户资源、人力资源、系统资源和合作伙伴（或供应商）资源、分销商资源等。狭义的物流资源是指物流运作的支持系统，如设施设备等。

物流资源及环境调查是企业制定战略规划的基础，第三方物流企业以所处区域或行业为中心，对物流资源进行科学、广泛的调查，有目的地收集相关信息，这是企业一切经济活动的出发点。

2．物流资源调查的范围

物流资源调查的范围包括第三方物流企业内部物流资源调查和第三方物流企业外部物流资源调查。第三方物流企业开展物流业务就是利用各种资源为用户提供服务。企业提供哪些服务，向市场投放什么，向用户销售什么，需以自身资源为基础，拥有和掌握的内部资源越多，可以选择的市场空间越大，机会就越多，企业就越有竞争力；发展第三方物流还要充分利用企业外部物流资源，通过对外部物流资源的调查，收集相关企业信息。建立企业资源信息数据库是企业进行外部资源整合利用的前提条件。

7.1.3 物流资源调查的基本内容

物流资源调查的基本内容如表 7.1 所示。

表 7.1　物流资源调查的基本内容

项目	基本内容
物流基础设施装备	仓储设施、运输车辆、装卸设备、搬运工具、分拣设备、其他
企业物流组织机构调查	物流管理部门是否存在、物流管理机构的功能
物流从业人员	物流从业人员的数量和素质、物流人才的需求
客户资源调配	主要用户数量、行业分布、区域分布、稳定性和亲合度、主要用户的物流发展计划、未来物流需求、用户资源的离散程度
物流流量和流向调配	库存商品的入库数量、主要运输方式、承运商品的运量、主要仓储方式、商品资源的离散程度、商品的流向、商品流通过程所覆盖的区域
潜在用户	潜在用户对某类物流服务的消费习惯特点，如使用方式、使用频率、使用地点等
信息技术资源和需求	计算机及其辅助设备、软件及系统应用、信息网络及建设、信息技术需求、信息技术计划调配
无形资产	商标、字号、域名、企业形象
宏观资源	政府综合部门计划、产业部门计划、行业大型企业计划

续表

项　目	基　本　内　容
区域内的物流	政府物流计划、物流设施建设、物流企业发展状况
相关企业资源	主要承运企业（仓储企业——运输企业）、主要仓储企业（运输企业——仓储企业）、第三方物流企业
竞争情报	竞争者现有物流资源、用户资源、物流计划

7.1.4 物流市场分析

1．物流市场分析的项目和内容

物流市场分析是指物流公司在对物流市场进行充分调查，取得大量翔实资料、数据的基础上，对其进行全面、科学、有目的的分析、论证，得出正确的结论，为下一步物流战略规划提供依据的过程。物流市场分析的项目和具体内容如表 7.2 所示。

表 7.2　物流市场分析的项目和具体内容

项　目	具　体　内　容
资源优势/劣势	客户资源、物流运作资源的调查分析，得出结论
业绩/经验	对客户量、物流量、营业收入等进行统计比较分析，对企业物流功能、人才结构、国际合作经验、市场开发能力等进行分析
核心能力	主要竞争优势来源、企业主导业务（主要收入来源）、潜在市场优势及企业独有的、不易被其他企业模仿的能力
竞争分析	确定不同行业、不同地区、不同客户的竞争对手，根据调查对竞争对手进行竞争分析
环境机会和风险（机遇和挑战）	政策法规、政治、经济等因素分析以及重要事件、技术进展、改革发展、市场潜力的分析
环境发展预测	全球经济发展大趋势、制造业向亚洲转移、电子商务时代到来

2．物流运作资源的分析资料

近年来国内一些调查研究资料显示，我国物流资源总体上存在设施、设备落后，布局不合理，利用率低下等普遍性问题，但不同区域、不同行业又表现出一定的差异性。以吉林省长春市为例，现有资源缺乏有效整合和充分利用，一方面，目前有近 40%的仓储面积、80 010 千米的铁路专用线、48%的企业运输能力未得到充分发挥，还有一些企业花费巨资开发的信息平台利用率不高。另一方面，许多物流企业基于自身发展、业务需求等考虑，将大笔资金投入仓储设施、运输队伍、信息平台的兴建。由于企业间缺乏必要的信息沟通，一定程度上形成了资源配置效率低下的局面。对物流运作资源的数量、质量、布局、利用率等做出全面的分析评估，可以对业内环境有清晰的了解和认识，有利于企业做出科学的投资决策。

小知识

物流园区（logistics park）又称物流基地，一般是指多家物流企业和物流中心集中布局，并能提供综合物流服务的场所。其根据物流服务内容的范围，可分为综合物流园和专业物流园。物流园区是物流产业发展过程中的重要基础设施，是物流产业走向全球化、社会化、集约化、现代化和专业化的必然产物。

7.1.5 客户资源的分析

1. 我国第三方物流市场的主要客户构成

客户资源包括现有客户和潜在客户两部分。现有的第三方物流客户包括：尚未形成自身物流网络的外资公司；对物流网络建立及运营所需资源投入不足的公司；战略性地对重新构筑的物流体系进行外包的公司等。潜在客户则主要来自以下企业。

（1）外商投资企业。跨国公司为了最大限度地获得竞争优势，积极实行物流本地化战略，在进入我国以后一般都不建立独立的物流部门，而是选取若干专业的物流服务提供商，通过合同、设施租赁等多种形式获得必要的物流服务，构成了目前物流市场需求的主体。

（2）高新技术企业、连锁经营企业和电子商务企业。这些企业的产品大多具有小批量、高增值的特点，对物流服务的及时性、准确性要求较高，面对激烈的市场竞争，为了最大限度地降低成本，对物流服务有迫切需求。

（3）部分国有大型工业企业。面对激烈的国际国内竞争，这些企业也打破了"大而全、小而全"的传统观念，开始着手对企业传统物流活动进行重新改造，以最大限度地获取竞争优势。

（4）中小型民营企业。这些企业一般不具备自营物流的能力。

2. 我国第三方物流企业客户的地域分布特点

第三方物流发展与经济发展密切相关，我国第三方物流企业的客户主要来自东部沿海经济发达地区；物资高度聚集的交通枢纽地区，如我国内陆中心大城市；物流基础设施比较齐全的邻近港口、铁路、机场、高速公路的地区。

我国物流市场的地域集中度很高，80%集中在长江三角洲和珠江三角洲地区。目前，在珠海保税区从事仓储分拨配送业务的物流企业已增至40多家，经营面积超过20万平方米。珠海保税区物流企业的客户已达80多家，主要分布在珠海、中山、东莞、广州以及上海、北京等地区，大部分为外商投资的加工企业，因此，物流企业要做好市场定位，合理确定业务重点，配置资源，同时兼顾今后第三方物流需求地域扩大的趋势。

3. 我国第三方物流企业客户行业分布特点

我国第三方物流的需求主要来自市场发育较成熟的几大行业，如汽车、家电、生活日用品，而且不同行业有着不同的个性化物流服务需求。例如2003年，由上汽集团与荷兰TNT合资的安吉天地汽车物流公司在上海大众、上海通用的进厂物流、整车物流和维修零配件物流服务上接连获得大合同。

7.1.6 第三方物流市场供需分析

1. 企业外购服务的可能性

我国大中型工商企业多数拥有物流设施，相当多的企业物流主要靠自己组织，自营物流的比例很大。据调查统计，在工业企业中，原材料的物流由第三方物流完成的占18%；商品销售物流由第三方物流完成的仅占16%。第三方物流市场潜力巨大但有效需求不足。

企业经营的目标是实现经济效益最大化,从而实现股东价值最大化。其具体表现在:一是成长性,主要指销售额的增长;二是盈利能力,主要表现为降低成本或提高价格;三是股东回报。企业的高成长性和盈利性需要不断地进行市场开拓,需要高效的物流运作支持。当企业自己所拥有的物流资源不足以对企业经营目标形成支持时,企业就会到市场上寻求外部资源的支持,即所谓外包物流运作或外购物流服务,因此第三方物流服务的市场就产生了。

2. 客户物流服务需求特征

(1) 生产企业与流通企业物流服务需求各有侧重。据中国仓储协会 2001 年的调查,我国制造企业对 3PL 服务内容按需求量大小排列的前三位依次为:干线运输、市内配送和存储保管;销售企业物流需求的前三位依次为:市内配送、存储保管和干线运输。可见,生产企业的物流需求以物流运作为主,受地域跨距和管理幅度的影响,更强调集成化的物流服务。而商业企业对物流的信息服务要求更强烈,物流决策、数据采集等增值信息服务越来越受企业重视。

(2) 外资企业和中小型民营企业物流服务需求两极化。我国第三方物流市场的需求以外资企业和中小型民营企业为主体。前者由于具有现代化的经营理念,注重企业核心竞争力,一般倾向于把物流业务外包,但对第三方物流企业的服务范围和质量提出了很高的要求;而后者由于自身实力有限,不具备自营物流业务的能力,只能选择把物流业务外包,第三方物流服务的需求层次还很低。大中型工商企业对第三方物流的需求一般还停留在功能外包阶段(图 7.1)。

综上所述,跨国经营的增多,需要快速响应的物流系统和全球化的物流网络来支持。按需生产和零库存等现代生产方式,使越来越多的企业从成本的节约、服务的改进与增加灵活性等方面来考虑物流运作,从第三方物流服务需求方的角度来看,企业物流服务社会化的基本压力已经形成,有待于第三方物流企业进一步主动开发物流市场,挖掘潜在的客户需求。

3. 物流服务的供给分析

目前我国第三方物流企业间经营水平差距大,低水平运作占多数,整个行业能力呈金字塔结构,如图 7.2 所示。以某省经贸委交通处的统计资料显示,目前,全省已有物

图 7.1 第三方物流需求分析

图 7.2 第三方物流服务能力呈现的金字塔结构

流企业3 000多家，已建成和在建的大型物流园区（中心）67个，丹麦马士基、韩国韩进、新加坡胜狮等境外物流企业已经落户该省。由于几乎没有行业进入门槛，物流企业数量及规模失控，在一些地方，三五个人、两三辆车、一部电话就能成立物流企业，面临物流服务水平及专业技术与管理能力等许多方面的问题，多数企业处于重新定位，迅速发展时期。这为第三方物流企业进入市场、参与竞争提供了机会。

7.1.7 物流市场竞争分析

战略管理大师迈克尔·波特认为一个公司的高层管理人员要决策是否进入、继续留守还是退出一个行业，关键在于该行业能使公司获得的机会和公司将付出的代价，即该行业的竞争强度和获利能力。

一个行业的竞争强度和获利能力是由行业自身和行业环境等诸多因素决定的，这些行业相关因素可归纳为五种竞争力量：①进入行业的障碍力（潜在进入者）；②替代产品的威胁力（替代品生产者）；③客户的还价能力（购买者）；④供应商的讨价能力（供应者）；⑤现有竞争者的竞争能力（行业内竞争者）。行业这五种竞争力量之间的互相作用关系如图7.3所示。

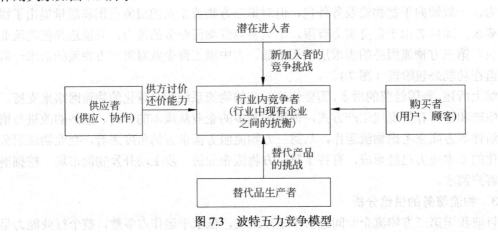

图7.3 波特五力竞争模型

1．对现有竞争对手的分析

物流企业面对的市场通常是一个竞争市场。多家物流企业提供相同的服务，企业必然会采取各种措施争夺用户，从而形成市场竞争。对现有竞争对手的分析主要包括以下内容：

1）对现有竞争对手基本情况的分析

竞争对手的数量有多少，它们分布在什么地方，在哪些市场上活动，各自的规模、资金、技术力量如何？其中哪些竞争对手对自己的威胁最大？对现有竞争对手基本情况进行分析的目的是要找到主要竞争对手。

为了在众多的提供同种服务的物流企业中找出主要竞争对手，必须对现有竞争对手的竞争实力及其变化情况进行分析和判断。反映企业竞争实力的指标主要有三类，即销售增长率、市场占有率和产品或服务的获利能力。

销售增长率是指企业当年的销售额与上年销售额相比的增长幅度。

市场占有率是指市场总容量中企业所占的份额，或指在已被满足的市场需求中，有多大比例是由本企业提供的。

产品或服务的获利能力是反映企业竞争能力能否持续的支持性指标，可用销售利润率表示。

2) 对主要竞争对手的分析

比较不同企业的竞争实力，找出了主要竞争对手后，还要分析其能对本企业构成威胁的主要原因，包括技术力量、资金、规模等状况。对主要竞争对手进行分析的目的是要找出主要竞争对手竞争实力的决定因素，以帮助企业制定相应的竞争策略。

3) 对竞争对手发展动向的分析

竞争对手的发展动向包括竞争对手的市场发展或转移动向与竞争对手的产品或服务的发展动向。企业应收集有关资料，密切注意竞争对手的发展方向，分析竞争对手可能开辟的新产品或服务以及新市场，从而帮助企业先走一步，争取时间优势，使企业在竞争中占据主导地位。

2. 对潜在竞争对手的分析

一种产品或服务的开发成功，会引来许多企业的加入。这些新进入者既会给行业注入新的活力，促进市场竞争，也会给原有物流企业造成压力，威胁它们的市场地位。新企业进入行业的可能性的大小，既取决于由行业特点决定的进入的难易程度，又取决于现有企业可能会做出的反应。

进入某个行业的难易程度通常受三个因素影响：经济规模、产品或服务差别、现有企业的综合优势。

3. 对替代服务提供企业的分析

对替代服务提供企业的分析主要包括两个内容：第一，确定哪些服务可以替代本企业提供的物流服务，这实际上是确认具有同类功能服务的过程；第二，判断哪些类型的替代服务可能会对本企业的经营造成威胁。

7.1.8 企业资源优势和竞争优势分析

1. 企业资源优势分析

第三方物流企业资源分为客户资源、运作资源和人力资源。

1) 客户资源

客户资源是指第三方物流企业所拥有的一定量的客户及合作类型、关系稳定性、业务量、收益等，客户资源的优劣取决于与客户的合作类型、业务量、收益，而不是绝对数量。

2) 运作资源

运作资源是指企业在物流运作中可资调动的各种物流设施、设备、信息技术等，包括企业自有专用性物流资产和技术以及可整合利用的外部物流设施、设备、信息技术资源。

第三方物流企业自身拥有的耐久性、专用性资产越高（包括信息技术专用性、网络专用性、物质资产和专项资产专用性），企业越具竞争优势。独特的品牌优势，庞大的规模，先进的仓储运输设备，遍布全国甚至全球的网络体系，先进的信息技术，是对客户全球化经营服务的实力保证，同时也是阻止其他物流企业进入同一经营领域的壁垒。

第三方物流企业立足于自身的管理能力，即在自身资产不足或者不拥有资产的情况下，能以高效率、低成本利用和整合社会物流资源，实现物流服务供给社会资源的共有化，使其在效益方面产生乘数效应，提供综合性物流服务，满足客户不断扩大的经济活动需求。

3）人力资源

人力资源主要指第三方物流企业专业物流人才及管理技术能力。人力资源优势是运作的关键优势，企业间对知识和技术的激烈竞争主要体现为对技术创新者和职业经理人的争夺，先驱型第三方物流企业具有业务水平高、经验丰富的物流人才，这是现代物流企业赖以生存的关键资源。

在物流供应链中，任何物流企业都不可能具备所有的物流资源要素，穷尽所有的物流服务项目，因此，物流企业要准确评估自身的资源优势及组织、技术、管理等能力，加强自己的核心竞争力。

2. 企业核心竞争力

根据麦肯锡的观点，核心竞争力是企业内部集体学习的能力而不是外在资源的强大。核心竞争力是人的能力而不是资产负债表中的资产。核心竞争力是为客户创造价值的能力而不是相对于竞争对手的比较优势。核心竞争力无法模仿与复制。

企业的技术、专利、品牌、实物资产、管理、质量、营销、网络、信息技术、方案设计等只是核心竞争力的载体。

什么是核心竞争力？企业的核心竞争力是一个多元化的复合能力体系，它主要包括组织的学习能力、研究和开发能力、创新能力和转化实施能力。在现代物流服务中，最核心的竞争能力体现为物流运作能力、物流管理能力和物流体系规划能力，如表 7.3 所示。

表 7.3　第三方物流企业核心竞争能力

第三方物流企业核心竞争能力	具体内容
物流运作能力	订单完成率高；运作成本低；运作时效性好；服务柔性化强；意外处理能力强；适应新业务快
物流管理能力	订单管理；库存管理；运输优化；信息服务；客户关系管理
物流体系规划能力	物流网络规划能力；物流设施设计能力；物流体系构建能力

企业的核心能力建立在企业的各个层次上，它们的成功之处就在于能够把核心竞争力融入企业的行为之中，一直融入每位员工的具体行为这样基础的层面上，与组织的结构高度复合。居世界 500 强首位的沃尔玛在价格比较优势背后的核心竞争力，是其出色的物流配送能力和吸引客户忠诚的经营能力。

核心竞争力是企业确立自己的品牌和竞争优势的关键。核心竞争力的培育是一个长期、复杂的系统工程,建立学习型组织,使企业组织的成员,特别是管理层和运营层的核心成员不断学习新的经济管理理念、物流方法和技术,收集分析市场的各类相关信息,持续地、快速地获取信息和知识,才能适应瞬息万变的市场环境,使企业立于不败之地。

因此,物流企业唯有集中资源,通过对市场定位的专注、忠诚和持续投入,苦心经营,精心培育核心竞争力,把它作为企业保持长期竞争优势的根本战略,才能把握客户的需求,做出正确决策。

第三方物流信息的收集、处理,企业资源优势和竞争优势分析,目的在于使企业进行科学、合理的市场定位。界定第三方物流企业市场的范围,需明确以下几个问题:

(1)物流服务面向何种行业?
(2)物流服务面向何种企业?
(3)物流服务面向何种产品?
(4)物流服务面向何种区域?
(5)物流服务面向何种方式?

7.1.9 物流服务对象定位

1. 合理界定第三方物流企业的市场范围

我国第三方物流企业的市场范围,必须从地理和行业范围两个方面进行考虑。

1)地理范围

设定企业核心业务的覆盖范围,在这个范围内企业依靠自身的物流网络能够完成相关的物流服务。从地理边界来看,确定市场地理范围要考虑的几个因素是企业的投入能力、管理水平、营运成本和客户需求。

我国地域广阔,经济发展不平衡,在中国发展第三方物流,必须关注地域的限制。这是第三方物流企业生存的根本,同时也是促进第三方物流企业成长壮大的一个先决条件。第三方物流企业必须参照地域的优势指标合理有序地安排业务经营,形成一种战略合作关系的虚拟企业。在兼顾效率和效益的前提下,第三方物流企业需要进行相关物流资源的重新配置,这种配置的前提仍然是立足于地域的优势,构建一种业内的供应链关系。按照地域的优势进行第三方物流企业的市场定位,并不意味着盈利或者说进入的机会多,而是需要综合考虑。

2)行业范围

物流服务专业化是物流企业的发展方向,选准物流服务面向的行业,培养行业服务优势,是我国物流企业须慎重考虑的问题。对于一个成熟的物流市场而言,物流企业一般将主营业务定位在一个或几个行业,因为不同的行业其运作模式是不同的,专注于特定行业可以形成行业优势,增强企业的竞争优势。行业选择的出发点可以是以下几点。

(1)从企业资源优势出发,确定物流服务行业范围。中国远洋物流公司凭借全国性的网络优势,在细分市场的基础上,重点开拓了汽车物流、家电物流、项目物流、展品物流,为客户提供高附加值服务;着力建设铁路运输、驳船运输、城际快运和航空运输四大物流通道。

(2)从当地核心产业入手,确定物流服务行业范围。围绕当地支柱产业开展物流服务业务，在中国地方保护主义壁垒还没有完全被打破、第三方物流服务尚处于成长阶段的情况下，这是有中国特色的选择方式。

（3）从市场供需角度，确定物流服务行业范围。在经过科学调查研究的基础上，确定物流服务行业范围。随着改革进程的进一步深化，一个个符合新时代精神宗旨的服装批发市场、一家家从粗放型向集约型转变的服装批发物流企业如雨后春笋般在中国这片富饶的土地上百花齐放，像哈尔滨红博广场、沈阳五爱市场、虎门服装物流平台就是最好的典范。

2．客户构成

1）定向的客户

定向围绕行业客户或某几个甚至个别客户需求开展业务，根据用户的特定要求为其专门设计物流服务模式，如东风日产物流、广东农业物流。比利时有一个港口叫 Zeebrughe，该港口在 20 世纪 70 年代是专门为汽车物流建立的，现在已经成为唯一一个面向欧洲汽车市场的物流中心，它有最完整的汽车运输储存设施，以及汽车市场信息处理设施。

2）普遍的客户

普遍的客户指对客户本身没有地域、行业、业务的选择限制，如邮政、铁路、公路、航空等物流业。

7.1.10 物流服务内容定位

1．第三方物流服务产品组合

在物流服务的内容和方式上，目前的物流企业大都定位于根据客户要求提供一体化物流解决方案，其服务内容十分广泛，归纳起来，包括以下几方面：

（1）订单履行。订单履行包括以运输为特征的运输模式选择与组织、集货、转运、配送等服务，以仓储为特征的存储、分拣、包装、装配、条形码及其他增值服务。

（2）信息管理。信息管理包括订单处理与跟踪查询、库存状态查询与决策、货物在途跟踪、运行绩效（KPI）监测、管理报告等。

（3）增值服务。增值服务包括物流系统设计、清关、支付、费用结算，客户销售预测、客户商品促销等服务，最终客户的退货处理、安装、调试、维修等销售支持服务等。

（4）相关服务。如呼叫中心（call center）服务、业务咨询。

2．物流服务内容的开发

经济的全球化要求产品和服务在国际上的合理流动，对物流服务的时间性、准确性提出了更高的要求，近年来，物流服务商越来越关注物流规划、管理与咨询层面的服务功能，以实现提升客户经济效益、服务水平及企业竞争力的三大使命。客户使用专业物流公司的绩效体现，也从着重于实体货物的合理流动，转到着重于从物流系统规划、管理和信息服务方面获取利益。此外，UPS、德国邮政（DPWN）等大型物流企业开始为客户提供代收货款等金融服务，从而实现客户供应链实物流、信息流与资金流的"三流合一"。针对客户需求，充分利用企业可以利用的一切资源，力争达到最短路线、最短时间、最优质的服务，这种企业目标的实现，要求企业开发新的物流服务项目。

小贴士　一个物流企业在进行市场定位时应该考虑以下因素：针对的市场是可衡量的；针对的市场是足量的；针对的市场是可以接近的；针对的市场与其他市场是有差别的；针对市场的行动有可实施性。

7.2　第三方物流战略规划

7.2.1　第三方物流战略规划概述

1．发展战略规划的原则

1）有清晰的战略规划思路

如何制定战略规划？有一个基本的思路是必须遵循的，那就是先有目标；然后根据目标制定实现目标需要采取的战略；最后制定实施战略的具体规划。循着这样的思路进行管理，会养成一种战略思维的习惯，也会使自己的工作更加顺利。

第三方物流企业在制定战略规划的时候可以先有一个心理预期的目标，但是这个目标先不确定下来。然后进行战略分析，在充分认识了行业的发展趋势和市场潜力以及自身的资源能力后，再对心理预期的目标做出调整，最后确定企业的经营目标。因为企业的经营目标一旦确定，在一个经营年度期内是不可以随便进行调整的，除非遇到了像SARS这样影响企业经营的重大事件。所以，战略规划应该遵循这样的思路，就是战略分析是整个战略规划的基础。

2）战略规划要具有可操作性

目前很多企业都在做战略规划，但是却流于形式。这主要是因为对战略管理的理解不够，总认为战略规划是很空、很玄的东西，导致战略管理不能落到实处。另外还有一个原因，就是下面制定战略规划的部门对战略规划的重视不够，好像做战略规划是给领导看的，而不是为了企业的长远发展，因此这样的结果也使战略规划流于形式。所以战略规划一定要遵循可操作性的原则。

2．制定第三方物流企业战略规划的步骤

第三方物流企业战略规划是根据物流企业提出的物流目标、任务、方向制定出用以实现企业自身分阶段目标和总目标的各项政策与措施。

（1）设立物流战略规划机构和人员。

（2）物流资源和需求调查。

（3）物流战略规划资源分析。

（4）物流战略规划决策咨询。

（5）物流战略规划制定。

3．第三方物流企业战略目标分解和构成

物流企业战略目标由不同阶段的物流目标构成，具体可分解为经济目标、市场目标、用户数量目标及物流功能目标。

4. 决策咨询

21 世纪是知识经济时代,在高度集成的物流行业内,任何人的知识结构、经验能力都会有所不及。作为企业的战略规划,必须以科学的精神、实事求是的态度,集各方智慧而成,邀请企业内外各方面专家对战略规划进行咨询评估是现代物流决策不可缺少的步骤。

专家应是来自政府部门的官员、科研教育部门的学者、行业资深专家等。其知识结构、能力经验应涵盖下列领域:建筑规划设计、机械工程、工业自动化、物流系统设计、交通运输、仓储管理、企业战略规划、物流管理、信息技术、流通经济等。

5. 物流战略措施

物流企业战略措施体现为物流企业为实现总体战略目标而在各个方面制定的方针政策及实施方法,如表 7.4 所示。

表 7.4　物流战略措施

物流战略	措　　施
核心业务战略	仓储、运输、增值服务等第三方物流业务
核心企业战略	确定拥有核心业务能力的企业
重点区域战略	核心企业所在区域、重点客户所在区域、未来业务拓展区域
市场开发战略	目标区域、目标行业、目标用户
管理技术战略	信息技术应用、管理技术应用
宏观经济战略	西部开发、奥运物流
内外资源战略	资源整合战略、企业并购重组
国际合作战略	寻求国际合作、制订合资合作计划、合作伙伴选择
人力资源战略	人才选拔、培养、引进
品牌战略	企业文化、形象
组织创新战略	—
流程再造战略	—

6. 物流发展计划和项目

第三方物流企业发展计划和项目主要包括物流企业机构设置、环境规划和建设、设施建设、业务开发、规章制度、操作规程、业务流程、人力资源规划、电子商务、质量体系、安全认证、企业形象、公共关系、广告宣传、企业文化等。

7.2.2　发展战略规划的层次

第三方物流企业要获得高水平的物流服务绩效,创造客户的买方价值和企业的战略价值,必须在以下五个重要层次上规划自己的发展战略。

1. 物流战略层

第三方物流企业建设物流系统的目的是实现企业的战略,所以第三方物流企业发展物流必须首先确立物流规划与管理对企业总体战略的协助作用。同时,第三方物流企业现代物流的发展必须建设两大平台和两大系统,即基础设施平台和信息平台,信息网络系统和物流配送系统。在进行企业物流规划管理最初必须进行企业资源能力分析，充分利用过去和现在的渠道、设施以及其他各种资源来完善企业的总体战略并以最少的成本和最快的方式建设两大平台和两大系统。

2．物流经营层

物流活动存在的唯一目的是向内部和外部客户提供及时准确的交货，无论交货是出于何种动机或目的，接受服务的客户始终是形成物流需求的核心与动力。所以，客户服务是制定第三方物流企业发展战略的关键。要执行一项营销战略，必须考察企业在与争取客户和保持客户有关的过程中的所有活动，而物流活动就是这些关键能力之一，可以被开发成核心战略。在某种程度上，企业一旦将其竞争优势建立在物流能力上，它就具有难以重复的特色。

3．物流结构层

第三方物流企业物流设施的网络战略要解决的问题有设施的功能、成本、数量、地点、服务对象、存货类型及数量、运输选择、管理运作方式（自营或向第三方外筹）等。网络战略必须与渠道战略以一种给客户价值最大化的方式进行整合。物流网络可能会变得更为复杂，也比传统网络更加灵活，因此，对现有的仓储业务、库存配置方针、运输管理业务、管理程序、人员组织和体系等进行革新是明智之举。在动态的、竞争的市场环境中，也需要不断地修正设施网络以适应供求基本结构的变化。

4．物流职能层

物流战略职能部分，尤其是运输、仓储和物料管理物流战略规划职能部分，主要是对第三方物流企业物流作业管理的分析与优化。

5．物流执行层

企业物流战略规划与管理的最后一层次为执行层，包括支持物流的信息系统、指导日常物流运作的方针与程序、设施设备的配置和维护以及组织与人员问题。其中，物流信息系统和组织结构设计是最为重要的内容。

7.2.3　第三方物流企业发展战略规划的内容

一般来说，第三方物流企业发展战略包括八个部分，即市场细分、目标市场、SWOT分析、市场定位、竞争优势、经营要素组合、目标成果、战略行动。以下简单介绍竞争优势、经营要素组合、目标成果和战略行动四方面的内容。

1．竞争优势

第三方物流企业在明确自身的市场定位后，要考虑在哪些方面超越竞争对手。例如，是先进的配送技术，还是经营规模上的优势；是服务种类上的优势，还是服务特色上的优势等。事实上，制定战略的目的就是要使第三方物流企业尽可能有效地占有比竞争对手更持久的优势。

2．经营要素组合

第三方物流市场定位后，要采取与市场定位相适应的经营要素组合。第三方物流企业经营要素组合的要素主要有物流模式、物流选址、物流服务种类、物流技术与作业、物流设备与设施等。

3. 目标成果

目标成果是指物流战略最终应达到的效果。作为战略制定和执行的部门或人员总是希望看到所有活动能够达到预期的结果。同时，目标成果也是短期目标及控制手段设计的依据。

4. 战略行动

一般来说，第三方物流企业现有地位及其所谋求的在目标市场上的竞争优势之间总是有差距的；同时，第三方物流企业拥有的人力、物力、财力等资源也是有限的。因此，第三方物流企业要详细考虑战略行动的推进步骤及如何消除差距，同时还要对战略行动的时间做出合理的安排。

7.2.4 第三方物流企业发展战略计划的制订与实施

1. 第三方物流企业发展战略计划的制订

战略计划的制订决定企业未来的生存和发展，战略计划的正确与否，直接影响第三方物流企业的前途，必须高度重视。战略计划的制订步骤一般包括确定战略指导思想、战略环境分析、确定战略目标、划分战略阶段、明确战略重点、制定战略对策、评价战略规划，如图7.4所示。

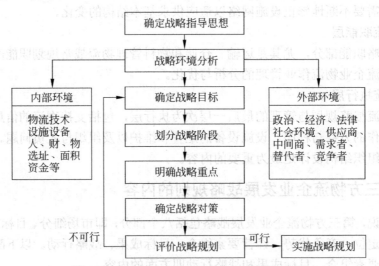

图 7.4　第三方物流发展战略计划制订的步骤

制定战略的最终结果就是编写一份战略计划书。战略计划书通常包括战略条件的分析与评估、战略指导思想、战略目标、战略重点、战略阶段、战略措施等内容。另外，除了正文外，往往还包含附件，如战略计划中决定投资的重大项目的可行性论证报告、战略计划中马上要进行的重大项目的具体实施方案、与战略计划要求相应的企业资源的调整意见或计划等。战略计划写好后，经有关专家论证，再由董事会或企业决策层审议通过后即可颁布实施。

2. 第三方物流企业战略的实施

第三方物流企业战略的实施步骤大致为：

(1) 制订详细的实施计划。
(2) 改变人们的行为。
(3) 建立与新战略一致的组织机构。
(4) 合理地选择负责人。
(5) 正确地分配资源。
(6) 有效地进行战略控制。

7.3 第三方物流战略设计

7.3.1 第三方物流战略设计构思

随着科学技术的发展,第三方物流所服务的企业已在逐步缩短生产纵深的范围,这是导致运输企业生产向纵深延伸的原因。工业企业集中于核心业务,缩短生产纵深;作为参与供应链管理的运输企业也可以参与这一发展过程,并在此过程中使自身得到生存与发展,其中一个核心问题是战略的设计构思。

1. 战略总体设计构思要突出第三方物流的战略优势

第三方物流战略对制造商而言,是利用外部资源,此举可以变用户的固定费用为可变费用,可以得到并享用物流专家的经验与物流技术革新成果、物流管理职业化水平的服务,也可为用户提供各类满意的增值服务。

2. 第三方物流经营要贯彻准时(JIT)和有效客户响应(ECR)的准则

所谓 ECR,是指物流经营者对用户需求的变化能进行迅速、有效的响应,以满足用户需要。贯彻 JIT 和 ECR 需要从全面的、以用户为导向的角度审视有关的物流过程,包括所有加工范围和中间流通过程。

3. 信息技术支持第三方物流战略的重点

信息技术支持第三方物流战略的重点在于 JIT 和 ECR 的工作区域,主要包括移动通信、电子数据交换(EDI)、货物、车辆跟踪与供应链专家指导。要充分发挥市场机制的作用,科学地设计第三方物流战略运行的组织体系。

7.3.2 第三方物流发展战略目标和战略框架

1. 第三方物流发展战略的基本目标

发展战略目标是物流企业的根本,即在保证物流服务水平的前提下,实现物流成本的最低化。具体来说,可通过以下各个目标的实现来达到:

(1) 维持企业长期物流供应的稳定性,低成本,高效率。
(2) 突出服务的个性,谋求良好的竞争优势。
(3) 根据环境的变化为企业整体战略提供预警和功能范围内的应变能力。
(4) 以企业整体战略为目标追求与生产销售系统良好的协调性。

2. 第三方物流发展战略框架

根据物流企业的战略目标,专家提出了物流企业管理战略的框架,把物流企业战略划分为四个层次：

1）全局性的战略

物流管理的最终目标是满足用户需求，因此，用户服务应该成为物流管理的最终目标，即全局性的战略目标。通过良好的用户服务，可以提高企业的信誉，获得第一手市场信息和用户需求信息，增加企业和用户的亲和力并留住顾客，使企业获得更大的利润。

要实现用户服务的战略目标，必须建立用户服务的评价指标体系，如平均响应时间、订货满足率、平均缺货时间、供应率等。虽然目前对于用户服务的指标还没有统一的规范，尚无对用户服务的定义满意度的管理体系，但通过实施用户满意工程，可全面提高用户服务水平。

2）结构性的战略

物流管理战略的第二层次是结构性的战略，包括渠道设计和网络分析。渠道设计是供应链设计的一个重要内容，包括重构物流系统、优化物流渠道等。通过优化渠道，提高物流系统的敏捷性和响应性，使供应链获得最低的物流成本。

网络分析是物流管理中另一项很重要的战略工作，它为物流系统的优化设计提供参考依据。网络分析的内容主要包括：

（1）库存状况的分析。通过对物流系统不同环节的库存状态分析，找出降低库存成本的改进目标。

（2）用户服务的调查分析。通过调查和分析，发现用户需求和获得市场信息反馈，找出服务水平与服务成本的关系。

（3）运输方式和交货状况的分析。通过分析，使运输渠道更加合理化。

（4）物流信息及信息系统的传递状态分析。通过分析，提高物流信息传递过程的速度，增强信息反馈，提高信息的透明度。

（5）合作伙伴业绩的评估和考核。用于网络分析的方法有标杆法、调查分析法、多目标综合评价法等。

3）功能性的战略

物流管理第三层次的战略是功能性的战略，包括物料管理、仓库管理、运输管理三个方面，即

（1）运输工具的使用与调度。

（2）采购与供应、库存控制的方法与策略。

（3）仓库的作业管理等。

物料管理与运输管理的主要内容是必须不断地改进管理方法，使物流管理向零库存这个极限目标努力。降低库存成本和运输费用，优化运输路线，保证准时交货，实现物流过程适时、适量、适地的高效运作。

4）基础性的战略

物流管理第四层次的战略是基础性的战略，主要作用是为物流系统的正常运行提供基础性的保障，即

（1）组织系统管理。

（2）信息系统管理。

（3）政策与策略。

（4）基础设施管理。

信息系统是物流系统中传递物流信息的桥梁，库存管理信息系统、配送分销系统、用户信息系统、EDI/Internet 数据交换与传输系统、电子资金交易系统（EFT）、零售点（POS）等，对提高物流系统的运行效率起着关键作用，因此必须从战略的高度去规划与管理，才能保证物流系统高效运行。

3．第三方物流集中经营发展战略

物流企业战略按相关性可分为集中经营发展战略和多样化经营发展战略两种。集中经营发展战略是指物流企业将全部资源使用在某一特定的市场、服务或技术上。多样化经营又称为多角化经营或多元化经营，它的理性动因是主导业务所在行业的生命周期已处于成熟期或衰退期，物流长期稳定发展潜力有限；主导业务已发展到规模经济，并占有较大的市场份额，市场竞争已处于均衡状态，不易消灭对手，即投资的边际效益递减效应已初步形成，再继续扩大业务规模反而会不经济。这显然与中国现阶段物流发展的状态不符。

因此，建议第三方物流企业应采用集中经营发展战略，这基于以下几点：

（1）第三方物流企业在现阶段规模小，技术落后，多样化经营只会分散企业提高竞争优势所需的有限资源，虽然遍地开花，结果却是到处亏损。第三方物流企业千万不要单纯为扩大企业规模而采取多样化经营发展战略，更不要随波逐流，做其他物流企业都在做的事业。

（2）第三方物流企业现阶段融资能力弱、管理经验不足以及营销渠道少等，应采取区域市场内的集中经营发展战略。在此期间，企业可以通过增加业务量、扩大市场份额以及建立信誉等措施来改变实力弱小、竞争地位低下的局面。

（3）集中经营发展战略可使第三方物流企业有明确的发展目标，组织结构简明，易于管理。只要有技术和市场优势，就能集中力量，并随着品牌形象的形成而迅速成长。因此，只要第三方物流企业能及时捕捉到市场的有利时机，就有可能通过集中经营在短期内获取较大的发展。

（4）集中经营发展战略的具体实施既可以通过物流企业自身扩大再生产的形式，又可通过资本集中（兼并或联合）的形式实现横向一体化以减少竞争对手、降低成本。兼并和联合，是物流市场整合的主要形式。鉴于中国第三方物流市场目前小、散、弱的状况，在激烈的市场竞争中，整合将成为第三方物流未来几年内最重要的战略发展思路。

当然，第三方物流企业的集中经营发展战略也存在一定的风险，最主要的就是物流企业完全被行业兴衰所左右。当某一行业由于需求变化等原因出现衰退时，集中经营的物流企业必然受到相当大的冲击。因此，集中经营发展战略适合于在未完全饱和市场中占相对竞争优势的第三方物流企业。

任何商品的市场容量都是有限的。当市场已趋饱和，占有相对竞争优势的物流企业的增长速度肯定会放慢，这会影响物流企业的长期稳定发展。如果这时发现了新的商机，集中经营的物流企业就应向多样化经营方向做战略转移。

7.3.3　第三方物流战略实施要点

对于供应链管理的第三方物流的认识与实践，有一个发展过程。在西部大开发过程中新建的企业也应有一个高起点，即按供应链管理运作。第三方物流经营者必将有强烈的改善、创新愿望，学习技术知识，对用户物流过程进行重新设计。

1. 全能型企业的物流流程再造

就中国情况而言，大而全、小而全企业数量太多，这些企业与其他企业合作的意识极为淡薄，非核心业务负重过大的企业核心能力也不突出，这不利于参与国际竞争。这类企业改造的基本思路是可将现有运输部门业务或资产独立出去，采用社会公开招标等形式，利用外部资源完成基于供应链管理的第三方物流流程再造。

2. 第三方物流流程重新设计

第三方物流要真正做到有效响应用户的各种需求。无论是网络或系统物流服务者，一定要改变传统供应链中各个成员不愿与他人分享自己信息的思想弊端。缺乏准确的信息，意味着供应链网络必须保持大量的存货，以应付快速反应的市场变化，也无法将永久性的库存场地和安全库存量减少或减至最少，这样就造成了难以改变物流成本居高不下的现状。

3. 重视顾客需求是流程重新设计的出发点

流程重新设计理论认为，最有效的组织设计是按流程流动进行组织设置，并围绕着流程，实现集中相关方面人员及活动的过程。第三方物流管理流程重组，强调以企业供应链管理过程为基本线索，按物流流程、流向进行组织设计和技术设计。

4. 注重综合集成管理

第三方物流战略与SCM（供应链管理）思想的共性，是将关注焦点从物流流程某一职能扩展到跨职能、跨行业的物流流程，以信息技术和组织调整作为整个流程变化的推动器，努力追求物流管理流程绩效以获得巨大改善。

5. 重视电子信息技术的综合应用

结合计算机、信息网络和数据库等的综合应用，企业流程和功能应当展现物流各个活动之间的关系，实现分工基础上的集成化管理。明确任务、时间和阶段，界定活动的执行者与接受者的相互关系。采取根本性的改革措施以产生效果，并巩固新流程。

6. 重视联运代理的组织功能

第三方物流经营者打破传统的部门运输、物流管理的界限，利用联运代理或第三方物流服务中的代理功能，能够按供应链管理要求组织联运，包括多式联运。那种不同运输方式分别建站、分别运营的方式急需改变。改善的途径是商谈改变传统流程，实施双赢策略。

7. 第三方物流战略要按市场规律运作

现代供应链管理的第三方物流战略设计的核心是强化创新，需要从意识开始，渗透到技术、组织和运营方式及过程中。新建企业应进行供应链管理，进行第三方物流战略设计。相关物流服务过程，包括物流增值服务的延伸，使一些制造生产过程缩短，资源更集中于其核心能力。

供应链管理的第三方物流战略设计，在体制上，要向部门的狭隘意识挑战，将不同行业的活动联成无缝的物流管理系统；在意识上，要强调用户导向的 ECR 准则，向自我中心挑战，形成协同运作体系；在组织上，要建立和保持团队精神，追求供应链管理系统整体最优；在服务上，要向传统标准模式挑战，以多样化、可变方式满足用户特殊需要；在经营行为上，要向协同合作努力，利益上力求实现双赢。

7.4　第三方物流战略选择方式

7.4.1　第三方物流战略选择范围

对物流服务提供者来说，大部分是从传统的"类物流"公司延伸与改造发展而来的。其发展战略选择之一是拓宽服务的范围，改变或延伸它们当前的服务内容。另外，提供者也可以扩展服务的地理范围.如图 7.5 所示。

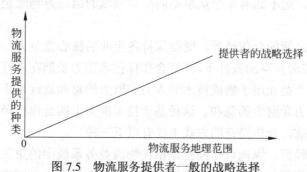

图 7.5　物流服务提供者一般的战略选择

例如，在欧洲未来的发展趋势是越来越多地集中使用一些大型的物流服务提供者，这意味着超级承运人（mega-carrier）时代的到来。正是由于跨国公司对一站式服务的实际需求越来越明显，第三方物流提供者也通过兼并、合资、系统接管、合作、战略联盟、信息技术伙伴关系等来提高他们的地位。因此，超级承运人也许就是从这些战略合作中发展形成的。

7.4.2　第三方物流战略选择方式

1．兼并

兼并已经成为取得更大的市场份额和提供更广泛服务种类的方法。两个公司合并和一个公司兼并另一个公司的潜在利益是巨大的，除了潜在的作业合理化与消除重复活动以外，联合起来的公司还可以减少相互之间的竞争。最突出的兼并案是 1989—1990 年发生在欧盟的 18 家公司联合成立 Intemet Forward。

2．合资

合资是兼并以外的另一个重要选择，两个公司可以在同一法律环境下互享经验，同时相对于母公司又有一定的自由度。UPS 和 Federal Express 在东欧建立了合资公司，因为这是西方公司在那里参与管理和控制的唯一方法。另外，一些生产企业和商业企业更愿意保留配送设施的部分产权，并在物流作业中保持参与。对它们来说，与物流服务提供商的合资提供了注入资本和专业知识的途径。例如，在英国，IBM 与 Tibbett&Britten 组成了 Hi - tech Logistics。

3. 系统接管

大型物流服务供应商全盘买进客户公司物流系统的例子不胜枚举。它们接管并拥有客户车辆、场站、设备和接受原公司员工。接管后，系统仍可单独为原来企业服务或与其他公司共享，以改进利用率和分担管理成本。

4. 合作

1) 第三方物流企业的合作经营及其类型

第三方物流是建立在社会信息共享基础上的新产业。信息技术共享不但方便了企业与第三方物流企业进行交流和协作，而且供应链上企业间的协调和合作能在短时间内迅速完成。从目前第三方物流的运作情况看，单一的第三方物流企业所能接受的加工信息的能力及经营能力，远不如若干个从事不同产业领域的第三方物流企业合作经营的"共赢"体。

由于不同企业之间的合作经营，既能保持各企业的核心竞争力，使合作体具有技术优势，又能在技术资源共享的条件下，保持合作体技术实力长期在本行业处于领先地位，因此，合作体内各个企业用于物流技术的人力和财力的总和远远小于独立经营时各企业用于物流技术的人力和财力的总和。这种基于技术能力上的合作已经成为第三方物流企业经营的趋势。目前，合作经营的方式主要有以下三种。

（1）纵向合作经营。纵向合作经营是指在物流业务系统中的第三方物流企业，因所从事的物流业务不同而与上游或下游第三方物流企业之间不存在同类市场竞争时的合作经营关系。纵向合作经营最典型的模式是专门从事运输业务的物流企业和专门从事仓储业务的物流企业之间的合作。

纵向合作经营使非资产型和不完全资产型的第三方物流企业的物流业务得以开展。因为，非资产型和不完全资产型的第三方物流企业只能够完成一部分物流业务，所以，这类企业要想完成整个的物流业务，就必须和上游或下游的其他第三方物流企业进行纵向合作。纵向合作经营的结果使社会物流资源得以整合，第三方物流企业的分工更专业化，资金投入更合理化。

（2）横向合作经营。横向合作经营是指彼此相互独立地从事相同物流业务的第三方物流企业之间的合作经营关系。

横向合作经营的基础是资源共享。一是市场的共享。合作体内每个企业独立开发的市场即合作体内所有企业的市场。因为合作经营使这部分市场中的自由竞争被市场合理划分所代替，合作体内的企业所获得的利润高于自由竞争的利润。此时，合作体市场规模效应，对想进入合作体市场的其他第三方物流企业起着一定的壁垒和威慑作用。二是技术的共享。合作体内每个第三方物流企业都有自己的技术特点，合作经营的结果使得合作体内各种技术特点相互取长补短，形成了合作体共同的、比较全面的物流技术体系优势，既降低了每个企业的技术开发费用，又增强了企业的技术竞争力，扩大了企业的市场竞争范围。三是业务能力的共享。在合作体内部,当某一企业因为季节性或临时性业务量较大时,可以花费合理而低廉的费用使用合作体内其他第三方物流企业的业务资源,进而使得合作体内部的投资更合理。横向合作经营的有利之处远不止这些,但资源共享是这一合作方式的主要特点。

(3) 网络化合作经营。网络化合作经营方式是指既有纵向合作又有横向合作的全方位合作经营模式。网络化合作经营有着纵向合作和横向合作共同的特点,是最常见的合作经营模式,一般不完全资产型的第三方物流企业都采用这种合作经营的方式。

2) 合作经营的风险及其防范

(1) 合作经营的风险。所谓合作经营的风险,是指由于合作体系统内外部环境的不确定性及复杂性而导致合作体的成员企业发生损失的可能性,如失去竞争优势、被兼并或合作失败等。

① 第三方物流企业合作经营虽然不十分强调"强强"联合,但强调加盟的第三方物流企业必须具备自身的核心优势,以实现与其他组织成员达到优势互补的目的。当某个第三方物流企业加入合作体后,为了实现共同的目的,在合作过程中有可能无意中将自身的核心技术或市场知识转移给其他成员。而这些核心技术或市场知识正是该企业在合作经营前的竞争优势。加入合作体后,由于自身核心技术或市场知识外泄,其竞争优势也将会弱化甚至消失。而这些优势又恰是合作体形成的必要前提和能与其他成员平等互利的保证。因此,当某个企业的竞争优势完全丧失后,要么该企业退出合作体,合作将可能解体;要么该企业继续留在合作体中,但只能受别人摆布,失去发言权。可以肯定,当合作联盟解体后,已丧失核心竞争优势的企业,在同以前的合作体成员展开新一轮的激烈竞争时必将处于十分不利的位置。

② 因为合作经营的首要条件是加盟的第三方物流企业必须具有自身核心竞争优势和成员彼此之间必须能达成优势互补,否则不能加入合作经营体,所以某些物流企业急于加盟合作经营,在没有认真审视自身是否具有核心优势、是否具备合作经营条件的情况下,盲目地加入合作经营组织。很显然,如果这些物流企业自身确实并不具备核心竞争优势而是勉强加入的话,那么在合作经营过程中很有可能被其他企业兼并,甚至某些企业即使在合作前的确具备某项核心优势,但加入合作体后由于核心技术或市场知识外泄,最终成为其他物流企业兼并或收购的对象。

③ 合作经营伙伴的文化差异、合作目的差异等都有可能使合作经营失败,使合作体内的第三方物流企业蒙受损失。

(2) 规避风险的对策。第三方物流企业加入合作经营组织可采取以下规避风险的对策:

① 在保持合作体成员互惠互利的前提下,尽量保持自己的核心竞争力和市场范围。在纵向合作经营的同时,不能忽视加强自身的横向合作经营;在横向合作经营的同时,还要加强纵向合作经营。这样任何一方的合作失败损失能够在另一合作方式的条件下短时间弥补回来。因此,网络化合作经营是第三方物流企业规避合作风险的良策。

② 做好合作经营中的沟通协调工作。合作经营失败的原因很多,概括起来有:缺乏

全身心投入的精神，彼此间并未尽心尽力维持长期合作关系；文化差异使联盟终止；中期管理不当，沟通工作未做好，导致合作体内部协调性差。为了保持长期合作关系，合作体成员之间应相互信任、相互尊重，碰到问题时要坦诚相待，彼此谅解，尽量减少彼此间的误解，增强合作经营的一致性，营造良好的合作氛围。

③ 在合作经营中保持自己的相对独立性。合作方在合作经营中，必须保存实力以确保与其他物流企业平起平坐，避免被兼并或收购的风险。

合作经营中的竞争是永远存在的，处理好合作和竞争的关系对于自身和合作体的发展以及规避风险都十分重要。

5. 战略联盟

战略联盟可以提供不定期市场进入的自由或作业的整合而不需要资金的投入或法律环境的许可。在欧洲，战略联盟的典型例子是瑞典运输和代理公司（ASG）和瑞士运输公司（Danzas AG）。ASG的业务主要集中在斯堪的纳维亚市场，而在欧洲大陆则由Danzas AG负责。新的组织可以通过数据网络的结合和伙伴关系在整个欧洲为顾客提供完整的货物控制。另一个战略联盟的例子是TEAM（TransEuropean Alliance Member）和PACT（Pan-Eurpoean Alliance for ComputerTransportation）。实际上，作为法律实体的PACT可以被看成是瑞士的Kuhne&Nagel和法国公司SERNAM的合资公司，双方各占有50%的股份。PACT的网络主要是以Kuhne&Nagel和SERNAM的网络为基础，但可能还包括了终端配送服务的第三方。第三方的整合同时还取决于顾客和PACT的努力。该合资企业使合作双方能够为时间敏感的计算机产业的顾客提供一站式服务。

6. 信息技术伙伴关系

网络经济下，物流企业的服务较以往发生了很大的变化，服务内容正从单纯的仓储、运输向规模化、网络化现代物流的方向逐步转变。物流信息网络是一个物流企业建立的有关用户需求信息、市场动态、企业内部业务处理情况等信息共享的网络，是依靠现代信息网络技术建立起的运输节点间的信息网络。网络经济学认为，任何网络都具有一个基本的经济特征：连接到一个网络的价值取决于已经连接到该网络其他人的数量。这个基本的价值定理有许多不同的名字：网络效应、网络外部性和需求方规模经济。但它们指的都是同样的含义：在其他条件不变的情况下，连接到一个较大的网络要优于连接到一个较小的网络。如果一个物流企业的用户数量足够多，口碑足够好，信息网络规模足够大，它显然是潜在用户的首选。供应方规模经济与需求方规模经济作用在一起，导致了物流产业内强大的正反馈现象，强者越强，弱者越弱。事实上，并不是弱的企业将不断地变得更弱，最终被淘汰；相反，信息网络强的企业将吸引越来越多的用户加入，从而变得更加强大，在竞争中取得明显的优势地位。因此，信息资源的实时共享是十分重要的。所谓信息资源的实时共享，是指企业内部各部门和与企业相关联的外部上下游企业能在第一时间从共享的信息资源上获取各自所需的信息，以便采取相应的运作策略，减少工作过程的不确定性。例如，美国洛杉矶西海报关公司与码头、机场、海关信息联网，当货物从世界各地起运，客户便可以从该公司获得到达的时间、到泊（岸）的准确位置，让收货人与各仓储、运输公司等做好准备，使商品在几乎不停留的情况下快速流动，直达目的地。

从我国物流企业信息网络的现状来看，我国物流业的电子化起步比较晚，信息化的基础比较薄弱，不像零售业那样有 20 年接触信息技术的经验。物流企业的信息网络技术大都还比较落后。现代物流企业，必须具备物流的各主要功能环节，除此之外，还需要办理各种手续、提供各种增值服务，比如流通加工、信息处理、随时提供可视服务等，这些如果不借助网络管理技术，根本不能实现。中国加入 WTO 后，物流信息技术薄弱的状况必然受到挑战。国外发达物流企业在信息网络的建设中投入了相当大的精力。比如，日本构筑电子物流信息市场，日本的三大综合商事住友、三井和三菱，2001 年正式就共同合作构筑电子物流信息市场达成了合作协议。这一系统的基本思路是将网上的商品电子贸易与物流运输两大项业务同时在互联网上完成，日本凭借本国的先进电子信息技术，捷足先登构筑电子物流信息市场，将对国际物流业产生重大影响，从而在日本国内构筑起第一座最大的电子物流信息市场，以求在日本国内的物流业中发挥主导作用，使日本的物流业电子信息化走在世界前列。

在国内，物流企业宝供也与快步公司（Egistics）达成了信息技术合作伙伴关系。快步公司是我国物流领域声名鹊起的物流电子化信息服务提供商。它推出了电子化物流平台，为宝供提供安全有效的信息交换系统，实现其整个供应链全过程，包括制造商、分销商、第三方物流提供商、零售商和电子零售店在内的各环节参与者之间无缝隙的物流业务流程的整合；该方案不但支持传统的业务模式，而且也支持新的业务模式和交易方式。这使宝供的物流业务水平得到极大发展。快步与宝供的合作案例已被 IT 著名企业评为亚太地区 B2B 电子商务最佳案例。

中国物流企业的发展离不开信息技术的合作与开发，对于航运市场的许多承运人来说，信息技术也是相当重要的。对超级承运人来说，建立战略信息技术伙伴是关键之一。物流合作者在很大程度上依赖于信息分享的整合战略。网络的概念是用通信来组织的，许多个体的公司是以一个共同的目的联结起来的一个实体。PACT 模式最重要的方面是在 SERNAM 和 Kuhne&Nagel 之间分享通信和信息设施。

本 章 小 结

第三方物流企业的发展战略关键在于物流战略的选择。物流战略就是企业为开展好物流活动而制定的更为具体、操作性更强的行动指南。

制定一个战略要进行物流环境因素分析和战略定位。第三方物流战略总体设计构思要突出第三方物流的战略优势；第三方物流经营要贯彻 JIT 和 ECR 准则；信息技术是第三方物流战略的重点。

战略计划的制订决定企业未来的生存和发展，战略计划的正确与否，直接影响第三方物流企业的前途。战略计划的制订步骤一般包括确定战略指导思想、战略环境分析、确定战略目标、划分战略阶段、明确战略重点、制定战略对策、评价战略规划。

第三方物流提供者也通过兼并、合资、系统接管、合作、战略联盟、信息技术伙伴关系等来提高他们的地位。

思考与练习

一、填空题

1. 市场环境是各类企业都要面对的环境，大致可归纳为_____、_____、_____、_____、_____等方面。
2. 我国物流市场的地域集中度很高，_____集中在_____地区。
3. 客户资源包括_____和_____两部分。
4. 第三方物流企业发展战略包括八个部分，即_____、_____、_____、_____、_____、_____、_____、_____。
5. 所谓合作经营的风险，是指由于合作体系统内外部环境的_____、_____而导致合作体的成员企业发生损失的可能性，如失去竞争优势、被兼并或合作失败等。

二、判断题

1. 企业的高销售和盈利性需要不断地进行市场开拓，需要高效的物流运作支持。（　　）
2. 战略管理大师韦伯认为一个公司的高层管理人员要决策是否进入、继续留守或退出一个行业，关键在于该行业能使公司获得的机会和公司将付出的代价，即该行业的竞争强度和获利能力。（　　）
3. 进入某个行业的难易程度通常受三个因素影响：市场份额、产品或服务差别、现有企业的综合优势。（　　）
4. 订单履行，包括以运输为特征的运输模式选择与组织、集货、转运、配送等服务，以仓储为特征的存储、分拣、包装、装配、条形码及其他增值服务。（　　）
5. 战略联盟已经成为取得更大的市场份额和提供更广泛服务种类的方法。（　　）
6. 自然环境是指国家经济的总体状况，主要包括如下内容：国民生产总值及其增长速度、市场规模、市场体系和市场运行机制、经济政策及国家的货币和物价总水平的稳定性。（　　）
7. 定向客户是指对客户本身没有地域、行业、业务的选择限制，如邮政、铁路、公路、航空等物流业。（　　）
8. 第三方物流企业在制定战略规划的时候可以先有一个心理预期的目标，但是这个目标不是确定下来的。（　　）
9. 合资是兼并以外的另一个重要选择，两个公司可以在同一法律环境下互享经验，同时相对于母公司又有一定的自由度。（　　）
10. 合资可以提供不定期市场进入的自由或作业的整合而不需要资金的投入或法律环境的许可。（　　）

三、简答题

1. 物流资源调查的基本内容有哪些？
2. 什么是物流市场分析？
3. 企业资源优势有哪些？
4. 我国第三方物流市场的主要客户构成有哪些？

5. 我国第三方物流企业客户行业分布特点有哪些？
6. 发展战略规划的原则有哪些？
7. 第三方物流战略选择方式有哪些？

四、论述题

1. 简述制定第三方物流企业战略规划的步骤。
2. 简述第三方物流企业发展战略规划的内容。
3. 试述第三方物流发展战略的基本目标。

五、案例分析

香港邮政"特快专递"
——市场细分、目标市场选择和市场定位

（一）发掘机会巧定位

"特快专递"在港人心中一直是个不太成功的品牌，要扭转这一品牌形象，离不开缜密的分析和筹划。香港邮政进行了顾客分析、行业分析和竞争对手分析。通过客户调查他们了解到，顾客选择速递服务时首先考虑的因素是速度与可靠性，其次是价格。同时顾客也希望能够追踪邮件，随时了解运送情况。综合其对市场竞争状况、竞争对手服务情况的掌握，香港邮政进行了SWOT分析。

（1）公司优势。特快专递服务推出较早，技术支持较强（如电子追踪服务）；以邮局为服务终端，服务网络覆盖面广，优势无可比拟；公司寻求改变的决心巨大，员工士气高昂，急欲参与。

（2）公司劣势。"特快专递"过去的形象不太好；认知率不高；可靠性与速度不及私营速递公司。

（3）市场机会。私营速递公司多以大公司为主要客户，而占绝大多数的中小机构享受不到价格优惠，个别客户更被作为最后处理的对象，中小机构的需求得不到满足，是个被忽视的市场。

（4）市场威胁。近年香港经济不太景气；外部环境不利；速递业竞争对手林立，正面冲突可能招致报复。

通过SWOT分析，香港邮政明确了"特快专递"的市场地位，也找到了其可努力的方向，即抓住机会、发挥优势（S—O策略）。由此，香港邮政将广大中小商业机构和个别客户定为其"特快专递"的目标顾客，向他们提供价格适宜的邮政服务；即以"补缺者"的身份填补市场空隙，避免了和竞争对手的正面冲突。同时，香港邮政将此次推广活动的目标设为：树立品牌形象；提高"特快专递"的认知率；扩大顾客基础；提高市场占有率。

（二）超值服务显优势

香港邮政对其速递服务采取低价策略，并不意味着质量水准的降低；相反，香港邮政重新推广"特快专递"业务，正是为了扭转其在顾客心目中的形象，所以他们在服务质量上毫不放松，要给顾客以"超值"的感觉，而且尽量照顾到顾客的需要。做法如下：

（1）提供电子追踪服务，让顾客随时掌握邮件运送的情况。

（2）提供大小不同的特快专递箱，满足顾客不同的需要，且收费低廉。

（3）消除一切可能造成延误的因素，保证邮件准时发送。
（4）在推广初期特设营业小组，应对业务查询，替顾客开立账户并兼作宣传。
（5）整肃工作作风，一线人员礼貌热情，服务细致耐心，富有效率。

香港邮政以崭新的形象提供高质量、高效率的服务，让顾客有更多时间处理需要寄运的物件，甚至可在"最后一分钟"将邮件寄出，令客户的分分秒秒尽显优势。

（三）内部营销示决心

香港邮政管理高层特别成立了"特快专递"倡导委员会，并设立了许多工作促进小组，对公司所有职员（包括不直接处理"特快专递"业务的职员）介绍有关产品，强调服务的重要性。

领导的重视与亲临指导给员工以极大的鼓舞，每个员工都愿熟悉"特快专递"业务，为推广活动效力。公司上下一心，人人都为他们付出的努力和取得的成绩感到骄傲。

（四）市场表现传佳绩

香港邮政"特快专递"推广活动取得了显著的成效：

（1）业务量。尽管香港经济不景气，"特快专递"处理的邮件总量仍有上升。
（2）客户数。实施推广计划的前5个月内，新开立账户的客户人数上升了60%。
（3）认知率。对于"特快专递是国际速递服务"的理念，在未开立账户的顾客群体中的认知率从11%上涨到30%，在已设账户的客户群体中从36%上升到了50%。"特快专递"在香港已成功建立起品牌。
（4）满意度。对顾客满意程度的独立研究显示，客户对特快专递服务各程序的满意程度均有所上升。

资料来源：郭东芬. 现代物流概论[M]. 北京：人民邮电出版社，2013. 引用资料经过笔者整理。

分析

1. 香港邮政署对邮政市场进行细分的标准是什么？目标市场在哪里？进行了怎样的市场定位？
2. 该案例对我国邮政服务带来哪些有益的启示？

第 8 章

物流服务营销战略管理

学习目标

通过本章的学习,理解物流服务营销战略的基本含义和特性;熟悉应用 SWOT 方法;了解物流营销战略管理的基本内容;掌握企业物流质量改进的方法和有效途径;掌握物流营销控制的基本程序;熟悉物流服务营销质量管理;掌握物流服务绩效评价的各项指标。

关键术语

物流服务　营销战略　绩效评价

宝供物流集团公司的经营理念、使命和价值观

(一)经营理念

宝供公司就是宝供人为之奋斗、生存和发展,为客户创造价值的一个团体。公司与个人的利益休戚与共,我们相信诚实正直、开拓进取地为公司发展做正确的事情,将为公司和个人带来共同的利益和进步。我们也坚信真诚地为客户提供满意的服务会使我们公司不断发展壮大,这样做更具有价值。

(二)使命

为客户提供优质高效的物流供应链服务的全面解决方案以支持客户的发展,为推动行业发展和员工进步做出不懈的努力。作为回报,我们会得到不断提高的市场占有率和合理的利润。

(三)价值观

客户满意:是我们存在的基础,是我们业务发展的根本保障。

主人翁精神:是我们企业持续发展的原动力。

诚实正直:是宝供人生存发展之根本。

开拓进取:是适应市场环境、满足客户需要的法宝。

团队协作:是我们力量的源泉,能提供给我们良好的工作环境。

注重效果:良好的工作效果是我们所期望的,能使企业不断发展壮大。

思考

1. 宝供物流集团公司的服务营销理念有何意义?

2. 为何要进行服务营销管理？

8.1 物流服务概述

8.1.1 物流服务的含义

1. 物流服务的定义

物流服务的定义因组织而异，供应商和它们的客户对物流服务定义的理解可能非常不同，从广义上说，物流服务可以衡量物流系统为某种商品或服务创造时间和空间效用的好坏，它包括诸如减轻库存审核、订货的工作量，以及售后服务的行为。

2. 物流服务的特征

物流服务的特征是满足客户的需求，具体包括以下三个方面。
（1）有客户需要的商品（保证有货）。
（2）可以在客户需要的时间内送达（保证送到）。
（3）达到客户要求的质量（保证质量）。

8.1.2 物流服务内容

物流是实现销售过程的最终环节，但由于采用不同形式，使一部分特殊服务变得格外重要，因此，企业在设计物流服务内容时应反映这一特点。概括起来，物流服务内容可以分为以下两个方面。

1. 传统的物流服务内容

1）运输服务

物流企业必须将消费者的订货送到其指定的地点。物流服务提供商首先可能要为客户设计最合适的物流系统，选择满足客户需要的运输方式，然后具体组织网络内部的运输作业，在规定的时间内将客户的商品运抵目的地，除了在交货点交货需要客户配合外，整个运输过程，包括最后的市内配送都应由物流服务提供商完成，以尽可能方便客户。

2）储存服务

物流中心的主要设施之一就是仓库及其附属设备。需要注意的是，物流服务提供商的目的不是要在物流中心的仓库中储存商品，而是要通过仓储保证物流服务业务的开展，同时尽可能降低库存占压的资金，减少储存成本。因此，提供社会化物流服务的公共型物流中心需要配备高效率的分拣、传送、储存、拣选设备，目的是尽量减少实物库存水平，但不降低供货服务水平。

3）装卸搬运服务

物流服务提供商应该提供更加专业化的装载、卸载、提升、运送、码垛等装卸搬运机械，以提高装卸搬运作业效率，降低订货周期（order cycle time，OCT），减少作业对商品造成的破损。

4）包装服务

物流包装作业的目的不是要改变商品的销售包装，而是通过对销售包装进行组合、拼配、加固，形成适于物流和配送的组合包装单元。

5）流通加工服务

流通加工服务的主要目的是方便生产或销售，专业化的物流中心常常与固定的制造商或分销商进行长期合作，为制造商或分销商完成一定的加工作业，比如贴标签、制作并粘贴条形码等。

6）物流信息处理服务

由于现代物流系统的运作已经离不开计算机，因此，将各个物流环节各种物流作业的信息进行实时采集、分析、传递，并向货主提供各种作业明细信息及咨询信息，是相当重要的。

2. 电子商务下的增值性物流服务

电子商务的物流除了传统的物流服务外，还需要增值性的物流服务。增值性的物流服务具体包括以下几层含义和内容：

1）增加便利性的服务

一切能够简化手续、简化操作的服务都是增值性服务。在提供电子商务的物流服务时，推行一条龙门到门式服务、提供完备的操作或作业提示、免培训、免维护、省力化设计或安装、代办业务、一张面孔接待客户、24小时营业、自动订货、传递信息和转账、物流全过程追踪等都是对电子商务销售有用的增值性服务。

2）加快反应速度的服务

快速反应已经成为物流发展的动力之一。传统观点和做法将加快反应速度变成单纯对快速运输的一种要求，但在需求方对速度的要求越来越高的情况下，它也变成了一种约束，因此必须想其他的办法来提高速度。所以，另一种办法，也是具有重大推广价值的增值性物流服务方案，即优化电子商务系统的配送中心、物流中心网络，重新设计适合电子商务的流通渠道，以此来减少物流环节、简化物流过程，提高物流系统的快速反应性能。

3）降低成本的服务

电子商务发展的前期，物流成本居高不下，有些企业可能会因为承受不了这种高成本而退出电子商务领域，或是选择性地将电子商务的物流服务外包出去，这是很自然的事情，因此，发展电子商务，一开始就应该寻找能够降低物流成本的物流方案。企业可以考虑的方案包括采取物流共同化计划，同时如果具有一定的商务规模，比如，珠穆朗玛和亚马逊这些具有一定销售量的电子商务企业，可以通过采用比较适用但投资比较少的物流技术和设施设备，或推行物流管理技术，如运筹学中的管理技术、单品管理技术、条形码技术和信息技术等，提高物流的效率和效益，降低物流成本。

4）延伸服务

延伸服务，向上可以延伸到市场调查与预测、采购及订单处理；向下可以延伸到配送、物流咨询、物流方案的选择与规划、库存控制决策建议、货款回收与结算、教育与培训、物流系统设计与规划方案的制作等。关于结算功能，物流的结算不仅仅是物流费用的结算，在从事代理、配送的情况下，物流服务商还要替货主向收货人结算货款等。关于物流系统设计咨询功能，第三方物流服务商要充当电子商务经营者的物流专家，因而必须为电子商务经营者设计物流系统，代替它选择和评价运输商、仓储商及其他物流服务供应商。关于物流教育与培训功能，物流系统的运作需要电子商务经营者的支持与理解，通过向电子商务经营者提供培训服务，可以培养它与物流中心经营管理者的认同感，可以提高电子商务经营者的物流管理水平，可以将物流中心经营管理者的要求传达给电子商务经营者，也便于确立物流作业标准。

以上这些延伸服务最具有增值性，但也最难提供，能否提供此类增值服务现在已成为衡量一个物流企业是否真正具有竞争力的标准。

8.1.3 物流服务要素

物流服务就是要以合适的时间和合适的地点，以合适的价格和合适的方式向合适的客户提供合适的物流产品或服务，使客户合适的需求得到满足。与市场营销中的售前、售中、售后服务相联系，以买方和卖方发生交易的时间为参照，物流服务的组成要素可分为三类，即交易前要素、交易中要素和交易后要素。

1. 交易前要素

交易前要素为企业开展良好的服务创造适宜的环境。这部分要素尽管并不都与交易有关，但对产品销售有重要影响。客户对企业及其产品的印象和整体满意度都与交易前要素密切相关。企业为稳定持久地开展客户服务活动，必须先对交易前要素做好下列规范化的准备。

1）客户服务条例的书面说明

客户服务条例以正式文本的形式，反映客户的需要，阐明服务的标准，明确每个员工的责任和具体业务内容；所规定的每项服务不仅要可量化考核，还应有可操作性。

2）提供给客户的文本

客户能了解到自己获得什么样的服务，否则客户可能产生一些不切实际的要求。同时，客户也可以知道在没有得到应有的服务时该与谁以什么方式联系；如果客户在遇到问题或需要了解某些信息时找不到具体的人询问，他很可能一去不返。

3）组织结构

尽管不存在适合于所有企业成功实施其客户服务的通用的最优组织结构模式，但对每个企业都应该有一个较好的组织结构以保障和促进各职能部门之间的沟通与协作。总体负责客户服务工作的人在企业中应该具有相当的职责和权威，因为这项工作涉及企业的多个部门往往需要多方面协作和快速响应。

4）系统柔性

物流系统在设计时要注意柔性和必要的应急措施，以便顺利地响应诸如原材料短缺、自然灾害、劳动力紧张等突发事件。

5）管理服务

企业应当为客户（特别是中间商）提供购买、存储等方面的管理咨询服务。具体的方式包括发放培训手册、举办培训班、面对面培训等。这类服务往往免费或收费甚低。

上述交易前要素是相对稳定而长期的，较少发生变动，从而使得客户对所获服务的期望值保持稳定。

中远集团的顾客让渡价值观念

增加顾客让渡价值，就要增加顾客购买的总价值，降低顾客购买的总成本。要紧贴市场，完善服务功能，增加服务项目，扩大服务内涵，设身处地为顾客着想，在研究分析顾客需求（customer）、顾客成本（cost）、便利性（convenient）和沟通（communication）的基础上，考虑企业如何满足顾客需求、如何为顾客节约成本、如何使顾客更加便利、如何促进与顾客的沟通等问题。就航运业而言，不仅要满足顾客对货运量的一般要求，还要帮助货主解决运输过程中产生的相关问题，提供能使货主产品增值的服务。中远强调一站化服务和无缝服务，就是为顾客提供尽可能的便利和周到热忱的服务。接到客户订单后，中远把顾客的一切需要全部安排好，让顾客满意，让顾客放心。只有正确地尊重了顾客，和顾客取得利益一致，才能实现企业和顾客的双赢，加强企业的竞争地位。

2. 交易中要素

交易中要素主要指发生在交货过程中的客户服务活动，也就是最经常与客户服务相联系的活动，主要包括以下内容。

1) 缺货水平

缺货水平即对企业产品可供性的衡量尺度。对每一次缺货情况要根据具体产品和客户做完备记录，以便发现潜在的问题。当缺货发生时，企业要为客户提供合适的产品，或尽可能地从其他地方调运，或向客户承诺一旦有货立即安排运送，目的在于尽可能保持客户的忠诚度，留住客户。

2) 订货信息

订货信息即向客户快速准确地提供所购商品的库存信息和预计送货日期。对客户的购买需求，企业有时难以一次性地完全满足，这种订单需要通过延期订货、分批运送来完成。延期订货发生的次数及相应的订货周期是评估物流系统服务优劣的重要指标。延期订货处理不当容易造成脱销，对此，企业界要给以高度重视。

3) 信息的准确性

客户不仅希望快速获得广泛的数据信息，同时也要求这些关于订货和库存的信息是准确无误的。企业对不准确的数据应当尽快更正，对经常发生的信息失真要特别关注并努力改进。

4) 订货周期的稳定性

订货周期是从客户下订单到收货为止所跨越的时间。订货周期包括下订单、订单汇总与处理、货物拣选、包装与配送等。客户往往更加关心订货周期的稳定性而非绝对的订货天数。当然，随着对时间竞争的日益关注，企业亦越发重视缩短整个订货周期。

5) 特殊货运

有些订单的送货不能通过常规的运送体系来进行，而要借助特殊的货运方式。例如，有的货物需快速运送或需要特殊的运送条件。企业提供特殊货运的成本要高于正常运送方式，但能提高客户的信任度。

6）交叉点运输

企业为避免脱销，有时需要从多个生产点或配送中心向客户运送货物，这也是应对延期订货的策略之一。

7）订货的便利性

订货的便利性是指客户下订单的便利程度。客户总是喜欢同条件便利和友好的卖方打交道。如果单据格式不正规、用语含糊不清，或在电话中等待过久，客户都有可能产生不满，从而影响客户与企业的关系。对于这方面可能存在的问题，企业可以通过与客户的直接交流来获悉，并做详细记录和改进。

8）替代产品

客户所购的产品暂时缺货时，不同规格的同种产品或者其他品牌的类似产品可能也能够满足客户的需要，这种情况在现实中时有发生。如果一种产品当前可供率为 70%，为客户提供可供接受的一种替代产品则可使该产品的供应率提升至 90%；类似地，如果存在两种被客户广泛接受的替代产品，则该产品的可供率将达到 97%。可见，为客户提供可供接受的替代产品可以大大提升企业的服务水平。

企业在制定产品替代策略时要广泛征求客户的意见，并及时将有关的政策和信息通知客户。在有必要向客户提供替代产品时，应征询客户意见并取得认可。

客户服务的交易中要素往往备受客户关注，因为对客户而言，这些要素是最直接和显而易见的，有 80%的客户认为产品的运送甚至与产品质量本身同等重要。

通常客户抱怨的原因有 44%来自送货的延迟，所以，处理好客户服务的交易中要素对于减少客户不满十分重要。

3. 交易后要素

客户服务的交易后要素是企业对客户在接收到产品或服务之后继续提供的支持。这类要素是客户服务要素中最常被忽视的部分。售后服务对提高客户满意度和留住客户至关重要，主要包括以下内容。

1）安装、保修、更换、提供零配件

安装、保修、更换、提供零配件这些要素是客户在做购买决策时经常考虑到的，特别对于一些设备，客户购进之后发生的维护费用甚至远大于初次购买的成本。

2）产品跟踪

为防止客户因产品问题而投诉，企业必须对售出的产品进行跟踪并及时从市场上收回存在隐患的产品。

3）客户的批评、投诉和退货

为消除客户的批评，需要一个准确的在线信息系统处理来自客户的信息，监控事态的发展，并向客户提供最新的消息。物流系统的设计目标是将产品顺利传递到客户手中，而那些非经常性的操作，特别是客户退货的处理，其费用是很高的，企业对客户的批评要有明确的规定，以便尽可能及时有效地处理，维护客户的忠诚度。

4）临时借用

当客户所购买的产品未到货或先前购买的产品正在维修时，暂时将企业的备用品借给客户使用。这样既给客户提供了便利，又可以增强客户忠诚度。

8.2 物流服务营销战略

8.2.1 物流服务营销概述

物流服务营销,理所当然地首先要理解物流能力是如何对市场营销做贡献的。在市场机会的引导下,企业把满足顾客的需求看作隐藏在所有活动背后的动机,因为,市场开拓的目的就是要向市场渗透,以期引发各种有利可图的交易。于是,这种状况常被称作"市场营销",这是第二次世界大战后才出现的概念,也是从卖方市场转变到买方市场的一个组成部分。

1. 物流服务营销概念

物流市场营销又称为物流服务营销,是指物流企业以市场需求为核心,通过采取整体营销行为,提供物流服务来满足顾客的需要和欲望,从而实现物流企业利益目标的活动过程。

物流服务营销是一个整合过程,物流营销过程几乎跨越所有职能(通关、商检、采购、运输、代理、保管、存货控制、配送、包装、装卸、流通加工及相关物流信息等),每次与特定的职能部门接触都可能要求不同层次的市场营销专业知识。这就需要不断地与不同部门沟通,建立一种良好的客户关系,通过建立客户档案,分析客户需要,及时满足他们的需要。

2. 物流服务营销特性

与一般工商企业市场营销相比,物流服务营销具有以下几个主要特性。

(1) 营销者提供的是物流服务,而物流服务的质量水平并不完全由物流企业所决定,还同顾客的感受有很大的关系。与有形产品相比,物流服务具有:不可感知性、不可分离性、差异性、不可储存性。物流服务的无形性使得顾客难以凭肉眼和触摸予以评判。即使是被物流企业自认为是符合高标准的服务质量,也可能不为顾客所喜爱和接受。因此,对物流企业而言,需要通过诸如场所气氛、人员素质、价格水平、设备的先进程度和供应链整合能力等能反映服务能力的"信号"让顾客感受企业的服务水平。

(2) 营销的对象广泛,市场的差异程度大。由于供应链的全球化,物流活动变得更加复杂。工商企业为了将资源集中于自己的核心业务上,往往将其他非核心业务外包。工商企业急剧上升的物流外包为物流企业提供了广阔的市场营销范围和服务对象,可以说是涉及了各行各业。顾客的广泛性导致了市场的差异性,因此,物流企业面对的是一个差异程度很大、个性化很强的市场,这就要求物流企业进行营销工作时,必须根据目标市场客户的特点为其量身定制,并建立一套高效合理的物流解决方案。

(3) 物流服务能力强。物流市场营销者面对的需求是非标准化的,因此,提供的物流服务必须是个性化的,这就客观上要求物流企业具有强大的营销服务能力。一个成功的物流企业,必须具备较大的运营规模,建立有效的地区覆盖网络,具有强大的指挥和控制中心,兼备高水准的综合技术、财务资源和经营策略。例如,作为世界物流业的"领头羊",马士基物流向客户提供量身定制的物流解决方案,包括整合供应链管理、仓储分拨、海运及空运服务。马士基物流在全球拥有 4 500 名员工和 100 多家分公司。而中远物流公司也具有强大的服务能力,能够为国内外广大货主和船东提供现代物流、国际船舶代理、国际多式联运、公共货运代理、空运代理、集装箱场站管理、仓储、拼箱服务、铁路、公路和驳船运输、项目开发与管理以及租船经纪等服务。

3. 物流服务营销原则

(1) 注重规模,讲究效益。物流企业要产生效益取决于它的规模,所以进行市场营销时,先要确定某个客户或某几个客户的物流需求是否具有一定的规模,再去为他们设计有特色的物流服务。

(2) 注重合作,讲究优势。现代物流的特点要求在更大的范围内进行资源的合理配置,因此物流企业本身并不一定必须拥有完成物流作业的所有功能。

(3) 注重回报,讲究共赢。对物流企业来说,市场营销的真正价值在于其为企业带来短期或长期的收入和利润的能力。一方面,取得回报是物流企业生存和发展的物质条件,是营销活动的动力;另一方面,物流企业在营销活动中要回报顾客,要满足顾客的物流需求,为顾客提供价值,回报是维持市场关系的必要条件。因此,物流企业在为顾客提供服务时,要讲究既要满足顾客需要,又要取得应有的回报,实现企业与顾客的双赢。

4. 物流服务营销作用

市场营销作为物流企业管理的一项重要职能,涉及企业经营活动的全过程以及企业内外部的各个方面,它既是社会分工和规模经济的必然产物,也是市场经济条件下企业的基本行为之一。在经济全球化、市场一体化的过程中,市场营销对物流企业的经营发挥着越来越重要的作用。

(1) 物流企业重视营销管理既是物流市场发展的客观要求,也是物流企业应对竞争环境提高自身的生存和发展能力的实际需要。物流企业作为以营利为目的的经济组织,必须以市场需求为导向,深入研究环境变化,分析市场机会,寻找目标市场,拓展物流服务业务,扩大市场占有率,使自己在竞争中处于有利地位。要做到这些,物流企业必须积极开展营销活动,加强营销管理。

(2) 营销管理是物流企业的核心职能之一。在市场经济条件下,市场需求引导企业行为,市场营销部门作为联结企业与市场的主要部门,相对于企业的其他职能部门(人事、财务、会计等)而言,具有重要而独特的职能。市场营销部门通过进行市场调查、方案评估、产品开发与设计、营销网点与渠道选择、广告宣传与公共关系、客户咨询、信息处理等为物流企业适应环境变化,抓住市场机会,赢得竞争优势发挥着重要作用。

8.2.2 物流营销战略

1. 物流营销战略概念

物流营销战略主要是指物流企业的内部和外部的合作伙伴建立了一种"供应链关系",并明确实现其价值的策略和方法,使之建立的供应链关系的物流作业和整个供应链中与之关联群体的需求保持一致,或创造新的物流需求,从而实现物流营销自身利益的一种谋划和方略。物流营销与一般意义的营销活动相比,有着自身的特点,即在现代物流中,供应商与客户之间相互作用的重点,正在从传统交易行为转向伙伴关系,使客户和客户群自始至终能实现价值最大化。

从物流发展趋势看，物流分销在数量上将逐步减少，但每个中心的商品数量、品种、类别将会增加。未来的物流分销中心一方面规模更大，另一方面日常所需处理的订单更多。同时，伴随着装运频次的加快和收货、放置、拣货及装运等作业的增加，这一趋势对物流顾客满意提出了更高的要求。也就是，在供应链系统中同步化顺畅运行，避免不必要的停滞或过大库存。围绕物流作业决策的时间限制，物流企业应特别重视物流营销的导向作用。

物流营销鼓励在物流作业中把需求作为目标，从而能更快地把注意力集中到主要问题上来，即满足客户需要并建立客户的忠诚度。成功的企业和它们的客户保持沟通并倾听他们的意见，物流作业过程中应使产品增值。成功的企业将自己与供应商、与顾客发展成为真正的合作伙伴关系，从而在信息共享、相互商定计划和双赢协议中受益。运作高效、反应迅速的物流作业是实现这一目标的关键。

2. 物流服务营销目的

物流服务营销以顾客至上为中心。物流营销中的顾客导向必须站在其合作伙伴的高度，使创意、概念和过程形象化。当物流真正以顾客为导向时，物流部门把关于其他群体的信息运用到决策中，结果就会产生更强有力的营销组合，就会有更高效的物流。现在有一种普遍的认识：市场营销应当放在整个物流业务流程的范围加以考虑，这个流程的目的是创造一流的客户价值。实现这一目的往往需要把以前分散的不同业务职能部门要素加以整合。这些要素包括研发、价值管理、后勤、订单处理和客户服务。有效地管理这些彼此相关又独立作业的流程，需要对其进行有针对性的、不同的计划和实施方案，用较少的成本提高产品的附加值，创造卓越的客户价值，才能建立持久的客户关系。

3. 物流服务营销的实质

物流企业服务营销的实质是不断创新营销理念和优化营销活动，以客户为核心，以物流资源链为服务手段，以市场占有率和建立客户忠诚度为导向，开展针对性的营销策略，注重客户的保有与开发，实现客户的系列化、个性化物流服务，注重客户关系的维护，提高物流服务质量，根据客户的行为来预测客户的物流需求，并为其设计物流服务，建立长期的、双赢的客户关系，良好的营销策略可以使物流企业获得长期的、稳定的客户，增强物流企业的市场竞争力。

8.2.3 物流服务营销战略实施过程

物流部门对于营销过程的概念化、计划和实施负有直接的责任。对过程的理解越透彻，物流营销的效率就越高。物流市场营销过程及管理一般包括以下几个阶段。

1. 首先完成企业的使命

物流企业的使命是做好所有其他工作的基础。它从根本上明确企业存在的理由，并成为资源排序和分配的重要依据。一个有市场导向的物流企业能更加以顾客为中心，更有可能把与顾客有关的问题放在更高的位置上。这样的企业中，物流管理职能倾向于采取特殊的措施，对外部合作伙伴的要求做出响应。

2. 以物流市场营销目标为先导

市场营销导向的目标是从所服务的客户和整个组织的角度出发来定义物流存在的理由和目的。其目标包括：

(1) 制定物流策略,以确保所需材料的流动能够支持生产和流通。
(2) 制定和执行物流作业和物流业绩衡量系统。
(3) 有效管理物流渠道并改进和提高供应商、用户的运作。
(4) 与供应商、用户建立实时信息系统。
(5) 建立对动态市场条件具有适应性和反应力的组织结构。
(6) 与内部顾客建立稳固的关系。
(7) 与用户一同合作开发或获得处于领先地位的技术。

物流企业面对不断变化的内外部需求,围绕顾客制定的目标,应当感觉灵敏、反应迅速,始终确保把注意力集中到对于企业重要的问题上来。

3. 建立物流信息数据库

完整的数据信息分类是信息化的基石及先决条件。除了将商品系统化加以分类外,利用分类结果建立商品数据库、用户数据库、供应商数据库等是一项不可或缺的工作。完整的物流作业数据库应收集有关的详细资料,如条形码、规格、用户、商圈、地理信息、交通状况等。将收集的信息整理成每个月的营销分析资料并转为档案格式,整理供应链中不同环节的企业,根据不同需求,做各种不同的数据分析和处理,定期或不定期形成各种营销分析报告提供给使用者。同时也可提供在线查询服务,使客户可以在线查询相关信息。建立一个完整的数据库,对整个供应链来讲,无论是对制造商、批发商、零售商或顾客都有极大帮助。建立共同数据库对整个供应链是非常有益的。如对于制造商/供货商来讲,建立数据库,有利于商品信息收集、消费状况分析、经营计划的制订以及提高企业对市场变化的适应能力等。对于零售商来讲,建立数据库,不仅有助于及时掌握市场行情变化,提升企业获利空间,及时准确的进货还可以节省人力、财力、物力,减少重复作业,帮助企业建立有效的进、销、存和营销分析系统。

物流企业如果没有完善的信息收集、分析、分解和储存系统,就难以做到以市场为导向。信息收集、处理和使用的质量越高,物流企业就越能做到以市场营销为导向。没有连续、可靠的信息输入,决策就是任意的,就难以对影响物流企业内外部关系的动态环境做出灵敏的反应。

4. 制定物流市场营销策略

物流企业推行的最佳策略是不存在的,但存在一系列可供选择的方案。物流企业必须了解市场,并能选择满足不同客户特定需要的方法。例如,刚进入物流市场时,可以采用交易营销策略,也称为市场营销组合策略,即 4P 策略——产品(product)、价格(price)、促销(promotion)、渠道(place),以提高市场占有率;在有效进入物流市场后,应该选用物流营销策略,即 4C 策略——顾客、成本、便利、沟通,以建立和提高顾客的忠诚度。

5. 选择物流目标市场

在企业的内外部,可能有为数众多的目标市场。为了确定哪些是主要目标市场,哪些是次要目标市场,物流企业必须明确它与特定客户的所有交往,然后记录交换的频率以及它们的价值。虽然所有的关系都有潜在价值,但是在选定的时间点上某些关系要比其他关系更具实际价值。每个客户(目标市场)在不同的时间内有不同的需求。在客户内部和客户之间一定存在着某些共性因素是不随时间推移而变化的。

目标客户的细分可以根据企业内的许多变量，包括所寻求的利益、需求结构、文化背景、使用率、成本因素、大小、动力和地点等；客户寻求不同的利益，具有不同需求结构和产品使用率，承担有差异的成本及独特的地点要求等。所有上述因素可以分别或综合地对企业内部或物流供应链中的细分市场构成决定性影响。一种有效的用于市场细分的方法是对物流个性服务、运输特性、物流标准以及物流形态的分析。这样可以建立物流配送市场也可以定位跨省的长途运输市场，或选用配送中心的物流加工市场亦可进入口岸物流市场等。对于所有细分的工作来说，一个关键问题是：应该以什么为基础对需求进行划分，才能够使物流企业在提供最大附加价值时，获得最大利益。这个问题是物流企业在识别市场时需要面对的最基本问题。

6．制定物流服务策略

在交换过程中，既可是有形产品，也可以是一个想法或概念的劳务性等无形产品，还可以是两者的某种组合。物流企业提供的产品，包括物流服务、谈判技巧、技术知识、物流网络等，物流产品主要是无形的，是一个服务过程，主要以提供顾客满意的服务来获取收益。物流服务策略就是企业为客户提供的服务战略，是整体的、务实的服务观点、服务政策、服务方法等，其效果可以用物流服务水平来衡量。

8.3　物流服务营销战略管理

8.3.1　物流服务营销战略管理内容

1．物流服务营销规划

物流服务营销规划包括：明确企业目标、制定任务书、进行营销评审、开展 SWOT 分析、辨别营销成功要素的关键假定条件、设立营销目标和营销策略、评估预期成果、确认替选计划和可选组合、制定营销方案、监督、控制和评估。

1）明确企业目标

任何物流企业都有自己的目标，中国远洋物流公司的目标是："做最强的物流服务商，做最好的船务代理人。中远物流以发展现代物流事业为己任，竭诚为中外货主和船东提供全套解决方案和高效、优质的服务，以现代科技为支撑的物流操作平台建设和客户满意体系的有效运行，为顾客实现价值最大化架设安全、便捷的通道"。宝供物流公司的目标是："创造世界一流的物流企业"。

对于企业的目标有如下具体要求：

（1）层次化。层次化即显示出哪些目标是主要的，哪些是派生的。如营销目标是增加利润，可分解成为增加运营收入和降低成本两个方面，而增加运营收入又可以分解为通过提高原有市场占有率和开拓新的市场来进行，等等。

（2）数量化。数量化就是要给目标规定出明确的数量界线。有些目标本身就是数量指标，例如产值、产量、利润等。在定立目标时要明确规定是增加多少，而不要用"大幅度"和"比较显著"之类的词。

(3) 现实性。应当根据对市场机会和资源条件的调查研究和分析来规定适当的目标水平。

(4) 协调一致性。在决策过程中，目标往往不止一个，多个目标之间既有协调一致的时候，也有发生矛盾的时候，应对这些目标进行协调。

(5) 规定目标的约束条件。目标可以分为有条件目标和无条件目标两种：不附加任何条件的决策目标称为无条件目标；凡给目标附加一定条件者称为有条件目标，而所附加的条件则称为约束条件。约束条件一般分为两类：一类是指客观存在的限制条件，如一定的人力、物力、财力条件；另一类是附加一定的主观要求，例如目标的期望，以及不能违反国家的政策、法令等。

(6) 目标要有时间要求。目标中必须包括实现目标的期限，虽然将来在执行过程中有可能会因情况变化而对实现期限做一定修改，但确定目标时必须把预定完成期限规定出来。

2）制定任务书

物流企业基本任务的内容包括：本企业的经营业务是什么?本企业的客户是谁?本企业应如何去满足客户的需求?为谁生产?怎样生产?任务书一般有九个组成部分，即顾客、产品和服务、竞争环境、技术、关心生存（企业的基本经济目标是什么）、哲学（企业的基本信念、价值观、抱负和哲学重点是什么）、自我意识（企业主要优势和竞争优势是什么）、关心公众形象（企业的公共责任是什么，它期望什么样的形象）、关心职工（企业对其职工的态度怎样）。

3）进行营销评审

营销评审是指有选择地收集数据以评估物流企业现状和影响该企业发展的内外部因素，包括环境评审、市场评审、竞争评审和内部评审。

(1) 环境评审。环境评审主要表现为对企业外部所有因素，如政治法律、经济、技术、文化、自然等因素的审核，以便发现营销机会和威胁。

(2) 市场评审。市场评审包括审核市场规模、市场增长速度、市场需要、顾客购买行为以及中间商。

(3) 竞争评审。竞争评审主要分析企业的主要竞争对手是谁，以及对手的目的与目标、市场行为、市场份额、定位、服务质量、经营资源、营销组合策略等。

(4) 内部评审。内部评审包括审核本企业的目的与目标、市场份额、定位、服务质量、经营资源、营销组合策略等，找出竞争优势所在。

4）开展 SWOT 分析

SWOT 分析主要考察企业自身优势和劣势，以及所面临的外部机遇与威胁。

(1) 优势和劣势分析。优势和劣势分析，主要是着眼于企业自身的实力及其与竞争对手的比较。当两个物流企业处在同一市场或者说它们都有能力向同一顾客群体提供产品和服务时，如果其中一个企业有更高的盈利率或盈利潜力，那么，就认为这个企业比另外一个企业更具有竞争优势。竞争优势可以指在顾客眼中一个企业或它的产品有别于其竞争对手的任何优越的东西，如服务质量、可靠性、适用性、风格和形象以及服务的及时、态度的热情等。需要指出的是，衡量一个物流企业及其产品是否具有竞争优势，只能站在现有或潜在用户角度上，而不是站在企业的角度上。

（2）机会和威胁分析。机会和威胁分析，将注意力放在外部环境的变化及对企业的可能影响上。环境发展趋势对物流企业的影响可能既有威胁的一面，也有机会的一面。物流企业要善于把握环境给企业带来的机遇，而对环境威胁要采取果断的战略行为，否则将削弱企业的竞争地位。

5）辨别营销成功要素的关键假定条件

关键假定条件是为了营销计划的顺利实施对未来经营条件的一种估计。关键假定条件既有总体上的，也有局部市场的，如总体经济形势、国民收入的变化、通货膨胀率、政府管制的变化、预计需求水平等。

6）设立营销目标和营销策略

（1）营销目标。营销目标是指物流企业进行物流市场营销活动所要达到的最终目的。通常用规定的销售量、市场份额、利润、营销成本、顾客目标等指标来衡量。

营销目标既可以针对新老市场，也可以针对新老服务（产品），如在市场渗透、市场开发、服务开发、多样化经营等行为下确定收入、利润和市场份额的目标。

确定营销目标的方法可以通过细分目标，即将总目标进行层级分解，形成次级目标，如目标层次1、目标层次2、目标层次3等。

（2）营销策略。为了达到营销目标，物流企业需要制定营销策略。物流市场营销策略由服务产品、定价、地点或渠道、促销、人员、有形展示和过程七个要素构成。

7）评估预期成果

评估预期成果是指在营销策略实施前对销售收入、销售成本、营业成本和相关费用等财务指标进行的预测和估计。可以将定量分析和定性分析结合评估预期成果，财务损益表是一个不错的考察工具。

8）确认替选计划和可选组合

营销策略要有备选方案，若关键假定条件发生变化，营销策略必须更换。在确定营销方案之前，应确认是否有更为有效的营销策略。

9）制定营销方案

营销方案是企业实施营销规划的具体时间安排和活动纲要以及每段要达到的目标的合理安排。其主要内容包括：

（1）活动安排。每一项活动都应该在特定的时期内完成。

（2）日程。对每项活动应有一个明确的时间表。

（3）责任。规定负责活动的监督和控制的部门或人员。

（4）预算。完成这些活动所需要的资源。

在营销方案实施过程中，企业与其内、外部相关人员或部门的沟通是非常重要的，它有助于营销方案的监督、控制和评估。

10）监督、控制和评估

随着营销活动的实施，企业应及时监督、控制和评估已实施的部分，纠正偏差，以确保营销目标的实现。

一方面，企业通过建立营销信息系统，掌握监督、控制所需要的资料，按照监控程序实施监督与控制；另一方面，对能够量化的指标，如销售收入、营销成本、利润、投资回报等，要进行量化评估；对难以量化的指标，如顾客态度、广告效果、顾客投诉等也要给予合理评价。

8.3.2 物流服务战略市场定位

1．选择适宜的物流服务领域

选择适宜的物流服务领域就是重新进行物流企业的市场定位。物流服务市场的覆盖面非常广泛。这一方面是因为物流是跨边界的功能和组织活动，另一方面是因为不同货品有不同的服务技术要求，而且客户的需求千差万别。所以，大量中小型物流企业参与物流服务市场的运作并融入全球物流服务体系存在着无限的机会。

无论如何，仓储和运输是最基本的物流服务活动。仓储的扩展可做增值加工也可以做中转服务。运输的扩展可做多式联运或门到门服务。仓储和运输的不同形式的整合可以发展出配送中心和分拨中心。物流企业和市场之间还有货代、船代、咨询等中介。这些中介和制造商或仓储运输企业的整合又可以发展出物流服务管理商。电子商务的商业环境更为全球供应链的组织提供了技术手段，因此，网上物流服务市场（相当于网上物流服务交易所）就应运而生。

物流企业在重新进行市场定位的时候，必须充分认识到以下三点：一是现有服务资源通过不同形式的重新配置，其价值实现可能完全不同；二是同样的服务资源在不同的人手中其价值实现也可能完全不同；三是资源的重新配置须支付相应的成本。

2．选择物流服务营销方法

1）直接卖

通过与客户签订一次性的、短期的或长期的协议，将自己现成的部分或全部物流产品或服务项目直接推销给客户，或先从部分区域、业务、个别产品入手，逐步为客户提供全方位的物流服务。

2）先买再卖

先买再卖，即先部分或全部买进客户的物流系统，使自己的物流系统更加完善和充实，再为原企业或其他企业提供物流服务。一般是客户的物流系统很具有优势，可以急剧增加自己物流服务的竞争力。

3）与某一优势资源捆绑起来一同卖

采用与某一优势资源捆绑起来一同卖的方式，一般是自己的物流系统还不完善，无法向客户提供他们所需要的各种物流服务。这里实际上又有两种方式，一是通过合资，把自己与客户合资，共同拥有部分物流系统的产权，然后共同推广和营销双方的物流系统和物流服务项目；二是先与社会上零散的、少量的物流资源实现整合，一般通过挂靠的方式，实现物流资源的积聚，再共同开展营销的方式。

4）客户物流资产托管

对那些自己没有能力运营和管理而又希望自己拥有属于自己的物流系统和资源的客户，通过签订全面托管协议，向他们出让自己物流系统的管理服务，而几乎可以完全依托客户的物流设施，自己只输出物流管理服务即可，替客户管理产权仍属于他们自己的物流系统和业务。

8.3.3 确定物流服务战略

企业在确定物流服务领域以后,必须制定相应的物流服务战略作为企业运营的纲领性文件。

1. 市场分析

市场分析主要考察企业自身优势和劣势,以及所面临的外部机遇与威胁,从企业自身所拥有的服务资源出发,即首先去发现企业拥有的服务资源"优势",然后通过预测对这种优势在市场中的地位进行评价并确定战略目标,最后得出服务战略。但是,企业自身的服务资源优势并不等于它的市场竞争优势,因此就不能够作为制定物流服务战略的基本依据。实际上,能够作为基本依据的只能是市场。

2. 确定物流服务战略

迈克尔·波特教授在其《竞争战略》一书中曾归纳出三种基本的企业竞争战略类型:成本领先战略、差异化战略和集中战略。这对物流企业同样具有现实的指导意义。

如果企业选择的是成本领先战略,那么它的物流服务战略的基本定位应当是向客户提供标准化的服务。包括物流服务品种的相对稳定、服务水平的客户认同、服务程序的简洁规范等。如果企业选择的是差异化战略,那就意味着企业选择了创新服务作为其发展动力。

3. 确定物流服务战略方法

确定物流服务战略有多种方法,以下四种最具参考价值:客户对缺货的反应、成本与收益的权衡、ABC 分析方法、物流服务审计。

1)客户对缺货的反应

生产商的客户包括各种中间商和产品的最终用户,而产品通常是从零售商处转销到客户手中。因此,生产商往往难以判断缺货对最终客户的影响有多大。例如,生产商的成品仓库中某种产品缺货并不一定意味着零售商也同时缺货。零售环节的物流服务水平对销售影响很大,为此,必须明确最终客户对缺货的反应模式。某种产品缺货时,客户可能购买同种品牌不同规格的产品,也可能购买另一品牌的同类产品,或者干脆换一家商店看看。在产品同质化倾向日益明显的今天,客户"非买它不可"的现象已经越来越罕见,除非客户坚定地认为该种产品在质量或价格上明显优于其替代品种。

生产商的物流服务战略中最重要的是保证最终客户能方便及时地了解和购买到所需的商品。对零售环节的关注使生产商调整订货周期、供货满足率、运输方式等,尽量避免零售环节缺货现象的发生。

一般而言,在确定物流服务水平时,应充分考虑以下五个方面的问题。

(1)不应当站在供给的一方考虑物流服务水平,而应把握客户的要求,所处的视角应由卖方转换为买方。

(2)由于客户不同,物流服务内容也有所不同,有的应该得到优先照顾,因此应首先确定核心服务。

(3)物流服务应与客户的特点、层次相符。

(4)确定物流服务水平时,应考虑如何创造自己的特色,以便超过竞争对手,也就是说要采取相对物流服务的观点。

（5）经过一段时间后，对企业的物流服务水平要进行评估和改进。

2）成本与收益的权衡

物流总费用，可以视为企业在物流服务上的开支，如库存维持费用、运输费用、信息/订货处理费用等。实施集成的物流管理时的成本权衡，其目标是在市场组合四要素（4P）之间合理分配资源以获得最大的长期收益，也就是以最低的物流总成本实现给定的物流服务水平。

3）ABC 分析方法

ABC 分析是物流管理中常用的工具，ABC 分析表示按照产品或活动的重要性对其进行分类的工具。ABC 分类的逻辑基础是，对企业来说某些客户或产品比其他客户或产品，在盈利性、销售收益、部门增长或其他企业管理人员认为重要的因素方面，更易获利。以盈利性为例，获利最大的客户—产品组合应受到最多关注，而且，相应地享受更高级别的客户服务。衡量盈利性是基于产品对固定成本和利润的贡献情况，将不同客户的重要性与不同产品的重要性联系起来考虑，以确定能给企业带来最大收益的物流服务水平。

4）物流服务审计

物流服务审计是评估企业物流服务水平的一种方法，也是企业对其物流服务策略做调整时产生的影响的评价标尺。物流服务审计的目标是识别关键的物流服务要素，识别这些要素的控制机制和评估内部信息系统的质量和能力。

8.4 物流服务绩效评价

8.4.1 物流服务评价体系

1. 物流服务评价体系概述

物流服务作为产品的表现形式，是指物流企业为了满足客户服务需求者的各种需要而投入的人力、物力和财力的产出表现，物流服务的最终目的是要为服务需求者提供一种需求可得性的保证。

物流服务的绩效评价作为物流绩效管理的主要环节，是总结物流服务成果，发现物流服务中的问题，并根据评价结果进行物流服务改进的重要工作。

2. 物流服务绩效评价指标体系的构建

物流服务评价指标体系的设计是进行物流服务评价的基本前提，全面合理的指标体系是保证评价结果全面性和客观性的关键所在。根据业务性质和行业领域的不同，不同企业会使用不同的指标体系。物流服务评价指标体系的建立一般应遵循以下原则：

1）系统全面性原则

物流服务绩效受到内外部各种因素及其组合效果的影响。对物流服务绩效的评价不能只考虑某一单项因素，必须遵循系统设计、系统评价的原则，才能全面、客观地做出评价。

2）可操作性原则

坚持可操作性原则应注意以下三个方面：①指标设计应尽可能实现与现有统计资料、财务报表的兼容。②考虑指标的清晰度，应避免产生误解和歧义。③考虑指标数量得当性，指标间不应出现交叉重复。

3）经济性原则

经济性原则是指评价体系的构建应考虑到操作时的成本收益，不能以过高的操作成本来提高评价体系的全面性。因此，在建立指标时，体系大小应该适宜，指标数量应适当。指标体系过小，则评价体系不够系统全面；若过大，则需要收集过多的数据，进行复杂的数据处理，这样容易造成评价成本的增加和操作的复杂性。因而，评价主体应根据自身特征和评价目标选择适当的评价体系规模。

4）定量和定性结合原则

由于物流服务绩效涉及物流风险、企业形象和信誉等诸多问题，很多方面难以量化，所以评价指标体系的建立除了要对物流管理的绩效进行量化外，有时还需要使用一些定性指标对定量指标进行修正和补充。

5）实效性原则

物流服务绩效评价指标应该是动态的，可以随时跟踪，以便于掌握实时的绩效状态。绩效评价体系应该有预警和反馈的功能，若实效性差，则不能对出现的问题进行及时处理。

6）可比性原则

可比性原则指构成评价指标体系的各指标之间能够相互比较。从客观评价出发，可比性原则还要求合理确定指标体系的规模。指标少，虽然处理简单，但缺乏全面性和综合性。指标多，则使建模复杂，而且可能掩盖对象间的差异性。

8.4.2 物流服务绩效指标体系的量化

1）物流服务计划的全局性指标

全局性是指物流计划必须符合物流服务整个业务流程的需要，而不是单一地满足某一方面的需要。为了便于评价，可利用功效系数法进行评价，将其指标分数化成 100 分制，计算公式如下：

$$全局性评价指标分数 = 60 + \frac{指标实际值 - 指标不允许值}{指标满意值 - 指标不允许值} \times 40 \qquad (8.1)$$

指标不允许值和指标满意值均可由决策者经过长期的实际运作分析而定。对于某一时期的物流服务计划绩效的评价，指标实际值由决策者根据这段时间内的计划进行分析而定。物流服务计划全局性指标的值越大越好。

2）计划的应变性指标

应变性是指当外界条件发生变化时，其计划能够较快地做出调整以适应变化的要求。为此，可以采用功效系数法和比较尺度法进行评价，其指标值越大越好。配送计划应变性的比较尺度如表 8-1 所示。

表 8-1 物流服务计划应变性的比较尺度表

应变性难易程度	很不容易	较不容易	不容易	稍不容易	一般	稍微容易	容易	较容易	十分容易
分数	1/9	1/7	1/5	1/3	1	3	5	7	9

当认为计划的应变性为容易时，对其进行打分，取值 1~9：

应变性评价指标分数=60+（指标值/9）×40

当认为计划的应变性为不容易时，对其进行打分，取值 1~1/9：

应变性价指标分数= 60+（指标值/1）×40

3）物流服务计划的效益性指标

效益性是物流服务绩效评价的主要内容之一，物流服务的主要目的在于体现其效益性。可以采用盈亏平衡分析法对一个物流服务计划进行评价，具体计算公式如下：

效益性评价指标分数= 60+（ε_i−1）×40

$$\eta_i = \frac{P_{利}}{C}, \quad \varepsilon = \frac{\eta_1}{\eta_0} \tag{8.2}$$

式中：η_1——该计划的单位成本获利数；

　　　η_0——企业长期统计的标准单位成本获利数；

　　　$P_{利}$——该计划能够获得的利润；

　　　C——该计划的总成本；

　　　ε_i——该计划单位成本获利数与标准单位成本获利数的比值。

8.4.3 物流服务效果的反馈

1. 反馈的含义

反馈是系统论和控制论中的一个重要概念，是任何控制过程的重要组成部分。起初，反馈主要应用于理工学科，如信号的反馈等，后来逐渐发展到管理学当中，成为控制理论中重要组成部分。控制是管理的主要职能之一，包括事前控制、事中控制和事后控制。其中，事前控制又称为前馈，事后控制即为反馈。反馈中所出现的偏差，是指实际情况和预期之间的差距，结果和目标之间的差距等。

2. 物流服务绩效反馈

物流服务绩效反馈是将配送作业的绩效结果反馈回系统，以便改进。物流服务的绩效结果是繁杂的，通过物流服务绩效评价体系可以得到清晰的绩效评价报告。将实际物流服务绩效和绩效目标之间的偏差反馈回绩效系统，不仅可以使系统成员了解绩效结果，同时还是管理者做出下一阶段改进的重要决策信息。绩效反馈可以分为四个环节：接收反馈、对反馈信息进行加工、使用反馈和最终改变行为以提高绩效。

物流服务绩效反馈给那些需要相应信息的主体（企业、管理者、员工），而这些主体往往并不是被动地等待和接收，在一个有绩效管理氛围的环境中，被反馈者会主动寻求反馈。被反馈者接收到反馈信息，需要对信息进行正确加工，正确理解信息，并对反馈信息选择信任或者不信任。这就对反馈过程提出要求，即反馈者必须能够让被反馈者理解并且相信反馈信息,这样的反馈才是有效的,后续的改进才可能发生。根据绩效反馈信息,物流服务可能需要重新设定目标或者修改已有的目标,调整执行措施,追踪进展,以期绩效的改进。有效的绩效反馈的结果将使得行为得以改变和绩效得以改善。

3. 客户满意度

满意度计算一般通过回访调查而得到,即满意数与总调查数之比。为了使满意度的计算更加合理,把很满意数、满意数、基本满意数等统一折算成满意数。在实际中,可以用如下公式来计算:

$$客户满意度 = \frac{很满意数 \times 1.1 + 满意数 \times 1 + 基本满意数 \times 0.6}{样本总数} \times 100\% \quad (8.3)$$

4. 客户的市场份额递增率

客户的市场份额递增率用来评价物流企业客户的市场份额递增情况,通常采用如下公式计算:

$$\lambda_{12} = \frac{\beta_2 - \beta_1}{\beta_1} \quad (8.4)$$

式中:β_1, β_2——相同时间段 T 内的前期市场份额和本期市场份额;

λ_{12}——市场份额增长率。

5. 从客户处获得利润的综合值

从客户处获得利润的综合值的物流服务效果反馈中,要重视客户的交易利润。应当注意的是,有些客户尽管无利可图,但是他有很大的增长潜力,故不可忽视。如果同公司交易多年的客户仍然无利可图,应尽快摆脱这些客户。因此,将客户分为三类,分别是稳定的长期客户、有较大发展潜力的客户和无利可图的客户。从客户处获得利润的综合值的计算公式如下:

$$A = \left(\sum_{i=1}^{n} A_{1i}\right) \times 1 + \left(\sum A_{2j}\right) \times f_1 + \left(\sum A_{3K}\right) \times f_2 \quad (8.5)$$

式中:A——从客户处获得利润的综合值;

A_{1i}, A_{2j}, A_{3k}——分别表示稳定的长期客户中第 i 位客户的总利润值,有较大发展潜力的客户中第 j 位客户的总利润值,无利可图的客户中第 k 位客户的总利润值;

n_1, n_2, n_3——分别表示稳定的长期的客户总数,有较大发展潜力的客户总数,无利可图的客户总数;

f_1——有较大发展潜力的客户的利润折算系数,由决策人确定,$f_1 > 1$;

f_2——无利可图的客户的利润折算系数,由决策人确定,$0 < f_2 < 1$。

6. 物流服务绩效反馈的实施

在企业内部,由管理者向执行者(员工)进行物流服务绩效反馈,反馈的主要途径和方式是面谈和实时的信息交换,因为绩效反馈要求管理者与部门/员工进行双向交流,而不是简单地通过文件形式进行通知。

(1)绩效反馈前让每个部门/员工个人对自身的绩效进行自我评价,认真思考自己在本次绩效周期内所达到的绩效,并鼓励他们寻找自己的不足。

（2）鼓励部门和员工积极参与绩效反馈过程。在绩效反馈的过程中，当各部门和员工参与到绩效反馈过程之中时，员工通常都会对这一过程感到满意。参与的形式有很多种，包括发表对于绩效评价的看法以及参与制定绩效目标的讨论等。

（3）绩效反馈的重点在于解决问题。绩效反馈并不追究责任和进行批评教育，这样会强化抵触情绪，不利于物流服务绩效改善。为了改善不良的绩效，管理者首先必须努力找出造成不良绩效的原因，这包括共同寻找导致不良绩效的实际原因，然后就如何解决这些问题达成共识。

（4）反馈应尽可能具体。管理者应针对物流服务活动的具体过程或事实进行反馈，避免空泛陈述。模棱两可的反馈不仅起不到激励的作用，还有可能产生抑制效果。

（5）制定具体的绩效改善目标，确定检查改善进度日期。制定目标的重要性不能被过于夸大，它只是绩效最为有效的激励因素之一。研究表明，目标的制定有利于提高员工满意度，激发改善绩效的动力。但是，除了确定目标以外，管理者还应当确定对实现目标绩效要求的进展情况进行审查的具体时间。

本 章 小 结

本章介绍了物流服务、物流服务营销战略、物流服务营销战略管理和物流服务绩效评价。物流服务就是要以合适的时间和合适的地点，以合适的价格和方式向合适的客户提供合适的物流产品或服务，使客户合适的需求得到满足。物流服务战略管理包括明确企业目标、制订计划、进行营销评审、开展 SWOT 分析、辨别营销成功要素的关键假定条件、设立营销目标和营销策略、评估预期成果、确认替选计划和可选组合、制定营销方案、监督、控制和评估。

思 考 与 练 习

一、填空题

1．物流服务营销，是指物流企业_____，通过采取整体营销行为，提供物流服务来满足顾客的需要和欲望，从而实现物流企业利益目标的活动过程。

2．物流服务营销的方法有：_____、_____、_____与某一优势资源捆绑起来一同卖四种。

3．选择适宜的物流服务领域就是重新进行物流企业的_____。

4．确定物流服务战略有多种方法，以下四种最具参考价值：_____、_____、_____、_____。

5．_____是指评价体系的构建应考虑到操作时的成本收益，不能以过高的操作成本来提高评价体系的全面性。

二、判断题

1．物流服务提供商应该提供更加专业化的装载、卸载、提升、运送、码垛等装卸搬运机械，以提高装卸搬运作业效率，降低订货周期，减少作业对商品造成的破损。（   ）

2．破损率即对企业产品可供性的衡量尺度。（   ）

3．效率是物流服务绩效评价的主要内容之一，物流服务的主要目的在于体现其效益性。（   ）

4．在提供电子商务的物流服务时，推行一条龙门到门式服务、提供完备的操作或作业提示、免培训、免维护、省力化设计或安装、代办业务、一张面孔接待客户、24 小时营业、自动订货、传递信息和转账、物流全过程追踪等都是对电子商务销售有用的增值性服务。（   ）

5．延伸服务，向上可以延伸到供应商；向下可以延伸到配送、物流咨询、物流方案的选择与规划、库存控制决策建议、货款回收与结算、教育与培训、物流系统设计与规划方案的制作等。（   ）

6．交易后要素为企业开展良好的服务创造适宜的环境。这部分要素尽管并不都与交易有关，但对产品销售有重要影响。（   ）

7．物流系统在设计时要注意柔性和必要的应急措施，以便顺利地响应诸如原材料短缺、自然灾害、劳动力紧张等突发事件。（   ）

8．由于物流服务的特殊性，物流企业所提供的物流服务的质量水平并非由企业所决定，同顾客的感受没有很大的关系。（   ）

9．应变性是指物流计划必须符合物流服务整个业务流程的需要，而不是单一地满足某一方面的需要。（   ）

10．满意度计算一般通过回访调查而得到，即满意数与总调查数之比。（   ）

三、简答题

1．物流服务营销有何特点？
2．什么是物流服务营销战略？
3．物流服务营销战略管理有哪些内容？
4．物流服务的要素有哪些？
5．什么是定量和定性结合的原则？

四、论述题

1．简述 SWOT 方法分析在物流企业中的应用。
2．简述确定物流服务战略的方法。
3．简述物流服务营销战略实施过程。

五、案例分析

全方位物流服务满足客户要求

中外运集团是以综合物流为主业，融海陆空货运、仓储及代理业务为一体的大型国有企业。在为客户提供高品质物流服务的过程中，公司以客户为中心，满足客户的个性化需求，为客户提供全方位的物流服务。中外运成功地为宝洁、米其林、壳牌、联想、可口可乐、达能、北京现代、苏泊尔等诸多大客户提供了优质的物流服务，得到了客户的广泛认同。

1．与客户共同成长

中外运宝洁项目组秉承"与客户共同成长"的服务理念，致力于为客户提供安全、可靠、准确、节省、满意的服务。在合作过程中努力学习国际知名企业的先进管理经验和经营理念，不断提升自身的运作水平和服务质量，积极谋求与宝洁的共赢、共发展之路。项目组通过稳定的物流作业队伍和强有力的质量保证体系，不断地赢得客户的认可，服务范围也日益向纵深发展。由最初几千平方米的成品仓库管理发展到现在北京宝洁工厂所有成品的仓储管理、短途运输、工厂成品下线后的库存管理等业务。从2003年起，项目组将宝洁业务延伸至山东工厂产品至北京、上海的运输及工厂到山东省内的客户运输。2004年8月，项目组承担了所有宝洁产品的北京市内配送业务，2005年3月，承接了宝洁天津工厂到北京RDC仓库的中转运输业务。

中外运不断提升的综合物流服务实力和"以客户为中心"的物流理念使双方的合作得到了进一步的发展，2005年8月，中外运又成功中标宝洁成都RDC项目，巩固了中外运与宝洁公司良好的合作关系。

2. 在供应链中紧密结合

2003年8月，联想与中外运集团签署整体战略合作协议，将其在全国三个生产平台中的北京和上海两个生产厂的全部成品仓库外包给中外运管。在合作过程中，中外运联想项目组针对联想供应链效率的三大KPI指标（能力指标、质量指标、时间指标），制定了项目业务流程、操作规范、考核标准等一系列标准化作业规范，使得在联想三平台评比中，中外运两个项目组一直位居第一、第二名。安全、高效的收发货和现场管理，及时、准确的报表反馈等，为联想成品销售物流的整体效率提供了有力保障。

基于成品仓库外包给中外运的成功经验，为进一步降低成本，提高供应链整体效率，2004年10月，联想再次选择中外运实施联想北京、上海两厂的供应商管理库存（VMI）项目。VMI的实施，实现了联想供应商库存的统一管理，接收供应商产品入库，并为其提供信息反馈、报表、查询服务，同时也提供包装、贴标签、加工等增值服务。在满足供应商对入库时效、供料时效和安全、库存准确、信息反馈、客户服务等需求的同时，每天根据生产计划按时为联想生产线提供原材料。VMI的实施代替了供应商和联想的库存，降低了供应商库存占用的资金，提高了联想的现金管理效率，优化了联想的整体供应链管理。

中外运正是围绕客户的需求这一核心，成功地找准了自身的角色定位，体现了以"降低客户的经营成本"为根本的服务目标，充分发挥了第三方物流的专业作用和优势。

资料来源：中国外运：为客户提供全方位物流服务[N]. 立帜网（http://www.leadzil.com）.

分析

1. 全方位物流服务有哪些成功经验？
2. 中外运是如何提升综合物流服务实力的？

第 9 章

物流战略控制与评价

学习目标

通过本章的学习,理解战略控制的基本含义和特性;熟悉战略控制方法;了解物流战略控制在物流战略管理中的作用;熟悉战略控制系统的组成和特点;掌握物流战略控制内容及过程;掌握物流战略评价方法;熟悉物流功能战略评价。

关键术语

战略控制　战略控制系统　控制过程　战略评价

公路快运巨头天地华宇应对物流危机

金融危机下,各行各业都力求节约成本,增加效益。物流企业也在寻求新的突破口,扩大业务。作为全球领先的国际快递公司 TNT 在华全资子公司天地华宇集团充分意识到在全球金融危机的影响下,国内的出口及一些实体经济都受到了波及。出口下降势必导致航空货运的减少,航空物流的高成本,会让更多的客户转向公路物流。因此,日后航空运输将让步于公路运输。

鉴于上述原因,天地华宇在中国首个推出全国公路定日快运服务"定日达"。该项业务的推出,将会使一些"小、散、乱、差"的物流公司被洗牌出局,从而使公路物流走向良性循环。与航空运输相比,TNT 的定日达项目可以为客户节约 1/3 的成本。

"定日达"先期开通的 115 个运营网点间的服务线路将涵盖长江三角洲、环渤海湾地区及珠江三角洲三大主要经济区域。至 2009 年 7 月,天地华宇已把该服务推广到 260 个运营网点。

凭借天地华宇在国内公路快运业的领导地位及 TNT 在国际公路递送领域的专业技能和经验,天地华宇推出的"定日达"服务,以其准时、安全、高品质服务的产品特性,将推动、提升整个国内公路运输业的服务水平。

资料来源:公路快速巨头天地华宇助力浙企,应对金融危机[N]. 浙江物流网(http://www. Chinawuliu. com. cn)。

思考
1. 天地华宇推出全国公路定日快运服务"定日达"有何意义?
2. 天地华宇是如何应对物流危机的?

9.1 物流战略控制概述

9.1.1 物流战略控制的产生

物流战略控制主要是指在物流企业经营战略的实施过程中,检查企业为实现目标所进行的各项活动的进展情况,评估企业战略实施后的绩效,把它与既定的战略目标与绩效标准相比较,找出战略差距,分析产生偏差的原因,纠正偏差,使企业战略的实施更好地与企业当前所处的内外部环境、企业目标协调一致,最终保证企业战略目标得以实现。

1. 物流战略控制的产生

战略在实施过程中,有时与人们的期望并不一致,这种非理想状态在战略学上称为战略失效。战略失效按时间来划分有早期失效、偶然失效和晚期失效三种类型。

1) 早期失效

一项战略开始实施时,就有可能遇到早期失效。实践表明,大量的战略实施早期失效率特别高,这是因为新战略还没有被员工理解和接受,或者实施者对新的环境、工作不适应。战略决策者对这种早期失效不应该立刻全盘否定原定战略,而应分析失效原因,对战略做出必要修改,并且充分考虑战略效用发挥的延滞效应,也不可以一味地坚持原有战略,忽略内外环境的变化。例如,家乐福进入日本后,沿用其原先的经营战略,但与日本的环境不相容,导致四年后无奈退出日本市场。

2) 偶然失效

早期失效后,工作可能步入正轨,战略进入平稳发展阶段,但此时有可能出现偶然失效。所谓偶然失效是指在战略的平稳实施阶段所出现的一些意外情况。当出现偶然失效时,战略决策者应分析失效原因,关注战略每个细小的目标和环节在现实执行中能否得以实现,及时、慎重地处理问题,维持战略的平稳推进,并且注意当战略推进一段时间以后,失效的概率又可能会提高。

3) 晚期失效

随着时间的推移,外部环境的变化制约着战略的实施,这时进入了晚期失效阶段。此时,战略决策者应该适应外部环境的变化,调整转移战略,积极创造条件推进战略。战略失效揭示了战略在不同时间的效率高低规律,分析了不同阶段战略失效的本质区别,为制定正确的战略实施控制策略提供了理论依据和战略推进方法,同时,还可以防止战略在早期失效阶段的来回反复,又避免了晚期失效阶段仓促修改或维持原状的错误。

2. 战略失效原因

在物流战略实施过程中会出现战略失效现象,其原因主要有如下方面。

(1) 制定企业战略的内外部环境发生了新的变化。比如,随着经济全球化趋势,港口业所处的市场环境已发生了实质性的变化：产品生命周期缩短，投入市场的速度加快，产品运输总量和运输频率增加，运输批量缩小。

（2）企业战略本身有重大的缺陷或者比较笼统，在实施过程中难以贯彻，企业需要修正、补充和完善既定的战略。例如，百世物流于 2008 年 12 月开始进入淘宝的"推荐物流公司"之列，但由于业务网络尚未搭建，无法承接零散货物，几个月后便无奈退出。此后，它避开传统的"取件、派件"业务，转向"以先进的 IT 系统做平台，整合现有社会物流资源"的物流发展模式。

（3）在战略实施的过程中，受企业内部某些主客观因素变化的影响，偏离了战略计划的预期目标。

（4）在物流战略实施过程中，某些行为偏离预期效果，没有及时进行物流战略控制，导致物流战略失效。以运输为例，应对物流服务的车辆满足率、紧急订车满足率、准时率、投诉率、货物破损率、异常事件处理效果、运价随市场调整状况等做出统计，随时跟踪、控制，以免发生战略失效。在仓储方面，市场需求度、产品的种类、价值、客户的地理位置都会影响仓储量，进而影响物流成本，因此，要随时跟踪环境变化，改进物流战略。

鉴于以上原因，物流企业经营战略的实施过程中，必须对战略进行控制，使企业战略的实施与企业目标协调一致，保证企业战略目标得以实现。

9.1.2 物流战略控制在物流战略管理中的作用

物流战略控制主要是解决大多数物流战略管理中的既定战略和变化环境之间的矛盾。它的作用主要表现在以下几个方面。

1．物流战略控制能保证物流战略实施

物流战略实施的控制是企业战略管理的重要环节，能保证企业战略的有效实施。战略决策能决定哪些事情该做，哪些事情不该做，而战略实施的控制好坏将直接影响企业战略决策实施的效果好坏与效率高低，因此，企业战略实施的控制虽然处于战略决策的执行地位，但对战略管理是十分重要的。

2．物流战略控制是战略决策的一个重要制约因素

物流战略实施的控制能力与效率高低是战略决策的一个重要制约因素，它决定了企业战略行为能力的大小。企业战略实施的控制能力强，控制效率高，则企业高层管理者可以做出较为大胆的、风险较大的战略决策，若相反，则只能做出较为稳妥的战略决策。

3．物流战略控制可以帮助提高决策水平

物流战略实施的控制与评价可为战略决策提供重要的反馈，帮助战略决策者明确决策中哪些内容是符合实际的、正确的，哪些是不正确的、不符合实际的，这对于提高战略决策的适应性和决策水平具有重要作用。

4．物流战略控制可以促进企业文化建设

物流战略控制可以促进企业文化等企业基础建设，为战略决策的实施奠定良好的基础。战略控制要重视人文管理，提高物流管理人员的整体素质并且发挥人的主观能动性，从而保证战略快速响应环境变化能力的实现。

5．物流战略控制可以降低成本与提高用户服务水平

战略控制兼顾降低成本与提高用户服务水平双重目标。成本和顾客服务水平是一对矛盾，降低成本是企业永恒的追求，而用户服务这一新生理念却后来居上，具有更为重要的意义。企业在物流战略控制的过程中，在强化总成本观念的同时，还要注意提高顾客对服务的满意度。

9.1.3 战略控制系统的组成和特点

1．战略控制系统的组成

战略实施有三个基本的控制系统，即战略控制系统、业务控制系统和作业控制系统。战略控制系统是以企业高层领导为主体，关注的是与外部环境有关的因素和企业内部的绩效，如制定或更改物流战略、绩效标准。业务控制系统是指关注企业的主要下属单位，包括战略经营单位和职能部门两个层次，对物流战略的各部分策略及中期计划目标的实现情况，检查它们是否实现了企业战略所规定的目标，如日常运输情况、仓库储存情况、产品的准确到达率。作业控制系统是对具体负责作业的工作人员日常活动的控制，关注的是员工履行规定的职责和完成作业性目标的绩效。通常，作业控制由各层主管人员执行。

战略控制系统和业务控制系统有很多不同之处，主要表现在以下四个方面：

（1）两个控制系统的执行主体不同，战略控制主要由高层管理者执行，业务控制主要由中层管理者执行。

（2）战略控制具有开放性，业务控制具有封闭性。战略控制既要考虑外部环境因素，又要考虑企业内部因素，根据环境变化改变具体策略。而业务控制主要考虑企业内部因素，通过优化流程以达到战略目标。

（3）战略控制的目标比较定性、不确定、不具体，业务控制的目标比较定量、确定、具体。

（4）战略控制主要解决企业的效益问题，衡量企业的盈亏情况。业务控制主要解决企业的效率问题，如某项具体的物流活动完成的好坏程度。

2．物流战略控制系统的特点

（1）物流战略控制系统的标准必须与整个企业的长远目标和年度目标、资源的分配导向、外部环境的关键因素相联系，根据未来物流发展趋势对企业的影响，控制物流战略的发展方向。以美国为例，20世纪90年代以来，随着供应链物流发展趋势的增强，为顺应现代物流的发展方向，近70%的企业纷纷将物流业务交由第三方物流公司或通过与外部企业缔结战略联盟与合作来加以运作，只有30%的企业实行物流自营，且主要采用物流服务部或物流子公司的形式。因此，企业应根据不同的需求和市场上的物流趋势来控制物流战略，选择不同的物流业务模式。

（2）物流战略控制要与激励制度相结合。物流过程涉及很多工作人员，要优化配置人力资源，配以奖罚制度，做到低成本、高效率。比如，根据人员不同的工作层级设定不同的工资级别，对那些效率高、创新型的员工给予奖励，激发其工作热情。在员工的行为期望目标并不十分清楚时，有效的战略实施控制能够提供科学的控制标准，使员工的期望目标明朗化、具体化。

（3）控制系统要有早期预警系统。早期预警系统可以告知管理者在战略实施过程中存在的问题或偏差，使管理者在危机到来之前变更战略。如美国次贷危机影响了全球的进出口贸易，航空物流、海运物流都受到了很大冲击，如果预测到经济危机对物流业的影响，及时改变物流战略，发展新的物流业务，就会减少经济损失。

（4）物流战略控制系统与电子计算机及信息网络技术关系密切。信息流加速运动，实现了物流少批量、多频率、高性能、快速度、低成本运行，以满足各类用户适应市场变化的需要。只有建立了良好的信息平台，才能对物流进行有效控制。

（5）物流战略控制系统需根据市场经济运行规律，对企业物流战略规划和运营进行调整，对企业自身行为进行约束，降低物流风险，最终获得更多的物流成本优势。

（6）物流战略控制系统涉及多个企业节点，想要良好地实现控制功能，就要把各节点的相关业务协调统一起来。

9.2 物流战略控制内容、方式及过程

9.2.1 物流战略控制的内容

从控制的切入点来看，物流企业战略控制的内容有以下五大类。

1．物流节点的地理位置选定

物流节点的地理位置选定控制属于事前控制，配送中心、仓储中心、生产中心地理位置的选定，将决定日后运输路线、车辆数量、运输成本等问题。

2．物流服务控制

物流服务控制即对物流企业服务质量、成本、交货期等方面的控制。

3．质量控制

质量控制包括对物流工作质量和产品质量的控制。工作质量包括生产产品的装卸搬运时间、产品破损率、事故发生率等，服务质量包括准时到达率、顾客满意度等。质量控制的范围包括生产过程和非生产过程等一切控制过程。应该说，质量控制是动态的，着眼于事前和未来的质量控制，其难点在于全员质量意识的形成。

4．物流成本控制

通过成本控制使各项费用降到最低水平，达到提高经济效益的目的。物流成本控制可划分为运输成本控制、库存成本控制、物流管理费用控制、物流环境成本控制，还包括对会议、时间等无形费用的控制。

5．风险控制

物流企业发展存在诸多风险因素，必须非常重视物流风险控制，在下一节中将专门讲解物流的风险控制。

9.2.2 物流战略控制方式

从控制时间来看，企业的战略控制可以分为如下三类。

1. 前馈控制

在战略实施之前，要设计好正确有效的战略计划，该计划在得到企业高层领导人的批准后才能执行，其中重大的经营活动还应该得到企业领导人的批准同意才能开始实施，所批准的内容往往也就成为考核经营活动绩效的控制标准。这种控制多用于重大问题，如任命重要人员、签订重大合同、购置重大设备，等等。戴尔公司对部分供应商生产的零部件直接提货、组装、出售，这种免检做法就属于前馈控制。

由于前馈控制是在战略行动成果尚未实现之前，通过预测发现战略行动的结果是否会偏离既定的标准，因此，管理者必须对预测因素进行分析与研究。

2. 反馈控制

反馈控制方式发生在企业的经营活动之后，把战略活动的结果与控制标准相比较。这种控制方式的工作重点是要明确战略控制的程序和标准，把日常的控制工作交由职能部门人员去做，即在战略计划部分实施之后，将实施结果与原计划标准相比较，由企业职能部门及各事业部将定期的战略实施结果向高层领导汇报，由领导者决定是否有必要采取纠正措施。

反馈控制方法的具体操作主要有两种形式。

（1）联系行为。联系行为即对员工战略行为的评价和控制直接与他们的工作行为相挂钩。这种方式比较容易被员工接受，并能明确战略行动的努力方向，使个人的行动导向和企业经营战略导向接轨；同时，通过行动评价的反馈信息修正战略实施行动，使之更加符合战略的要求，从而强化员工的战略意识。

（2）目标导向。目标导向即让员工参与战略行动目标的制定和工作业绩的评价，既可以看到个人行为对实现战略目标的作用和意义，又可以从工作业绩的评价中看到成绩与不足，使员工从中得到肯定和鼓励，为战略推进增添动力。

3. 过程控制

过程控制方式通过提高仓库的利用率，采用定量、定期订货法控制库存水平，借鉴日本模式采用 JIT 等方法来控制库存成本，加速库存周转，达到降低库存成本的目的。

通过效率化的配送、一贯制运输和物流的外包等方法来实现对运输成本的随时控制。对制造商到最终消费者之间的商品搬运，随时提供相应的运输方式，大大缩短商品的在途时间，从而减少运输成本。随时控制还可以减少一些突发事件、额外费用如空运和租车等问题的发生，增加了工作的有序性。

企业管理高层要控制企业战略实施中的关键性过程或全过程，随时采取控制措施，纠正实施中产生的偏差，引导企业沿着战略的方向经营，这种控制方式主要是对关键性的战略措施进行随时控制，比如仓储和运输环节。

以上三种控制方式所起的作用不同，不同企业在不同阶段应该根据自己的情况选择不同的控制方式。

9.2.3 物流战略控制过程

战略控制的一个重要目标就是使企业实际的效益尽量符合战略计划。为了达到这一目的，战略控制过程可以分为四个步骤。

1. 确定评估标准

企业可以根据预期的目标或计划制定出应当实现的战略绩效目标。明确实现目标需要完成的工作任务。评价的重点应放在那些可以确保战略实施成功的领域，如组织结构、企业文化和控制系统等。要着眼于短期目标与长期目标，实现企业的可持续发展。要重视非财务性绩效评价，如顾客满意度、交货效率、订发货周期、均衡排程等。

2. 监测绩效信号

在监测绩效信号这一步骤里，企业主要是判断和评估实现企业绩效的实际条件。物流管理人员需要收集和处理数据，进行具体的职能控制，并且监测环境变化时所产生的信号。环境变化的信号有两种，即外部环境信号和内部环境信号。外部环境信号比较重要，难以预测，所产生的影响也比较难以确定。内部环境信号则比较容易控制，而且时间比较短。

3. 评估实际绩效

在评估实际绩效这个步骤里，企业要用实际的绩效与计划的绩效目标相比较，确定两者之间的差距，包括对物流各环节如运输、仓储、加工、包装等进行评价，根据评价确认对客户的服务水平、服务能力和满足服务客户要求的最大限度，做到既不失去客户，又不因为过分满足客户的要求而损害企业利益，并尽量分析形成差距的原因。

4. 纠正措施和应变计划

在战略控制的最后一个步骤里，企业应考虑采取纠正措施或实施应变计划。在生产经营活动当中，一旦企业判断出外部环境的机会或威胁可能造成的结果，就必须采取相应的纠正或补救措施。当然，当企业的实际绩效与计划目标绩效出现很大的差距时，也应及时采取纠正措施。应变计划是指企业在战略控制过程中为应对发生的重大意外情况所采用的备用计划。这种计划也是一种及时的补救措施，可以帮助企业管理人员处理不熟悉的情况。

9.3 物流风险控制与危机管理

物流业是服务性行业，其自身运作存在较大的风险。企业最终目标是满足客户的物流需求，因此，物流风险应当考虑两方面的内容：一是不良事件发生的可能性；二是不良事件对目标实现产生的后果，包括正面和负面两个方面。风险管理流程模型可以将风险管理流程归纳为三个核心步骤，即风险因素识别、风险评估和风险控制三个方面。其中，风险因素识别是指明确潜在的不良事件，即产生风险的来源，是风险管理的基础；风险评估是判断不良事件发生的可能性及不良事件产生的后果，是风险管理的定量分析；风险控制一方面是通过风险评价选择实施风险控制的最佳措施，另一方面是付诸行动，并对控制结果进行反馈。

9.3.1 物流外包的风险管理

1. 从物流业务操作过程来考虑

从物流业务操作过程来考虑，物流风险因素主要有如下方面。

（1）在业务外包分析阶段，存在物流外包市场不成熟以及物流外包目标不明确的风险；在物流外包决策规划阶段，存在物流业务范围确定不当和与承包商关系定位不准确的风险。

（2）在物流外包设计阶段，存在选择承包商失误、错误的物流外包决策以及与承包商签订不恰当合同的风险。

（3）在业务外包实施过程中，存在内部工作人员产生抵触情绪以及内部核心技术泄露的风险。

（4）在物流外包运作过程中，存在没有有效的服务绩效测评、不能有效地沟通协商的风险。

（5）在物流外包终止阶段，存在不能对物流外包的阶段性结果做出正确评价的风险。

应对这些风险的控制措施有如下方面。

（1）应在充分竞争的外包环境中构建有效的外包项目管理团队。

（2）实施有效的物流外包业务管理方法。

（3）建立物流外包信息共享机制。

（4）建立利益共享、风险共担机制。

2．从企业角度来考虑

从企业角度来考虑，物流风险因素主要有如下方面。

（1）失控，企业不能直接控制物流职能，不能保证供货的准确和及时，不能保证顾客服务的质量和维护与顾客的长期关系等。

（2）合作风险，存在着服务商的稳定性和质量下降或不履行现有的承诺等风险。

（3）未来的不确定性增加，生产环节的增多、销售区域的广泛性、公司雇员文化的差异等商业环境的变化，都为企业的发展带来不确定的影响。

（4）物流外包业务自身的复杂性是企业面临的风险。

（5）被竞争对手模仿和超越。

（6）物流服务商因承诺过高而无法履行。

应对这些风险的控制措施主要有如下方面。

（1）建立高效的信息传递渠道，促进信息共享。

（2）对物流服务的经营情况进行跟踪评价，建立监督机制。

（3）制定发生风险的应急措施，实行风险管理。

（4）提高目标的灵活性。

（5）加强与第三方物流合作中的风险防范机制。

3．从物流管理、信息角度来考虑

从物流管理、信息角度来考虑，物流风险因素主要集中在如下方面。

（1）企业物流外包过程中的管理风险。

（2）合作企业之间的信息不对称和信息泄露引发的信息风险。物流外包的风险主要来自外包过程的信息不对称，信息不对称存在于物流外包的全过程，不确定性越大，外包风险越大。同时，物流风险和物流外包的决策方式有关，外包方式不同，风险的分摊程度则不同。

（3）企业物流外包隐藏费用带来的财务风险。
（4）物流外包企业损失投资资本以及企业失去物流创新。
（5）信任危机风险。

应对这些风险的主要措施有如下方面。
（1）重视物流管理人才。
（2）建立信息共享及保密机制。
（3）明确物流外包的绩效评价指标。
（4）建立有效的利益／风险分担机制。
（5）加强客户关系管理。
（6）加强物流外包过程的监督和控制。
（7）降低外包的牛鞭效应，建立合同的网络化物流外包机制。
（8）降低对第三方物流企业的依赖程度，建立第三方物流企业的竞争机制，保持在联合外包过程中的独立性，做好物流外包过程的合作和信任工作。
（9）避免先天的物流外包风险，加强对物流外包过程成本的控制，注意物流外包的阶段性回顾评价，合理利用法律维护切身利益。

9.3.2 物流企业自身的风险管理

1．物流风险识别因素

（1）物流项目可行性风险，主要包括业务流程重组使物流项目失去了服务和应用的对象；高新技术的出现降低了项目自身的价值。
（2）第三方物流企业的风险，主要包括技术能力、政策支持能力、持续发展能力、经营策略、管理思维、企业文化等。
（3）物流用户企业管理策略的风险，主要包括企业管理组织的短期性、管理政策的不连续性、管理人员的流动性、管理技术的不稳定性。

上述风险的应对措施有如下方面。
（1）建立第三方物流运作的绩效评价机制。
（2）完善激励机制。
（3）设计有效的运行策略。
（4）实施客户关系管理。

2．物流合同风险因素

（1）第三方物流企业与客户所签合同的责任风险。
（2）物流企业与分包商之间可能产生的合同风险。
（3）物流企业与信息管理系统提供商的合同风险。
（4）物流实施过程中的第三方责任风险。

上述风险的应对措施有如下方面。
（1）提高法律观念，增强风险防范意识。
（2）建立行业协会，加强行业自律。
（3）密切关注国家和政策的宏观调控和动向，尽量规避法律法规和制度所带来的风险。

(4) 将风险转移到保险公司，提高企业抵御风险的能力。

3. 其他风险因素

(1) 运作风险包括货物运输风险、货物保管风险、货物移交风险、单证传递安全、操作人员工作失误风险、商品特性的风险。

(2) 投资与金融风险包括投资风险、提供金融服务的风险。

(3) 物流企业与托运人之间可能产生的风险，主要包括运输、储存、装卸搬运、包装、流通加工、配送、信息处理等环节可能发生的风险。

(4) 网络化管理模式下企业物流组织过程中所产生的运作风险，包括信用风险、系统风险和环境风险。

(5) 文化冲突的风险。

应对上述风险的措施有如下方面。

(1) 提高财务风险的防范能力。

(2) 实施国际质量认证，加强管理与控制以提高企业防范和抵御风险的能力，实施 ISO 9000 认证，加强控制，规范管理，从根本上提高物流企业化解和抵御风险的能力。

(3) 研究适应网络及现实环境的现代物流组织方式。

(4) 改善物流管理与运作环境。

(5) 加快提高自身的信用意识，研究和倡导善于沟通并达成双赢的商业运作模式。

(6) 建立防范信用风险的物流管理体系和风险控制机制，提高企业的物流计划决策和市场应变能力。

9.3.3 危机管理

1. 危机的含义

危机（crisis）一词源于希腊语中的 krinein，原意是筛选。危机管理理论认为，危机是事物的一种不稳定状态，在危机到来时，当务之急是要实行一种决定性的变革。我们认为危机是指企业所遭遇的突发性、灾难性的事故或事件，通常会给企业与公众带来较大损失，会严重毁损企业声誉，使企业陷入难以摆脱的困境甚至危及企业的生存。

危机的发展可分为六个阶段：潜伏、生成、高潮、爆发、转化、消退。从企业经营的角度上看，最好的办法应是在潜伏期内根据各方面的预警信息，敏感地估计可能出现的危机并加以防控，将危机消除在萌芽状态。如果危机发展到生成期，尽管危机程度较低，但如不及时遏制就会出现上升的势头，必然把危机推向高潮。危机发展到高潮后，在它尚未爆发之前，如果有及时得力的措施，反危机成功，就会步入转化、消退阶段，完成一个周期。但如果错过了时机，反危机无效，企业将在危机程度最高处继续恶化，最终促使危机大爆发，导致企业破产。因此，危机管理首先应着眼于企业顺利发展阶段，即危机潜伏阶段，这就要求企业管理者树立危机意识。

2. 危机和风险的区别

1) 数学方面的差别

风险指事件在未来可能出现确定的若干个可能性的结果，但可以有根据地对各结果确定出现的概率。与风险恰恰相反，危机指事件在未来可能出现的结果以及每个结果出现的概率都是未知的。由此可以看出，危机比风险存在更大的不确定性。例如，物流企业在运输的过程中，结果一般会有两个，一是发生事故，二是不发生事故。发生事故和不发生事故的概率通过历史的数据可以统计出来，这属于物流风险。2008 年爆发的金融危机对物流企业和航运企业来说就是一场危机，因为金融危机的爆发和它爆发的概率都是未知数，它随时都有可能发生。

2）给企业带来的后果方面的差别

风险事件一般作用于企业局部，对企业造成的危害不大，企业通过建立日常的风险管理机制就可以抵御。危机事件则作用于企业整体，给企业带来灾难性的破坏，应对不慎可能导致企业破产。例如，物流企业在运输过程中发生了事故，对物流企业来说，只是造成了一个订单的失败，没有对企业的整体带来影响，而且可以通过向保险公司进行索赔弥补损失。2008 年的金融危机对物流业尤其是航运业来讲就是一个灾难性的破坏，一些没有抵御危机能力的企业就在这场灾难中消失了。

9.3.4 物流危机的来源与特点

1. 物流危机的来源

1）经济全球化趋势促进了物流业务的发展，同时带来了很多危险因素

在一个信息极度畅通和爆炸的年代，经济全球化的进程进一步加速，经济活动的触角遍布世界各地。任何一个地区发生的任何一个经济事件，不仅能以即时性的速度被别的地区所知晓和掌握，而且对其他企业，尤其是有密切关系的企业，将产生不同程度的影响。置身于这样一个经济大背景下，物流企业不可避免地会受到各方的干扰与影响。如果不能快速处置或处理不当都可能引发严重的后果。

2）日趋庞大的供应链模式、复杂的网络结构带来了很多不确定性和连锁效应

随着企业专注主业、培育核心竞争力等理论在实践中不断深入发展，越来越多的企业将自己的非核心业务进行外包，形成了复杂的供应链结构，而且供应链之间相互交错关联，呈现出更加复杂的网络化趋势。众多外包商的存在意味着大量不确定性，同时也意味着风险，在这种情形下，公司的控制能力将会受到严峻挑战。因此，供应链的复杂性给企业的运作带来了更多的风险。

3）消费市场的变幻莫测，强调物流模式的灵活性

由于市场上可选择的商品越来越多，产品的生命周期不断缩短，消费者需求不断更新，所以市场的变化越来越快。在快速变化的市场中，物流模式的灵活性变得更为重要。如今企业大多依赖供应链，供应链常常强调准确和协同——采购、生产、分销要准确协调，越是要求协同，越是要求精密准确，一旦遇到变化，意外事件的发生，往往就会扰乱供应链，对各节点造成不同程度的破坏。加强物流模式的灵活性，可降低破坏程度。

2. 物流危机的特点

1）物流危机爆发突发性

企业的内外部环境突变，如经济变化、重要人事变动及自然灾害等，都有可能导致物流危机的爆发。比如，2009 年北方大雪导致很多快递公司仓库"爆棚"，业务几近瘫痪。

2) 物流危机潜在破坏性

物流涉及生产、运输、储存等环节，其构架日趋复杂，每个环节都潜伏着危机，一个环节出现问题，整个链条就会崩溃，导致当前的正常生产秩序被破坏，企业陷入混乱。

3) 物流危机难以预测性

物流危机的出现及其后果具有不确定性，在正常业务下难以预测，特别是那些由企业外部原因造成的危机，如自然灾害、经济危机、科技新发明带来的冲击等，往往是企业始料不及的。2008年爆发的金融危机对物流企业和航运企业来说就是一场危机，由于金融危机的爆发及其概率都是未知数，所以也无法预测到物流危机的发生。

4) 电子商务发展加速物流危机的爆发

电子商务急速发展，物流企业发展却相对落后，于是出现了电子物流危机。例如，2009年受金融危机影响，传统商务客户的业务量减少，但淘宝所产生的物流实际业务需求量却增长了100%，各物流企业开始竞争淘宝业务。虽然投入了大量的人力、预备了较多的车辆，但还是出现了仓库爆满、货物积压、快递市场混乱的现象。

9.3.5 物流危机管理策略

任何事物都有两面性。危机本身就是一个危险与机遇共存的矛盾统一体，关键在于我们怎样更大限度地抑制风险，抓住机遇，并把握住发展的方向，这样才能在危机过后实现新的突破和发展。"非典"虽是一次公共卫生危机，但它给物流管理带来了一个警示：日常物流管理工作应该围绕危机管理进行并加以规范。建立快速应变机制，保证现代物流管理工作在危机状态下也能应对自如，有效地处置和化解危机，使之成为新机遇。加强物流危机管理，可以从以下几个方面展开。

1. 物流危机管理要渗透到日常物流管理中

运输行业是物流市场的载体，运输资源应全部进入市场，在市场上自由买卖，通过市场对物流资源进行优化配置。然而，目前行政管理体制把这些基础资源分割了，横向的经济联系常常被纵向切断。比如，现有的铁路网与公路网接点不同，各自规划，甚至完全分离，相互之间转换起来很困难，需要不断地重新装卸、运输和组织，由此带来一系列问题。

2. 建立危机应对机制

以危机意识为契机，为物流管理建立良好的宏观制度保障环境，减少行政割据对区域间物流整合的影响。物流管理既是企业内部管理活动的重要组成部分之一，也是构成企业之间完整供应链的重要组成部分。运输、仓储等物流功能的实现不仅需要企业与企业之间的衔接与协同合作，更需要企业与地方、地方与地方之间的沟通与配合。宏观环境方面的制度保障对于物流管理渠道是否顺畅具有直接的影响和关键作用，因为行政割据最终会导致物流交易成本的增加。因此，在行政割据的情况下，应当通过建立有效的行政协调机制来抵消地方保护主义或条块分割对物流管理所产生的负面影响。

3. 协同防范

加强供应链上各企业之间的物流管理合作，协同防范危机风险。为了减少危机造成的负面影响，处于供应链上的各企业应该增强风险意识，加强在物流整合和物流联盟等方面的合作。

4. 物流过程中要建立各种应急预案

物流管理中要建立各种应急预案对风险做到"早发现，早预防"。在企业的物流管理活动中，在树立危机意识的同时更要建立应急机制来贯彻危机意识，并将其制度化、规范化和长效化，从而实现对危机常态管理的目的。当危机发生时，能够在最短的时间内做出真正有效的，并且与社会应急机制相配合的快速响应，是降低不利影响的重要保证。

5. 积极倡导"零库存"管理模式

在现代物流体制下，"零库存"管理模式已被越来越多的企业所接受。它可以为企业大量节约仓储费用。通过实施特定的库存控制策略，实现企业库存的最优化，消灭呆滞物资，避免出现资金周转不灵等。比如，物流企业充分利用买方市场的有利形势，尽可能地利用上游企业的库存，从而降低自身的仓储费用，减少资金积压。

6. 加强一体化的供应链管理，降低物流管理危机发生的概率

供应链管理可以加强一体化运作，提高信息传输的速度和准确度，优化物流资源，避免基础设施过剩（过多的重复与重叠），从而减少物流活动中的风险因素，降低危机发生的概率。

7. 危机发生应对措施

当物流危机发生时，要立刻查明并公布发生危机的原因，尽量弥补顾客损失，利用大众传媒引导公众，重塑良好的公众形象。

汶川地震中物流危机的快速处理

2008年5月12日14时28分发生的四川汶川八级强震，伤亡人数和破坏面积创中国有史以来之最。中国临时采取了许多紧急方案应对，但由于应急管理体系建设不完善、应急物流管理信息平台缺乏、应急物资的运输与配送缺乏协调性和计划性，严重影响了救援工作的有效执行。中国应急物流体系的构建和完善引起了国家政府的高度重视，解决应急物资的运输与配送成了救灾工作的首要问题。主要提出以下解决方案：

（1）建立应急信息系统平台。应急信息系统平台是应急物流的中枢神经系统，通过应急物流信息系统平台整合保证信息畅通，有计划、有组织地实施救助。汶川地震之后，上海迅速构筑起快速响应的应急物流网络，由上医、纺控、光明、良友、百联等生产销售企业与交运、上航、东航、铁路、扬子江快运等运输企业，建立快速反应系统平台，实现无缝衔接，及时配送应急物资，平均10小时完成一批救灾物资从储存地出库装箱到机场或铁路的装机装车发送的全过程。

（2）建立应急物流配送中心，加强救灾物资的应急采购。应急物流配送中心大大提高了应急物流配送的效率。临时应急物流配送中心与辐射范围内的专业化配送中心进行整合，将社会团体和民众捐助的各类物资集中分类、包装，实行整车运输、专列运输以提高效率，控制救灾物资运输成本。

（3）针对不同地区的受灾程度，调用邻省救灾储备物资，以提高应急物资配送的时效性。为避免救灾物资的配送混乱，将救灾物资按需求情况的先后次序配送，重要的物资先配送。

（4）对应急救灾物资要进行严格管理和监督，按生活必需品、医药品、食品、运输设备分类管理，做好入库、出库、物资发放、签收的统计工作。

（5）充分发挥媒体的宣传作用，增强全国人民抗震救灾的巨大决心和信心，对举国上下团结一致战胜灾害起到了重要作用。

资料来源：赵延勤. 从汶川地震看自然灾害应急物流配送[N]. 中国论文下载中心（http://www.studa.net）.

9.3.6 物流企业危机转化策略

当危机来临之时，既有危难的存在，又有机会的诞生。因此，物流企业应善于在危难中把握机会，通过设计和实施一系列具体的危机管理与转化策略，创造最佳的公共关系状态，以此提高企业的知名度和美誉度，使新世纪的物流发展跃上一个更高的台阶。

1. 及时性策略

及时性策略的关键是积极主动，包括及时发现危机隐患，及时了解危机情况，及时采取有效的处理措施，及时进行信息沟通。物流企业采用及时性策略，既能够抑制危机事态的发展，赢得时间，减少损失，又能够体现严谨科学的工作作风和积极认真负责的态度，为有效地处理危机、转化危机创造条件。

2. 危机中止策略

当物流企业预计即将出现危机或已爆发危机时，要灵活采取各种针对性的处理危机的策略，以使企业危机被消灭在萌芽阶段或避免毁灭性危机所导致的企业彻底倒闭的厄运。企业应根据危机发展的不同阶段、不同程度和不同范围，采用停止运营、改进服务等方法，主动承担危机造成的损失。

3. 危机隔离策略

由于危机发生具有涟漪效应，一种危机发生后如果处理不及时或不恰当，往往会引发另一种危机。因此，当某一危机产生之后，物流企业应迅速采取措施，切断这一危机与企业其他经营方面的联系，及时将爆发的危机予以隔离，避免其扩散蔓延。

4. 危机排除策略

危机排除策略即采取措施消除危机或转化危机。可采取的措施有工程物理法和员工行为法。工程物理法以物质措施排除或转化危机，如通过投资建立新流程、购置新设备来改变服务运营方向，提高经济效益；员工行为法是通过企业文化、行为规范来提高士气，激发员工的创造性。

5. 危机分散策略

危机分散策略即在重点发展物流的同时，积极实行多角化经营，以分散单一经营的风险；采用合资合作、股票上市、战略联盟等联合经营方式，由合作伙伴、股东共同分担企业危机，以避免独家承担经营风险的后果；实行多域化经营，以避免部分区域市场形势恶化给物流企业带来的毁灭性打击。如果危机在短时间内不可能消除，就需要选择使危害代价最小化的策略。

6. 危机利用策略

危机利用策略是变危机为转机的重要一环，即在综合考虑危机的危害程度之后，形成有利于物流企业某方面利益的结果。尤其在市场疲软的情况下，物流企业不要忙着做广告、降价，而应该向内看，利用危机造成的危机感，发动员工提合理化建议，搞技术革新，降低综合成本，开发服务新产品，并果断推行脱胎换骨式的重大变革，使企业走出低谷、转危为安。

9.4 物流战略评价

9.4.1 物流职能层级战略评价

在企业总体战略目标确定之后，下一步是为每一职能部门制定出相应的职能战略。

平衡计分卡将企业的使命和发展战略与企业的业绩评价系统联系起来，把企业的使命和发展战略转变为具体的目标和评测指标，以实现战略和绩效的有机结合。它可以实现职能战略与企业总体战略间的良性互动发展。下面介绍平衡计分卡的四个方面及其相互之间的关系。

1. 财务

财务的目标是解决"股东如何看待我们"这类问题，从财务角度说明企业是如何满足股东期望的。通过设置一系列财务指标来告诉企业管理者，他们的努力是否对企业的经济效益产生了积极的作用，是否有助于企业利润的增加，是否实现了企业的财务目标。财务指标包括销售额、利润额、资产利用率等。

2. 顾客

顾客的目标是解决"顾客如何看待我们"这类问题，从顾客角度说明企业是如何满足客户要求的。通过顾客的视角评价企业，从时间（交货期）、质量、服务和成本这几个方面关注市场份额以及顾客的需求和满意度。顾客指标包括送货准时率、客户满意度、产品退货率、合同取消数等。

3. 内部过程

内容过程的目标是解决"我们擅长什么"这类问题，从内部角度评价企业运营状况，报告产品内部效率，关注导致企业整体绩效更好的过程、决策和行动，特别是对顾客满意度有重要影响的企业过程。内部过程指标包括生产率、生产周期、成本、合格品率、新产品开发速度等。

4. 学习和创新

学习和创新的目标是解决"我们是在进步吗"这类问题，从学习和创新角度评价企业运营状况，可用新服务收入所占比例、提高指数、雇员人均收益等指标进行评价。学习和创新指标包括公司技术领先能力、产品成熟所需时间、开创新市场能力、对竞争对手新产品的敏感度等。

一个合理的平衡计分卡（图9.1）可以反映企业的策略，可以将企业的策略转化为一系列相互联系的指标（这些指标由长期决策目标和达到这些目标的途径共同决定），明确结果指标和产生这些结果的执行之间的因果关系。

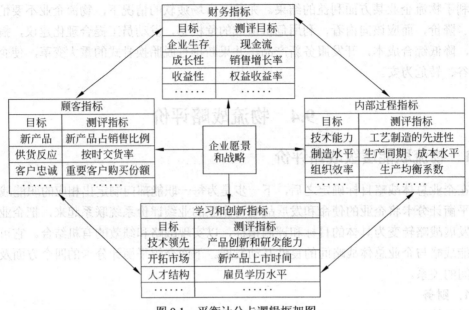

图 9.1 平衡计分卡逻辑框架图

9.4.2 物流功能战略评价

物流的基本功能要素包括运输、仓储、装卸搬运、流通加工、包装、配送和物流信息。因此，对于物流企业来说，物流功能战略主要包括运输战略、仓储战略、配送战略等。物流功能战略评价包括对各子功能战略的评价及对物流系统功能的整体评价，以实现总体功能最优。下面从运输战略、港口物流战略等方面来介绍物流功能战略评价。

1. 运输战略——承运人选择

物流企业承运人的选择是企业运输战略的重要内容，其服务质量影响着其他物流经营成本和公司的产品需求。承运人的选择决策所承担的任务不仅仅是对不同运输方式费用的评估，还必须考虑与运输方式相关的其他成本。

1）承运人选择的影响因素

选择承运人的决定性因素是其成本和服务绩效。其中，决定相关服务绩效的因素包括运输成本、中转时间、可靠性、可用性、运输能力和安全性，如表 9.1 所示。

表 9.1 承运人选择的决定性因素及其对用户的意义

决定性因素	对用户的意义
运输成本	土地成本
中转时间	库存、缺货成本、营销
可靠性	库存、缺货成本、营销
可用性	中转时间、货物成本
运输能力	满足实体、营销需要
安全性	库存、缺货成本

（1）在早期的承运人选择中，运输成本是选择承运人的主导性决定因素。运输成本包括运费、最小重量、装卸设备、包装和调度、运输中的损耗，以及可以从承运人那里获得的特殊服务。

运输成本分析要以评估可供选择的模式为核心，因为不同的模式其运费、最小重量、装卸设备、包装和调度都会有所不同。然而，随着商业物流概念的出现，运输成本的重要性已经开始降低了。即便如此，在如今撤销管制的环境下，普遍存在的运输成本差异在承运人选择决策中仍然是一个重要标准。

（2）中转时间是指从发货人对货物进行分配到承运人将该货物送达收货人所消耗的全部时间，包括集货和运送时间、货场理货时间，以及从发货点到目的地之间的递送时间。可靠性指承运人所提供的转运时间的一贯性，主要包括是否能够及时送货、送货过程中物品的损坏程度等。

（3）运输能力和可用性决定了一个特殊的承运人能否提供所期望的运输服务。运输能力是指承运人提供的转移特定商品所需要的设备和设施的能力，能否提供温度、湿度控制和特殊处理设施是运输能力的表现。可用性指承运人对设施的实际接近程度，它考虑了承运人在所讨论的路线上提供服务的能力。承运人路线网络（铁路或水路）的地理限制和制度制定机构所授权的经营范围限制了承运人的可用性。

（4）安全性着眼于提交给承运人的商品在相同条件下的到达情况。如果承运人丢失了商品或在已毁坏的条件下递送，就算承运人对所有的损失和破坏负责，也无法弥补因不安全的服务产生的利润损失以及放弃再生产的机会成本，因为商品不能再出售或使用了。为了防止这种情况的发生，公司就要提高存货水平，从而导致库存成本的增加。持续使用不安全的承运人反过来会影响顾客满意度，进而影响销售量。

2）承运人选择决策支持方法

（1）效用理论。多属性效用理论（multi-attribute utility theory，MAUT）作为一种实用的决策分析工具，可以在代理谈判中帮助获取和执行最优策略。可以利用 MAUT，通过效用对决策问题进行定量分析。效用理论可以选择涉及运输领域的多种属性（例如运输价格、运输成本、运输时间、安全性与可靠性等），建立效用函数，评价各种方案的效用值，从而找出效用值最高的方案。

（2）整数规划方法。整数规划方法在进行承运人选择决策时，运用多目标混合整数规划模型，考虑在多货种和多个承运人的情形下，对运输服务供应链中承运人数量及其相应货载份额进行优化决策。该决策模型综合考虑了承运人根据运输收益给予不同折扣价格环境下的运输价格、运输质量和交货绩效等因素，有助于托运人有效而合理地选择承运人和分配货载，因此具有综合性。

2. 港口物流战略

现代港口物流是指以港口作为整个物流过程中的一个重要节点，依托在这个节点上所形成的服务平台所进行的物流活动。很显然，港口物流活动是整个物流系统中的一部分，是以港口仓储服务为主要表现形式，整合了内陆运输、货运代理、拆装箱、装卸搬运、包装、加工以及信息处理等功能的服务，而港口物流服务平台将是决定港口物流活动的关键因素。

1) 现代港口物流的功能指标

(1) 运输中转功能。运输和中转是港口物流的首要功能。据统计,世界贸易 90%的货物都要经过港口的中转运输。现代港口物流的功能主要体现在以运输和中转功能为依托,结合多种运输方式以便将货物转运到海外和内陆的广阔腹地,从而建立强大的现代物流系统,继而带动整个临港产业带的发展。

(2) 装卸搬运功能。装卸搬运功能在物流活动中起着承上启下的作用。由于港口可连接铁路、公路、水路等多种运输方式,这就决定了装卸在港口物流中的核心地位。港口物流采用种类繁多、规格各异的一流的装卸运输机械,并不断朝多样化、协调化、立体化方向发展。同时,为了提高装卸效率,提高机械化、自动化程度和管理水平,货物的物流单元也在朝大型化方向发展,如采用托盘、货箱、集装箱等。

(3) 仓储功能。仓储功能是指转运和库存的功能。由于越来越多的企业应用 JIT 管理,追求"零库存",因此,港口与这些企业合作,将这些企业的货物先堆存在港口的库场,当企业需要时,再将正确的货物、以正确的数量、在正确的时间送到正确的地点,从而完成港口物流的运作。同时由于港口进出口货物种类繁多,对仓储条件的需求也各不相同,因此,港口物流的仓储功能应比较齐全,才能适应各种不同的仓储需要。

(4) 流通加工功能。港口作为物流网络中的一个节点,不只是被动地为到港船舶、货物提供设施和服务,还是国际贸易和运输的物流平台和服务平台。通常在港区内或毗邻区域配置加工厂或是出口加工区,将运进港口的原材料或半成品加工成服装等商品的制成品。通过流通加工功能,既能有效降低运输成本,同时也可保证上市商品的完整性和合格度。

(5) 配送功能。港口物流的配送是物流供应链中一种特殊的、综合的活动形式,是商流与物流的有机结合体,包含了物流中若干功能要素。由于港口有得天独厚的区位、交通、技术和信息优势,随着物流业朝专业化、规模化、信息化、国际化方向发展,依托港口枢纽,提高港口物流的配送功能,对于港口物流的发展愈来愈显得重要和迫切。

(6) 信息处理功能。现代港口物流以高新技术作为其产业运营的支撑。现代港口业发展过程中普遍运用高新技术,体现在运营管理、装卸工艺等诸多方面。港口为了提高运作效率将广泛运用电子数据交换技术和信息自动集成技术,为用户提供市场与决策信息,其中主要包括物流信息处理、贸易信息处理、金融信息处理和政务信息处理等。港口信息处理能力的强弱,决定了港口物流效益的大小。

(7) 保税性质的口岸功能。在港口作业区和与之相连的特定区域实现保税区的功能,并融港口作业、物流和加工为一体,完成港口物流作业的运行。在保税区内设有海关、检验、检疫等监管机构,为客户提供方便的通关通验服务。

(8) 其他服务功能。港口物流还应具备其他一些辅助功能,如接待船舶,船舶技术供应、燃料、淡水、一切船用必需品、船员食品的供应,集装箱的冲洗,引航,航次修理,天气恶劣时船舶救助等。

2) 现代港口物流的系统指标

(1) 自然地理条件子系统。自然地理条件子系统由港口自然地理因素决定的港口区位条件和自然条件组成,主要包括港口区位条件、港区陆域面积及岸线条件、港口锚地条件、气象、水文、地质、泥沙、潮汐等综合天然条件。

（2）基础设施子系统。基础设施子系统由港口物流运作所必需的设施、装备组成，主要包括港口航道设施、码头及库场生产设施、辅助库场设施以及港口集疏运设施等。

（3）物流规模子系统。物流规模子系统是指港口物流作业规模大小的系统，它是港口物流运作的重要指标之一，一般用货物运输量的变化来衡量物流规模的变化趋势。因此，在港口物流系统中，用港口货物吞吐量、港口集装箱吞吐量、港口外贸吞吐量、港口航线等来衡量物流规模。

（4）集疏运子系统。港口集疏运子系统是由与港口相互衔接的铁路、水路、公路、城市道路及相应的交接站场等交通运输体系所组成的，主要服务于港口吞吐货物的集中与疏散。它是港口与广大腹地相互联系的通道，为港口赖以存在与发展的主要外部条件。因为该系统涉及水路、铁路、公路交通系统，所以一般以内河水运、海铁联运、疏港铁路及海上支线运输等来衡量。

（5）信息技术子系统。信息技术子系统主要包括硬件环境和软件环境。硬件环境主要是指港口物流运作过程中采用的信息技术，如 EDI、RFID、GIS、GPS 等技术的应用；软件环境主要是指港口利用信息技术进行生产操作及管理服务的协调性，如码头生产管理系统的先进性等。

（6）港口运营子系统。港口运营子系统主要负责完成港口物流活动的计划、控制与实施，主要由港口的码头装卸、集疏港运输以及港口生产监控与调度等涉及港口物流运作的企业或部门组成。

（7）协调支持子系统。协调支持子系统主要负责对港口物流系统运作的管理、监督与协调以及人才的培养，主要由政府监督协调部门、港口行政管理部门、海关联检部门和行业协会等组成。

港口物流评价指标体系如图 9.2 所示。

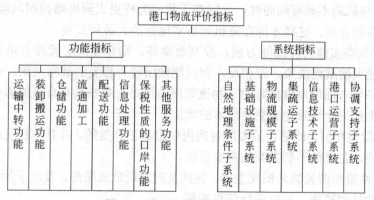

图 9.2　港口物流评价指标体系

利用模糊综合评价等方法对满意度指标的分析，得出第三方物流企业对各评价指标的关注程度（重要度）和满意度。将各指标依据重要度和满意度的得分置于相应的区域内，然后对其进行分析并提出改进措施。

本 章 小 结

物流战略控制是战略管理中的最后一个环节,但它贯穿于物流战略管理的整个过程,在战略管理中起着非常重要的作用。本章讲述了物流战略控制的基本方法和理论,并加入了物流的风险控制和危机管理的内容,以便读者系统地了解物流战略控制。

思考与练习

一、填空题

1. 战略在实施过程中,有时与人们的期望并不一致,这种非理想状态在战略学上称为战略失效。战略失效按时间来划分有_____三种类型。

2. 实践表明,大量的战略实施_____特别高,这是因为新战略还没有被员工理解和接受,或者实施者对_____不适应。

3. 战略实施有三个基本的控制系统,即_____。

4. 物流战略控制系统与电子计算机及信息网络技术关系密切。信息流加速运动,实现了物流_____运行,以满足各类用户适应市场变化的需要。只有建立了良好的信息平台,才能对物流进行有效控制。

5. 物流风险应当考虑两方面的内容:_____;_____,包括正面和负面两个方面。

二、判断题

1. 战略决策能决定哪些事情该做,哪些事情不该做,而战略实施的控制好坏将直接影响企业战略决策实施的效果好坏与效率高低,因此,企业战略实施的控制虽然处于战略决策的执行地位,但对战略管理是十分重要的。( )

2. 危机与机遇不具有两面性,关键在于我们怎样更大限度地抑制风险,抓住机遇,并把握住发展的方向,这样才能在危机过后实现新的突破和发展。( )

3. 企业战略实施的控制能力强,控制效率高,则企业高层管理者可以做出较为大胆的、风险较大的战略决策,若相反,则只能做出较为稳妥的战略决策。( )

4. 微观环境方面的制度保障对于物流管理渠道是否顺畅具有直接的影响和关键作用,因为行政割据最终会导致物流交易成本的增加。( )

5. 当风险发生时,能够在最短的时间内做出真正有效的,并且与社会应急机制相配合的快速响应,是降低不利影响的重要保证。( )

6. 隔离性策略的关键是积极主动,包括及时发现危机隐患,及时了解危机情况,及时采取有效的处理措施,及时进行信息沟通。( )

7. 及时性策略就是当物流企业预计即将出现危机或已爆发危机时,要灵活采取各种针对性的处理危机的策略,以使企业危机被消灭在萌芽阶段或避免毁灭性危机所导致的企业彻底倒闭的厄运。( )

8. 危机分散策略是变危机为转机的重要一环,即在综合考虑危机的危害程度之后,形成有利于物流企业某方面利益的结果。( )

9. AHP 法是将企业的使命和发展战略与企业的业绩评价系统联系起来，把企业的使命和发展战略转变为具体的目标和评测指标，以实现战略和绩效的有机结合。（　　）

10. 交货时间是指从发货人对货物进行分配到承运人将该货物送达收货人所消耗的全部时间，包括集货和运送时间、货场理货时间，以及从发货点到目的地之间的递送时间。（　　）

三、简答题

1. 什么是物流战略控制？
2. 什么是战略的偶然失效？
3. 战略控制系统的组成有哪些？
4. 什么是物流服务控制？
5. 物流危机的特点有哪些？

四、论述题

1. 简述物流战略控制的内容。
2. 简述物流战略控制的方式。
3. 简述物流职能层级战略评价。

五、案例分析

7-11：物流战略体系的特色

7-11 便利店是现今全球著名的零售网络商，被公认为世界便利店的楷模。7-11 以区域集中化建店战略和信息灵活应用作为实现特许经营的基本策略之一，以综合考虑生产厂家、批发商、配送中心、总部、加盟店和消费者的整体结构为思考模式，从而发展出一条不建立完全属于自己公司的物流和配送中心，而是依靠企业的知名度和经营实力，借用其他行业公司的物流、配送中心，采取集约配送、共同配送方式的道路，实现自己的特许经营战略。

1. 区域集中化战略

区域集中化战略是指在一定区域内相对集中地开出更多店铺，待这一区域的店铺达到一定数量后，再逐步扩展建店的策略。利用这种办法，不断增加建店地区内的连锁店数量，以缩短商店间的距离，缩短每次配送行走的距离及时间，确保高效的运载量，从而形成提高物流效率的基础，使配送地区合理化，配送中心分散、中小规模化。7-11 实行有效的区域集中化战略后，所带来的优势及效果非常显著，主要可以归纳为以下几个方面。

第一，降低物流成本。在一定区域内集中加盟单店可以使物流最具效率化。由于店铺之间的距离缩短了，能够缩短每辆配送车辆的平均行驶距离和行驶时间，实现定时配送，调整配送车辆的装载量。

第二，缩短配送时间，保证商品的新鲜度。快餐商品新鲜度越高就越好吃，提供油炸类食品和烘烤面包的店铺明显会受到顾客的欢迎。

第三，减少竞争对手开店的机会。便利店的商圈一般是半径 500～1 000 米的范围。区域集中化战略可以使店铺覆盖某一个区域，具有"攻击是最大的防御"的特征，可以有效地减少竞争对手在该区域开店的机会。

第四，提高地区的知名度、强化宣传效果。区域集中化开店战略能够提高单店在开店区域内的知名度，增加顾客的亲切感。

第五，提高运营区域代表的活动效率。7-11在业务范围内设置了不同的运营区域，各个店铺的距离缩短，有利于运营区域代表对单店的指导和管理。

2. 共同配送战略

由于特许经营企业的单店都是由特许经营总部进行统一领导、授权、管理、培训，同时对各单店的经营进行协调，并作为信息中心为各单店提供后台支持，因此，建立由特许经营总部指导下进行管理的共同配送中心，为不同的特许经营单店进行集约配送与共同配送不但成为可能，更是特许经营便利店的一大优势。7-11在建立其全球零售网络时正是利用了这种优势，几乎所有由7-11总部制定的具体物流战略都必须依靠共同配送中心来实现。

7-11按照不同的地区和商品群划分，组成共同配送中心，由该中心统一集货，再向各店铺配送。地域划分一般是在中心城市商圈附近35千米，其他地方市场为方圆60千米，各地区设立一个共同配送中心，以实现高频度、多品种、小单位配送。为每个单店有效率地供应商品是配送环节的工作重点。配送中心首先要从批发商或直接从制造商那里购进各种商品，然后按需求配送到每个单店。

除上述两点外，7-11在20世纪90年代还建立了独特的新鲜烤制面包物流配送体系。在此系统中，7-11首先需要建立若干个冷冻面包坯工厂，同时还要根据区域，按每200间单店配套一家面包烤制工厂的比例，建设几十家烤制工厂。首先，在面包的制作工序中，冷冻在发酵工序之前的面包坯，并送至冷冻面包坯的工厂，加以保存；接着，每200间单店向其指定的一家烤制面包工厂发送订货信息。其次，冷冻面包坯工厂将根据不同的订货量将冷冻的面包坯配送到不同的烤制工厂。最后，面包烤制工厂把烤好的面包送至共同配送中心。配送中心将会把烤好的面包与米饭类食品混载，向各个单店进行每天3次的配送，以保证烤好的面包在3～5个小时就可以陈列在货架上。

资料来源：中国物流与采购网，http://www.chinawuliu.com.cn/oth/content/200611/200620781.html

讨论

1. 7-11为什么选择共同配送战略？共同配送为7-11带来了哪些好处？
2. 7-11物流战略对我国特许经营事业和便利店业有哪些启示？

参考文献

[1] 张丽. 物流系统规划与设计[M]. 2版. 北京：清华大学出版社，2014.
[2] 王世文. 物流系统规划与设计[M]. 3版. 北京：机械工业出版社，2015.
[3] 高举红. 物流系统规划与设计 [M]. 2版. 北京：北京交通大学出版社，2015.
[4] 陈得良. 物流系统规划与设计[M]. 北京：机械工业出版社，2016.
[5] 赵旭. 物流战略管理[M]. 北京：中国人民大学出版社，2016.
[6] 耿会君. 物流系统规划与设计[M]. 3版. 北京：电子工业出版社，2017.
[7] 杨扬. 物流系统规划与设计[M]. 北京：电子工业出版社，2013.
[8] 段超杰，刘明霞. 基于竞争战略的物流模式选择[J]. 物流工程与管理，2009 (6).
[9] 何海燕，杨万荣，纪新华. 战略管理[M]. 北京：北京理工大学出版社，2009.
[10] 方景芳. 现代物流系统分析与设计[M]. 北京：机械工业出版社，2009.
[11] 蒋长兵，王珊珊. 企业物流战略规划与运营[M]. 北京：中国物资出版社，2009.
[12] 蒋长兵，等. 企业物流战略与运营[M]. 北京：中国物资出版社，2009.
[13] NOS 供应链实训软件的素材库，2016.
[14] 李向文. 现代物流发展战略[M]. 北京：清华大学出版社，2010.
[15] 侯玉梅，许良. 物流工程[M]. 北京：清华大学出版社，2011.
[16] 付平德. 供应链管理[M]. 北京：机械工业出版社，2010.
[17] 李恒兴. 采购管理[M]. 北京：北京理工大学出版社，2011.
[18] http://www.cnki.com.cn/Article/CJFDTotal-SAHG200709045.htm
[19] http://wenku.baidu.com/
[20] 智丰物流，http: //www.dlzhifeng.com
[21] 人民网，http://wo.people.com.cn / GB/jingjl/1041/22061 / 3027342.html
[22] MBAlib 智库百科，http: //wiki.mbalib.com/wiki
[23] 中华物流行业网，http: //www.cn - 56.net
[24] 中国水运网，http: //www.zgsyb.com
[25] 中国远洋物流有限公司，http: //www.cosco - logistics.com
[26] 安得物流股份有限公司，http: //www.annto.com.cn
[27] 德邦物流，http: //www.deppon.com
[28] 宝供物流，http: //www.pgl - world.cn
[29] 东方物流，http: //www.orientallogistics.com
[30] 上海凡越物流有限公司，http: //www.fanyue.com
[31] 泛珠三角物流网，http: //www.pprd56.cn / wuliul/tushuwuliu.htm
[32] 浙江物流网，http: //www.zj56.com.cn
[33] 泛联网，http: //www.interscm.com
[34] 中国物流招标网，http: //info.clb.org.cn
[35] 中国物流与采购网，http://www.chinawuliu.com.cn/oth/content/200611/200620781.html

教师服务

感谢您选用清华大学出版社的教材！为了更好地服务教学，我们为授课教师提供本书的教学辅助资源，以及本学科重点教材信息。请您扫码获取。

》 教辅获取

本书教辅资源，授课教师扫码获取

》 样书赠送

物流与供应链管理类重点教材，教师扫码获取样书

清华大学出版社

E-mail: tupfuwu@163.com
电话：010-83470332 / 83470142
地址：北京市海淀区双清路学研大厦 B 座 509

网址：http://www.tup.com.cn/
传真：8610-83470107
邮编：100084